# 1964東京オリンピックを盛り上げた101人

～今蘇る、夢にあふれた世紀の祭典とあの時代～

鳥越 一朗

# はじめに

およそ人が人生を左右されるような「何か」に出会うのは、8、9歳頃が一番多いのではないだろうか。それ以下の年齢だと、まだ感受性に乏しく、それ以上の年齢になると、物事を斜めに見るようになるからである。

そうであるなら、私が9歳9カ月で迎えた1964（昭和39）年東京オリンピックは、正に絶妙のタイミングの出来事であった。海外旅行など夢物語であった当時、多くの外国人が日本を訪れ、日本人ともども、力と技を競い合うこのアジア初の国際イベントは、まだ柔軟で守備範囲の広かった私の脳をひどく刺激した。

そして、それは、どこか特別な部屋を与えられたように、その後もずっと記憶として残り、折に触れ私（の人生）に影響を与え続けたのである。

その64年東京オリンピックをリアルタイムで知る日本人は、もはや少数派になってしまった。50代以下の年齢層では、ほとんどそれを話題にすることさえ難しいだろう。

2020年東京オリンピックを間近に控えた今、私は、前回の東京大会を最も刺激的に受け止めたであろう世代として、あの世紀の祭典を改めて書き起こすのも、あながち意味の無いことでもないのではないか、と思うようになった。

昭和30年代後半は、よく言われるように、日本国自体に若さと元気のある時代だった。戦後復興を遂げ、高度経済成長の波に乗り、今日より明日はよくなると誰もが信じていた。

　今から思えば、不便かつ不衛生なことはいっぱいあったが、一方で、今と違って家族の団らんがあり、自由に遊べる原っぱがあり、親戚や町内の絆があった。オリンピックに対しても、国民が一丸となって成功させようという機運に満ちていたのだ。

　その後、低成長時代に入った日本は、価値観が多様化し、無縁社会へと突っ走っていく。私などは、むしろそれを積極的に掉さしてきたような気がするが、勝手なもので、近頃では昭和30年代の雰囲気がたまらなく懐かしくなる時がある。そうしたあの時代への郷愁が、執筆の原動力になったことは否めないだろう。

　この本は、64年東京オリンピックにおいて、メダルを取った選手ばかりでなく、様々な立場で大会の盛り上げに貢献した１０１人を取り上げ、その素顔や「その後」にも触れながら、彼らの奮闘ぶりを紹介したものである（敬称略）。

　写真も多用したので、年配の方には、懐かしい人物との再会を存分に楽しんでいただけるだろう。また、若い世代の人たちには、オリンピックが夢にあふれていた時代の息吹と、それに関わった人々の心意気をくみ取っていただければ幸いである。

　それでは、半世紀以上も時を巻き戻して、１９６４東京オリンピックの扉を開けることにしよう。

## 開会式

1 団伊玖磨～「オリンピック序曲」の作曲者でエッセイスト～ 14
2 古関裕而～入場行進曲「オリンピック・マーチ」の作曲者～ 16
3 北出清五郎～開会式の実況アナウンサー～ 19
4 安川第五郎～大会運営の最高責任者～ 21
5 アベリー・ブランデージ～不屈のＩＯＣ会長～ 24
6 今井光也～ファンファーレの作曲者～ 26
7 東龍太郎～ホスト役を務めた東京都知事～ 28
8 鼓隊員～沈着冷静な小学生たち～ 30
9 坂井義則～聖火リレーの最終走者～ 33
10 小野喬～選手宣誓を行った日本選手団主将～ 36
11 ブルーインパルス～空に五輪を描いたパイロットたち～ 38
〈コラム❶〉仏映画『シェルブールの雨傘』の上映始まる 41

## 陸上

12 ボブ・ヘイズ～人類初の９秒台を逃した男～ 43

13 飯島秀雄～30年ぶりに現れた日本の名スプリンター～ 47
14 佐々木吉蔵～号砲を極めた名スターター～ 49
15 ヘンリー・カー～「世界一速い車」と謳われた短距離走者～ 52
16 森本葵～日本記録を30年近く保持した中距離ランナー～ 54
17 ビリー・ミルズ～インディアンの血を引く長距離ランナー～ 56
18 ラナトゥンゲ・ガルナナンダ～栄光のラストランナー～ 59
19 ナフタリ・テム～贈り物に癒されたケニアのランナー～ 60
20 ガストン・ローランツ～大酒のみのイケメンランナー～ 63
21 ケネズ・マシューズ～ゴールして夫人と抱き合った英国紳士～ 65
22 ワレリー・ブルメル～〝芸術的〟ベリーロールで優勝～ 67
23 山田宏臣～日本初の8メートルジャンパー～ 69
24 岡崎高之～お家芸と呼ばれた三段跳びの後継者～ 73
25 フレッド・ハンセン～アメリカの伝統を守った歯科大生～ 76
26 アル・オーター～円盤投げで三連覇、メキシコでも勝ち四連覇～ 78
27 菅原武男～4回転投法の先駆者～ 80
28 楊伝広～敗れたアジアの鉄人～ 83

〈コラム❷〉プロ野球日本シリーズで南海が阪神を破って日本一に……85
29 ワイオミア・タイアス～女豹のごとく、しなやかに疾走～……87
30 ベティ・カスバート～種目を変え、8年ぶりに金メダルを獲得～……89
31 アン・パッカー～四百の無念を八百で晴らす～……91
32 依田郁子～独特の精神集中法で入賞を果たしたハードラー～……94
33 ヨランダ・バラシュ～「またぎ跳び」で堂々の二連覇～……97
34 マリー・ランド～世界記録で優勝を決めた英国ジャンパー～……99
35 タマラ・プレス～投擲2種目を制覇したソ連女子のエース～……102
36 エルビイラ・オゾリナ～敗れて丸坊主になった前回優勝者～……104
37 辛金丹～直前に帰国した、悲運の世界記録保持者～……106
〈コラム❸〉ソ連が3人乗り宇宙船、ウォスホート1号を打ち上げ……109

## マラソン

38 アベベ・ビギラ～「裸足の王様」から「走る哲学者」へ～……112
（アベベこぼれ話）
○レースひと月前に盲腸炎の手術……117

○アベベは最後尾で競技場を後にしたか 118
○ヘーシンクと談笑 118
○はだしの謎 119
○朝鮮戦争に参加 120
○5位になったアベベ 120
○優勝翌日に自転車レースを応援 121
○失くした指輪 122
39 ベイジル・ヒートリー～見事だった「後半の追い上げ」～ 123
40 円谷幸吉～国立競技場に唯一人日の丸を上げた男～ 126
41 君原健二～東京は8位も、メキシコで銀、ミュンヘンで5位～ 130
42 寺沢徹～15位に終わるも、その直後に日本記録を樹立～ 132
43 ジム・ホーガン～30キロまでアベベを追った男～ 134
〈コラム❹〉キング牧師のノーベル平和賞受賞決定 137

## 水泳

44 ドン・ショランダー～「怪童」と呼ばれた名スイマー～ 139
45 山中毅～3大会にわたって日本を沸かせた男～ 142

46 福島滋雄～写真判定で銅メダル逃す～ 144
47 佐々木末昭～世界記録保持者ロイ・サーリを破る～ 146
48 福井誠～「男前」の日本選手団旗手～ 150
49 鶴峯治～20歳から水泳を始めた遅咲きの花～ 152
50 門永吉典～若さで6位入賞をつかみ取った高校生～ 155
51 ドン・フレーザー～オリンピック水泳史上初の三連覇を達成～ 157
52 クリスチーヌ・キャロン～敗れたパリジェンヌ～ 160
53 田中聡子～敬服に値するベテランの粘り～ 163
54 木原美知子～選手からタレントに転身～ 165
55 ガリナ・プロズメンシコワ～ソ連に水泳で初の金メダルをもたらす～ 167
56 イングリット・エンゲル・クレーマー～統一ドイツの旗手に選ばれた飛込み選手～ 169
〈コラム❺〉ソ連のフルシチョフ首相が突如辞任 172

## 重量挙げ・体操

57 一ノ関史郎～最初に日の丸を上げた日本選手～ 174
58 三宅義信～日本に最初の金メダルをもたらした「小さな巨人」～ 176

59 レオニード・ジャボチンスキー～ソ連が生んだ世界一の力持ち～ 178
60 遠藤幸雄～日本待望の体操男子個人総合優勝者～ 180
61 山下治広～「ヤマシタ跳び」の創案者～ 183
62 早田卓次～種目別つり輪を制した期待の新人～ 185
63 ベラ・チャフラフスカ～女子個人総合優勝の「体操の花」～ 187
64 ラリサ・ラチニナ～女子体操界のレジェンド～ 190
65 池田敬子～「ローマの恋人」と呼ばれた日本の女子体操選手～ 192
〈コラム❻〉中国、初めての核実験を実施 194

## 格闘技

66 中谷雄英～日本柔道に最初の金メダルをもたらす～ 197
67 岡野功～中量級を制した「昭和の三四郎」～ 199
68 猪熊功～「神猪時代」の一翼を担った重量級勝者～ 200
69 神永昭夫～日本の悲願を一身に背負ってヘーシンクに挑む～ 202
70 ヘーシンク～柔道を世界に広めた功労者～ 205
71 吉田義勝～レスリング・フリー・フライ級優勝～ 208

72 上武洋次郎〜レスリング・フリー・バンタム級優勝〜……210
73 渡辺長武〜レスリング・フリー・フェザー級優勝〜……211
74 花原勉〜レスリング・グレコローマン・フライ級優勝〜……213
75 市口政光〜レスリング・グレコローマン・バンタム級優勝〜……215
76 杉山恒治〜東京大会後、プロレスに転向して成功〜……216
77 八田一朗〜「八田イズム」で恐れられたカリスマ指導者〜……218
78 桜井孝雄〜日本初のボクシング金メダリスト〜……221
79 ジョー・フレージャー〜アリの好敵手となるボクシングヘビー級優勝者〜……223
80 大川平八郎〜フルーレ団体4位入賞の立役者〜……225
〈コラム❼〉ウィルソン英新首相とビートルズ……229

## 球技・その他

81 デットマール・クラマー〜「日本サッカーの父」と呼ばれたドイツ人〜……231
82 松平康隆〜「魔女」を乗り越えた男〜……234
83 大松博文〜「魔女」を率いた「日本の父」〜……237
84 河西昌枝〜身だしなみに気を使った「魔女」のキャプテン〜……239

85 ヤン・クルミン～身長218センチのバスケットボーラー～ 244
86 ラール・モヒンダル～因縁の対決に決着を付けたシューター～ 247
87 吉川貴久～フリーピストルで2大会連続の銅メダル～ 250
88 ハロルド皇太子～ヨット種目に出場したノルウェーの王族～ 252
89 井上喜久子～馬術に出場した日本の紅一点～ 255
90 フィレンツェ・テレク～近代五種個人で優勝の裁判所判事～ 259
〈コラム❽〉「愛と死を見つめて」が大ヒット 262

## 開会式まで

91 平沢和重～IOC委員を動かした名スピーチ～ 264
92 田畑政治～オリンピックを東京に引き寄せたロビイスト～ 266
93 大島鎌吉～金メダル数を予言した日本選手団長～ 268
94 亀倉雄策～シンボルマークとポスターの制作者～ 271
95 丹下健三～世界を驚かせた奇抜な建築デザイン～ 273
96 鈴木萬之助～聖火台をつくった名鋳物師～ 276
97 渥美清～紅白歌合戦に登場した聖火ランナー～ 277

98 三波春夫～東京五輪音頭を大ヒットさせた歌手～ 279
99 アレッカ・カッツェリ～招待された聖火採火のギリシャ人巫女～ 281
100 池田隼人～オリンピックとともに去った首相～ 284
101 市川崑～「記録か、芸術か」で物議を醸した映画監督～ 286
〈コラム❾〉テレビ人形劇「ひょっこりひょうたん島」が子供たちの人気に 290

## 番外・忘れられない「いだてん」たち

【番外❶】ピーター・スネル～中距離2種目を制したマッチョマン～ 292
【番外❷】モハメド・ガムーディ～3大会でメダルに輝いた「チュニジアの星」～ 295
【番外❸】ロン・クラーク～ラストに弱かった世界記録保持者～ 298
【番外❹】マモ・ウォルディ～アベベの影に隠れた実力者～ 300
【番外❺】アブドン・パミッチ～雨の中、テープを引きちぎってゴール～ 302
【番外❻】イレナ・キルシェンシュタイン
～アメリカを撃破したポーランドのリレーメンバー～ 304
【番外❼】イリナ・プレス～姉譲りのパワーで五種競技に優勝～ 306

〈コラム⑩〉グアム島へ旧日本兵の捜索隊派遣……308

はじめに……2
「1964東京オリンピックを盛り上げた101人」関連年表……312
主な参考文献……314
あとがきに代えて……316
著者プロフィール……317
奥付……317

# 開会式

## 1 団伊玖磨～「オリンピック序曲」の作曲者でエッセイスト～

第18回オリンピック東京大会の開会式は、1964（昭和39）年10月10日、新宿区霞《かすみ》ヶ《が》丘《おか》町の国立競技場で行われた。午後1時45分に天皇皇后両陛下が同競技場に到着、この時場内には荘重《そうちょう》な「オリンピック序曲」が流れ、電光掲示板の上の3本のポールには、中央にオリンピックの旗、左に日章旗、右に東京都旗が掲揚され、スタンドの上にずらりと並んだポールには、参加94カ国の国旗がへんぽんとひるがえった。

さて、式典の冒頭を飾ったオリンピック序曲の作曲者は、団伊玖磨《だんいくま》である。名前から想像できるように彼は高貴の生まれ。父は男爵の団伊能《いのう》、祖父は32（昭和7）年の血盟団事件で暗殺された、三井財閥の総帥《そうすい》、団琢磨《たくま》である。小学校時代からピアノを習い、東京音楽学校（現・東京芸術大学）作曲部に進学、戦時中は陸軍戸山学校音楽隊にも所属し、卒業後はクラシック音楽の作曲家として活動した（もっとも「ぞうさん」などの童謡も手掛けているが）。

東京オリンピック時は40歳で、作曲家として正に脂の乗り切った時期であった。この5年前には、皇太子（明仁《あきひと》親王）美智子妃御成婚を祝して「祝典行進曲」の作曲もしている。東京オリンピックの翌年、歌手・俳優として人気沸騰する加山雄三が、自らの作曲家ネームを団伊玖磨と山田耕作から採って、「弾耕作《だんこうさく》」としたのは有名な話だ。

ところで、団は名エッセイストでもあった。天は二物を与えたのである。アサヒグラフにオリンピック開催の64年から連載したコラム『パイプのけむり』は、軽妙洒脱《けいみょうしゃだつ》の文章が大いに人気を呼んで、36年も続くロングランとなった。その後単行本化され、全27巻に及んだが、それぞれのタイトルが洒落ていた。

2巻以降、「パイプのけむり」というタイトルの前に、続、続々、又、又々、まだ、まだまだ、も一つ、なお、なおなお、重ねて、重ね重ね、なおかつ、またして、さて、さてさて、ひねもす、よもすがら、明けても、暮れても、晴れても、降っても、さわやか、じわじわ、どっこい、しっとり、さよなら、が付けられていったのである。

国立競技場にひるがえる各国旗（「日本経済新聞」1964年10月10日夕刊）

このエッセイ集の中に「聖火」という一文があって、

「大体、聖火などと言うが、何の聖なのかさっぱり判らない。火種は、太陽から凹面鏡を利用して採るのだそうだが、それならなおさらのこと何でわざわざアテナイなどという片田舎から大騒ぎをして持って来るのか、馬鹿馬鹿しいことである。（中略）その上、その火種を持った若い人が、煙を出しながら日本中を走り回り、それには七千三百本のトーチが用意されたというのだから、一体全体、いつの間に日本は拝火教の国になったのかと、神がかりの嫌いな僕は情けなくなってしまう」と、聖火リレーをこき下ろしているところが面白い。

拝火教《はいかきょう》（ゾロアスター教）は、3世紀頃栄えたササン朝ペルシャの国教だったと、高校の世界史で習った覚えがあるが、40（昭和15）年の東京オリンピック開催が決まった時（後年、戦争のため返上された）には、神国らしく国内の神社で聖火を採火すべきだという意見があったらしい。2001（平成13）年5月17日、77歳で死去。

## 2 古関裕而～入場行進曲「オリンピック・マーチ」の作曲者～

天皇がロイヤルボックスに臨席する際、場内には「君が代」が流れ、その演奏が終わった午後2時、第1回大会の開催国ギリシャを先頭に、各国選手団の入場行進が始まった。会場はもとより、テレビの置かれた全国の茶の間も、一挙に大きな興奮に包まれた（に違いない）。

参加国それぞれの個性的なユニフォームやパフォーマンス——それらを一段と引き立てたのが、陸上自衛隊音楽隊が奏でる、心の浮き立つような明るく軽快な行進曲だった。私は今でもこの曲を聴くと、条件反射的に鳥肌が立つ。

行進曲の名は「オリンピック・マーチ」。作曲したのは古関裕而《こせきゆうじ》である。古関と言えば、１９５２（昭和27）年に始まったラジオドラマ『君の名は』の主題歌の作曲者として有名だ。他にも、〽勝って来るぞと勇ましく～のフレーズで知られる「露営の歌」や、「六甲おろし」「とんがり帽子」「モスラの歌」「高原列車は行く」「イヨマンテの夜」など、軍歌から童謡まで幅広いジャンルの作曲を手掛けている。しかし、戦前にはクラッシックの作曲家としても注目を集めていたことは、余り知られていない事実かもしれない。正に昭和の天才音楽家なのだ。

古関は、本名を古關勇治といい、09（明治42）年に福島県福島市の呉服店を営む家に生まれた。父親が音楽好きで、当時珍しかった蓄音機が家にあり、いつも音楽が流れる環境の中で幼少期を送った。家業を継ぐため、地元の商業学校に進み、音楽には独学で取り組むようになる。著名な作曲家・山田耕作に傾倒し、山田の著作『作曲法』などを熟読した。

日本選手団の入場行進（「日本経済新聞」1964年10月10日夕刊）

在学中に家業の呉服屋が倒産したため、卒業後は銀行に就職するが、音楽の勉強は続け、29（昭和4）年に作曲した、管弦楽のための舞踊組曲「竹取物語」が、イギリスの出版社募集の作曲コンクールで入賞。それがきっかけになって、翌年、コロンビアの専属作曲家となり上京した。上京後は、関東大震災を題材にした「大地の反逆」などを作曲し、この頃までの古関は、クラシックの作曲に専念していたのである。

だが、経済的な理由から、クラッシックを諦め、流行歌を手掛けざるを得なくなる。彼はすぐにその方面でも才能を発揮し、「船頭可愛や」（35年）などのヒット曲に恵まれた。しかし、クラシックに対する思いはその後もくすぶり続けていたようだ。

だから、「オリンピック・マーチ」の作曲は、古関にとって、久々に力の入った仕事になったのだろう。63（昭和38）年2月、オリンピック組織委員会とNHKから依頼を受けた古関は、勇壮な中にも日本的な味を出そうとの思いで、一挙に書き上げたという。開会式後、海外からも、あの行進曲の作曲者は誰？という問い合わせが相次いだそうだ。

オリンピック後も古関は、精力的に音楽活動を行うが、一方で萩本欽一《はぎもときんいち》が司会のテレビ番組『オールスター家族対抗歌合戦』の審査員を72（昭和47）年から12年にわたって務め、その温厚な人柄が視聴者に愛された。

89（平成元）年8月18日、80歳で死去。生涯に5000曲以上作り、福島市名誉市民第1号となった古関の業績を称え、地元福島市に古関裕而記念館がオープンした翌年のことであった。

## 3 北出清五郎〜開会式の実況アナウンサー〜

開会式が始まると、多くの国民がテレビの前に釘付けとなり、街から人の姿が消えたといわれる。というのも、当時すでに日本の白黒テレビの普及台数は、1500万台を突破していたのだ（カラーテレビはまだ、5万台に過ぎなかったが）。

東京オリンピックの時、小学4年生だった私たちの学年は、連日テレビでオリンピック中継を見て興奮し、将来の夢を聞かれると、「オリンピック選手！」と答える者が続出した。ある子が担任のS先生に、「僕もオリンピック選手になれるよね」と尋ねると、S先生は「努力すれば、きっとなれるよ」と答えていたが、横で聞いていた私は、心の中で、そんなわけないやろ、とツッコミを入れながらも、そう答えるしかなかったS先生に、子供ながらいたく同情した記憶がある。

そうした中にあって、E君だけは「僕は選手じゃなくて、アナウンサーになる！」と宣言していた。お世辞にも運動神経が発達しているとはいえないE君だったから、さすがに選手とは口はばったくて言えなかったのだろうが、実況アナウンサーのカッコよさが、オリンピックによって子供たちの心にくっきりと植え付けられていたことは間違いない。

ところで、東京オリンピックのテレビ放映権は、NHKが優先的に取得し、各民放はNHKが撮影した映像を利用して放映した。映像は同じでも、開会式では各放送局がそれぞれ実況アナウンサーを用意し、NHKでは当時41歳の北出清五郎《きたでせいごろう》がその大任を担った。

各局のアナウンサーは競って表現に工夫したであろうが、後年まで語り草となったのが、北出のこの言葉である。

「世界中の秋晴れを、全部東京に持ってきたような、素晴らしい秋日和《あきびより》であります」

これは、悲願だった開会式の晴天を感動的に表現したものであったが（前日夜半に雨が降り、関係者をやきもきさせていた）、全力で戦後復興に取り組んできた日本国民の琴線《きんせん》を、期せずして震わせることにもなったのだ。なお、開会式の模様は、ふた月前に打ち上げられたアメリカの通信衛星・シンコム3号により、アメリカ各地でも生中継された。

北出は1922（大正11）年、東京都生まれで、中央大学卒業後NHKに入局、主に大相撲中継を担当し、その豊富なデータ収集に基づく正確な表現から、一時は「相撲の北出」と称されるぐらいになった。その後、競馬中継でも活躍し、そうした実績から東京オリンピック開会式の実況担当に抜擢《ばってき》されたのだろう。東京大会では、競技中の白眉《はくび》、マラソンの中継も担当している。

閉会式では、同じNHKの土門正夫《どもんまさお》アナウンサーが、名実況を行った。各国選手が入り乱れて入場する予想外のシーンに、「国境を超え、宗教を超えました。このような美しい姿を見たことはありません」と思わずアドリブを口にしたのだ。

北出は、72（昭和47）年の札幌冬季オリンピックでも、日本が金、銀、銅を独占した70メートル級ジャンプの中継で、「さあ笠谷《かさや》、金メダルへのジャンプ」という名言を残している。また、紅白歌合戦の総合司会を53（昭和28）年、67年、70年の3回務めており（1回目の時は弱冠31歳だった）、NHK

退職後も解説者などでテレビ出演した。

２００３（平成15）年1月19日、心不全のため死去。80歳だった。ちなみに、アナウンサーになることを宣言した私の友人のE君は、アナウンサーにこそならなかったが、どこへ出しても恥ずかしくない立派な社会人として過ごしている（もちろん、クラスメートからオリンピック選手は一人も出なかった）。

## 4 安川第五郎〜大会運営の最高責任者〜

オリンピックは、その都度結成される組織委員会によって、実質的に準備・運営が行われる。東京でのオリンピック開催は、１９５９（昭和34）年５月26日のＩＯＣ（国際オリンピック委員会）総会で決定した。その４カ月後の９月30日、オリンピック東京大会組織委員会が発足、初代会長に元防衛庁長官で参議院議員の津島壽一《つしまじゅいち》が就いた。

ところが、昭和37年に第４回アジア競技大会参加問題で津島が引責辞任（２６６頁参照）。その４か月後、跡を継いだのが安川第五郎《だいごろう》だった。すでにオリンピック本番は翌年に迫っていた。

安川第五郎は、安川財閥の創始者である安川敬一郎の五男として、１８８６（明治19）年に福岡県芦屋で生まれ、中学時代には柔道に勤しんだ。東京帝国大学（現・東京大学）を卒業後、安川電機を

開会式であいさつする安川（向こう側）（「'64東京オリンピック」1964年）

創業、社長に就任する。戦後会長となり、55（昭和30）年以降、日本銀行政策委員、日本原子力研究所理事長、九州電力会長などを歴任していた。

会長就任時、安川は77歳、前任者の津島より2つ年上であった。安川も当初から組織委員会の委員に名を連ねていたから、後継者に指名されてもおかしくない立場にあったが、あえて政界を避ける人事だったのかもしれない。安川は、組織委員会会報に、

「オリンピックという世界的な事業の会長をこのままほっとくにたえないので、引き受けることにした。お互いが〝我〟を張っていてはうまく行かないので、思想統一をはかって、みんなの主張をうまくまとめるのが僕の責務だと思う」と談話を寄せている。

開会式、各国選手団が行進を終えフィールドに整列したあと、安川は大会運営の責任者としてブランデージIOC会長と共に壇上に立ち、挨拶を述べた。その中で、近代オリンピック復興70年を記念し、「近代オリンピックの父」である故クーベルタン男爵の肉声のメーセージを披露し、氏の偉業を想起するよう呼び掛けた。

1894年6月、パリ万博の際に開催されたスポーツ競技者連合の会議で、クーベルタンがオリン

ピック復興計画を議題に上げ、満場一致で可決されてから、ちょうど70年目に当たっていたのだ。

メッセージは、クーベルタンが、１９３６年のベルリン大会に寄せた講演の録音で、

「オリンピックの祭典を祝うことは歴史に訴えることであり、また、歴史こそ最もよく平和を確保するものであろう。老境に入った私は、大会が近づいたこの機会に、若さと未来へのゆるぎない信念を表明する」

というものであったが、私のような小学生はもとより、一般の日本人にはピンとこない内容ではなかったか（「ヒトラーの大会」と呼ばれたベルリン大会へのメッセージとして、「平和」を改めて持ち出したところはさすがではあるが）。あるいは、73歳時のクーベルタンの言葉に78歳の安川は自らを重ね合わせるところがあったのかもしれない。

開会式では、電光掲示板に「オリンピック競技で最も重要なことは、勝つことではなく、参加することである」、「より速く、より高く、より強く」というオリンピック精神を示す標語が映し出されていて、こちらのほうは、子供たちの耳にもすでに馴染んだものだった。が、これらはクーベルタンが発案した言葉ではなかったようだ。

大会後、見事な大会運営に感動したブランデージは、国立競技場に掲げられた五輪旗を、その最高責任者であった安川に贈呈した。後年安川は、揮毫《きごう》を頼まれると必ず「至誠通天《しせいつうてん》」と書いたが、これは、小雨の降った開会式前夜、天気の回復を心から天に願ったところ、それが通じたごとく、翌日は雲一つない秋晴れに恵まれたことによるとされる。おそらくは、安川の人生訓でもあったのだろう。76（昭

和51）年6月25日、90歳で死去。

## 5 アベリー・ブランデージ〜不屈のIOC会長〜

開会式において、組織委員会会長・安川第五郎のあいさつに続いて、ブランデージIOC会長が、まず英語であいさつを述べた。ところが最後の部分、天皇陛下に開会宣言を促す言葉を、彼は一呼吸おいて日本語で語り始めた。

「わたくしは、1896年のピエール・ド・クーベルタン男爵によって復活された近代オリンピックの第18回競技大会の開会宣言を、ここに謹んで天皇陛下にお願い申し上げます」

この日本語のスピーチのためにブランデージは連日猛練習を重ね、指導を受けた日本人のお墨付きを得たうえで、開会式に臨んだという。もっとも、かなりの「外国人なまり」があったので、私などはそれを早速教室で物まねして、結構受けたことを覚えている（当時、外国人女性タレント、イーデス・ハンソンの「変な日本語」が話題になっていたから、受けたのはその影響だったかもしれない）。

さて、ブランデージの経歴であるが、1887年、アメリカのデトロイトで生まれている。若い頃は、バスケットや陸上競技などオールラウンドプレイヤーとして活躍し、1912年のストックホルム大会では五種競技と十種競技に出場、それぞれ6位、16位という成績を残している。

選手引退後は、建設業を営むかたわら、全米体育協会、アメリカオリンピック委員会の会長、国際陸上競技連盟の副会長などを歴任した。45年にＩＯＣの副会長に就任し、会長に選ばれたのは52年のことであった（オリンピック選手出身の初の会長だった）。

ブランデージは、良くも悪くも堅物としてのイメージが強い。それは、一つにはアマチュアリズムを徹底し（「ミスター・アマチュアリズム」と呼ばれるほどであった）、今一つは政治の介入に強く反対したことによる。

68年のメキシコ大会（本来ならメキシコシティー大会とすべきところだが、便宜的にこう表記する）で、拳を上げて国旗を拒否したトミー・スミスらアメリカの黒人選手を追放したり、72年の札幌冬季大会では、オーストリアのカール・シュランツの参加をプロという理由で認めなかったりした。

一方、72年のミュンヘン大会で、パレスチナ過激派による選手村襲撃で11名のイスラエル選手が死亡した際には、大会中止の声が多数を占める中、「我々はテロには屈しない」として、敢然と大会続行を決定した。

そのブランデージが、東京大会の開会式を終えて、「こんなに立派で、感動的な開会式は初めてだ」と称賛し、大会の終盤には、「史上最高の大会だった」として、開催都市である東京都に対し、「オリンピックカップ」を授与した。

ブランデージは30年の長きにわたってＩＯＣ会長を務めた

アマチュア精神の徹底を説いたブランデージ
（「毎日新聞」1964年9月29日夕刊）

が、オリンピックを取りまく環境は着実に変化し、彼の退任からほどない74年、オリンピック憲章からアマチュア規定が削除された。翌75年5月8日、ブランデージは西ドイツ（当時）で世を去った。享年88。

## 6 今井光也～ファンファーレの作曲者～

開会式の終盤、天皇の開会宣言が終わると、聖火台下に整列した陸上自衛隊音楽隊の30名のトランペッターによって、ファンファーレが高らかに奏でられた。彼らは、伊東茂平《もへい》デザインの、金すじの入った真っ赤なズボン、肩と胸に金モールを飾った白い上着、つばの赤い白の帽子という制服に身を包み、手にするトランペットには、赤・青・黄・黒・緑の五色の三角旗が付けられていた。

ファンファーレは、フランス語で「華々しい吹奏」を意味し、かつてのヨーロッパ宮廷で、信号ラッパにより儀礼的に用いられたものである。日本では、競馬ファンは別にして、ファンファーレという言葉を、東京オリンピックで初めて覚えたという人は多かったのではないか。

大会開催中、テレビを通じて毎日のように耳にした、どこか哀愁を帯びた調べ。この曲を作曲したのは、当時三協精機（現・日本電産サンキョー）の会社員で諏訪交響楽団所属（指揮者）の今井光也《みつや》であった。今井は1922（大正11）年、長野県諏訪町（現・諏訪市）の出身。

ファンファーレの選定に当たっては、オリンピック組織委員会とＮＨＫが共催で公募し、４１４編の応募作の中から選ばれた。応募作品のほとんどが西洋風のメロディだったのに対し、今井の作品は「日本的ムード」があり、東京大会にふさわしい、というのが選定理由であった。

４分の４拍子、８小節、僅か35秒の小品だが、最後がへ短調で終わるところが、祝典音楽としては珍しいらしい（古典の「六段の調べ」を基調にしたともいわれる）。果たして今井の狙いだったのかどうか。

東京大会のファンファーレは、開閉会式及び表彰式等において、計約２００回にわたって吹奏された。その後のオリンピックでも、それぞれ独自のファンファーレがつくられたが、やはり東京大会ほどの印象を日本人には残さなかったようだ（１９８４年のロサンゼルス大会のファンファーレは、翌年グラミー賞を受賞しているが）。

今井光也は、晩年諏訪交響楽団の会長などを務め、２０１４（平成26）年5月6日、91歳で死去した。

ファンファーレのトランペッターは、聖火台の直下に階段を挟んで3列15人ずつ配置されていた
（「読売新聞」1964年10月10日夕刊）

## 7 東龍太郎〜ホスト役を務めた東京都知事〜

ファンファーレの演奏が終わると、「オリンピック賛歌」(作曲・サマラ、訳詞・野上彰《あきら》)の合唱が起こる。続いて、競技場の南口から、6人の海上自衛隊員の手によってオリンピックの旗が入場し、フィールド北隅の掲揚台のポールに掲げられた(そのポールは、1928年アムステルダム大会の三段跳びで、織田幹雄《おだみきお》が日本人として初めて金メダルを獲得したことを記念して、織田の優勝記録と同じ長さにつくられていた)。

と、北口から太鼓の音が聞こえはじめる。アメリゴ・ペトルッチ・ローマ市長が、中世風の衣装を着たオリンピック旗の旗手を伴い、小学生の鼓隊に前後を挟まれて入場してきたのだ。そして、中央の式壇で、オリンピック旗は一旦ペトルッチ市長からブランデージIOC会長に返還され、改めて同会長から、東京都知事・東龍太郎《あずまりょうたろう》に手渡された。20年アントワープ大会以来、開催都市に引き継がれている正式のオリンピックの旗。東の苦労が報われた瞬間であった。

オリンピックのホスト役と言えば、まずは開催都市の首長であろう。東龍太郎が東京都知事になったのは、59(昭和34)年4月のことである。安井誠一郎前知事時代に、東京は60年の第17回オリンピックに立候補したが、ローマに敗れていた。

東は、1893(明治26)年大阪府大阪市生まれ。東京帝国大学医学部卒の医学者で茨城大学の学長を務め、政治経験はなかったが、大学ではボート部に所属したこともあり、戦後、日本体育協会会長、日本オリンピック委員会（JOC）委員長、IOC委員に選任されていた。

自民党は、汚職事件絡みで退陣する安井の後任に、クリーンなイメージとオリンピック誘致の有利性を考えて東を推薦したとされる。彼はそれに応えて、社会党推薦で戦前に外務大臣を務めた有田八郎を17万票の差で破り当選した。

知事就任のわずかひと月後、ミュンヘンで開かれたIOC総会で、東京は64年のオリンピック開催を勝ち取り、4年前のリベンジを果たした。その際、出席していた東は、31（昭和6）年に招致を表明して以来、三十年ぶりにようやく開催が決まったこと、これは日本のみならずアジア民族全体の感激であるという声明を出している。

以来、オリンピック開幕までは、東にとって正に怒涛《どとう》のような日々であったろう。開会式が無事終了したあと、東は、「オリンピックに批判的だった人も、今目の前にそれを見て、やってよかったと、考え直してくれれば嬉しいなぁ……」と感想を述べた。

開会式でオリンピック旗を受け取る東都知事（「'64東京オリンピック」1964年）

というのも、東は知事就任以降、「オリンピック知事」と揶揄《やゆ》され、64年夏の水不足での対応のまずさなどから、都政はオリンピックだけなのか、という批判を常に浴びていたのだ。

オリンピック閉幕後には、「これで、肩の荷をひとつ下した。しかし、オリンピックはあくまで都政の一部でしかない」と、これまでの批判をかわすような発言をし、結局、67（昭和42）年まで都知事を2期8年務めた。その後、教育界に戻り、東邦大学の学長に就任したりしたが、83（昭和58）年5月26日、90歳で死去した。ちなみに、東の後、美濃部亮吉《みのべりょうきち》が都知事となり、革新都政が12年にわたって続いた。

## 8 鼓隊員～沈着冷静な小学生たち～

ペトルッチ・ローマ市長とオリンピック旗の旗手をエスコートした鼓隊は、新宿区立牛込仲之《うしごめなかの》小学校の6年生31名によって編成されていた。男子11名、女子20名で、空色のベレー帽に同色の上着、男子は白ズボン、女子は白いスカートといういで立ちだった。その一糸乱れぬ行進と見事なバチさばきに、観衆と各国の選手たちは大喜び。選手の中には、何とかその姿を見ようと、ピョンピョン飛び跳ねたり、しゃがんで前の者の股の下から覗こうとする者もいた。

中央の式壇で東都知事にオリンピック旗が手渡されると、3発の祝砲がとどろき、6色の風船

1万2千個が放たれた。鼓隊はそのまま演奏しながら南口へと消えていったが、観衆からの拍手が鳴りやまず、「沈着だ」「小学生とは思えない」という声が聞かれたという。

オリンピックのセレモニーに小学生が登場したのは、この時が初めてのことであったらしい。大役を担った、少し先輩の小学生たちが、失敗しなければいいのにと、私はテレビの前でドキドキしながら見守ったものである。

ところで、鼓隊メンバーの一少女についての記事が、大会開催中の10月19日の毎日新聞夕刊に載っている。牛込仲之小学校の児童が、鼓隊として開会式へ参加することが決まり、その少女が鼓隊のメンバーに選ばれたのは、本番のひと月足らず前の9月15日であった。以来、日曜祝日もなく練習が続けられた。ところが、ある日、少女は練習中に先生に呼び出され、父親が亡くなったことを知る。

五輪旗を挟んで行進する鼓隊（「毎日新聞」1964年10月11日）

国家公務員で前日予算折衝のため帰りの遅くなった父親は、翌日彼女が登校したあとに、心筋梗塞《しんきんこうそく》で倒れ午後に息絶えたのだった。少女は葬儀のため三日練習を休んだことで、補欠に回ることになった。補欠にはなったが、彼女はその後も一生懸命練習し、10月7日に国立競技場で行われたリハーサルには他のメンバーと一緒に行進することができた。

少女はそれで十分満足だったが、本番当日になって思わぬことが起こる。女子隊員の一人が、気分が悪くなり、出場できなくなったのだ。急遽、少女に出番が回って来た。彼女は、選手団や観客の拍手喝采を浴びながら、「お父さんもきっと喜んでくれるだろう」と胸を詰まらせた……というような話である。

少女は将来スチュワーデスになって外国に行きたい、という希望を持ち、進学塾にも頑張って通っていた。当時、外国旅行がまだまだ珍しく、スチュワーデス（キャビン・アテンダントと呼ばれるようになるのは１９８０年代以降のことである）は、女子にとって憧れの職業だった。また、受験地獄という言葉が生まれ、進学塾に通う子供たちも増えていた。

女は結婚して家庭に入るのが普通とされていた時代だが、少女の父親は、キャリア官僚だったようだから、彼女もその影響を受けて、社会人としての自立を目指していたのだろうか。私とほぼ同年代のこの少女が、その後どういう人生を送ったか、あえて知ろうとは思わないが、幸せなものであってほしい。

## 9 坂井義則～聖火リレーの最終走者～

鼓隊の姿が南口に消えようとする時、北口から聖火が入場する。7万5千人の目がそこに注がれた。最終聖火ランナーを務めるのは坂井義則《よしのり》である。白いランニングシャツに白い半パンツ。白の靴下に白い靴を履いた坂井は、右手に聖火の灯るトーチを持ち、美しいフォームでトラックを3分の2周走ったあと、バックスタンド中央にある163段の階段を一気に駆け上がった。

そして、聖火台の横で一旦正面を向き、トーチを高く掲げたあと、聖火台の方に向き直っておもむろに火を付けた。8月21日にオリンピアで採火されてから50日、10万713人よってリレーされた聖火は、こうして東京の国立競技場に点されたのであった。時に10月10日午後3時9分50秒。大観衆から拍手と歓声が沸き起こった。

ところで、当時まだアメリカの占領下にあった沖縄に聖火が到着したのは9月7日。そこから、4つのルートに分かれて、聖火は全国を巡った。確か小学校では、一生に一度のことだから、学校を休んで見に行ってもいいということで、私も母に連れられて、リレー中継点の京都府庁前まで見学にいった記憶がある。そこで4年ぶりに、別の小学校に行っていた幼稚園の同窓生のS君に出会ったが、彼もまた学校を休んで見学に来ていたように思う。

当時の新聞を調べてみると、聖火が奈良県から京都府に入ったのは9月28日で、午後2時28分に京都府庁に入り、一晩府庁に安置されて、翌29日の朝9時に滋賀県へ向けて出発したとあった。28日は月曜日。やはり私は学校を休むか早引きして、聖火を見に行ったことになる。

ほんとにそんなことが許されたのか、と思ってさらに調べてみると、文部省（現・文部科学省）が、学校での聖火リレーを含むオリンピック見学の扱いについて、行き過ぎがないよう通達を出した、という記事を見つけた。

それによると、学校内で行事としてテレビ視聴するのはよいが、学校を休んで、個々に見学したり、家庭のテレビで見ることとは、行き過ぎに当たるとしたもので、裏を返せば、やはりそういうこと（学校を休んで聖火リレーを見に行くこと）は各地で行われていたのだろう。それくらい、当時の日本人にとって、オリンピックは絶対的な行事だったのである。

ともあれ、聖火リレーを生で見た小学生は、やはりそれなりに感動して、やたらと「聖火リレーごっこ」が流行った。適当な長さの棒であれば、何でもトーチの代わりになったが、中には新聞をくるくる巻いて先に火を付けて走る「創造性に優れた」者も現れて、当然のことながら、周りの大人たちから大目玉を食らったのであった。

ところで、最終聖火ランナーを誰が務めるかは、いつのオリンピックでも大きな話題となっていた。東京大会では、その知名度から、一時１９２８年アムステルダム大会の三段跳びで優勝した織田幹雄の名が上がったようだ。しかし、選手団長の大島鎌吉《けんきち》や織田本人からも、若人の祭典にふさわしく若者から選ぶべきだという声が上がり、坂井に白羽の矢が立ったのだという。

もっとも、当時の坂井は、早稲田大学の1年生で、四百メートルが専門のランナーだったが、オリンピック予選では落選していた。ただ、彼は45（昭和20）年8月6日、原爆が広島に投下された日に広島に生まれており、そのことが選定の一つの要因になったのかもしれない。坂井は、敗戦の焦土から見事な復興を遂げた日本の、正に象徴となりえたのである。

（坂井が競技場に姿を現した時、各国選手が列を乱して彼のほうへ駆け寄り、関係者を慌てさせたが、それは、彼らが坂井の出生について紹介するアナウンスを聞いて感激し、一目彼を見ようとしたためであったことを、最近のNHKのニュース番組が明らかにしている）

そんな坂井であったが、立派に役目を果たした。実は、坂井が北口ゲートの奥で、前走者の女子中学生から聖火を受け取った時、まだ鼓隊の音が聞こえていた。彼は、演出の効果を最大にするため、咄嗟の判断で、競技場への入場を20秒ほど遅らせたという（佐藤次郎著『東京五輪１９６４』）。心憎いばかりの落ち着きと機転の良さである。

聖火台を目指して階段を駆け上げる坂井（「朝日新聞」1964年10月11日）

ちなみに、坂井に聖火を渡した女子中学生は、のちに女子走り高跳びで日本記録を出す鈴木久美江（現・井街久美江）であった。坂井は、聖火を渡す時に彼女が見せた笑顔に、ふと緊張がほぐれた、と語っている。

東京五輪後、坂井は、66（昭和41）年にバンコクで行われたアジア競技大会において、四百メートルで銀メダル、千六百メートルリレーでは金メダルを獲得する。だが、早大の卒業と同時に競技を引退、フジテレビに入社し、テレビマンとしてオリンピックをはじめスポーツの報道に携わった。

２０２０年のオリンピックが東京に決まった13年9月8日、「東京で2回もオリンピックを見られるなんてラッキーです」とテレビ番組で語ったが、翌14（平成26）年9月10日、脳内出血で死去した。まだ69歳だった。

## 10 小野喬～選手宣誓を行った日本選手団主将～

聖火台に聖火が点火されると、『東京オリンピック賛歌』（作詞・佐藤春夫、作曲・清水修）の大合唱が沸き起こる。正に開会式のクライマックス。次に各国選手団の旗手が式壇を中心に半円を描いて並び、式壇の上に日本選手団の主将、体操の小野喬《たかし》が姿を現わした。

小野は日本の旗手・福井誠《まこと》の持つ日章旗の一端を左手で握り、右手を斜め前に掲げて、声高らかに選手宣誓を行った。

「私はすべての競技者の名において、オリンピック競技大会の規約を尊重し、スポーツの栄光とチームの名誉のために、真のスポーツマン精神をもって大会に参加することを誓います。選手代表、小野喬」

最後の「小野」と「喬」の間にワンテンポ間があって、それが、決意の強さを表しているようで、妙にかっこよく感じられたものである。ところで、選手宣誓が近代オリンピックで行われるようになるのは、1920年のアントワープ大会からだ。古代オリンピックにおいて出場選手が、ギリシャ神話の主神・ゼウスに誓いを立てたことに倣ったとされる。ちなみに、高校野球では29（昭和4）年の夏の大会（当時の名称は全国中等学校優勝野球大会）から始まっている。

小野は31（昭和6）年、秋田県能代《のしろ》市に生まれた。52（同27）年、東京教育大学（現・筑波大学）3年の時に体操選手として、オリンピック（ヘルシンキ大会）初出場。大学卒業後は東洋レーヨンに就職し、以後、メルボルン大会、ローマ大会と連続出場して、金、銀、銅のメダルをそれぞれ4個ずつ獲得している。

日の丸を手に選手宣誓する小野（「'64東京オリンピック」1964年）

国体で知り合った清子夫人とは58（昭和33）年に結婚し、ローマに引き続き、東京でも夫婦揃っての出場となった（当時一男一女の父でもあった）。そうした経歴から、当然のごとく東京大会の日本選手団の主将に選ばれ、選手宣誓の大任を務めることになったのだ。

全盛時にはその強さから、「鬼に金棒、小野に鉄棒」とまで言われたが、これは、人名をもじったギャグとして、なかなかの出来栄えである。のちに生まれた「ああ言えば上祐」や「こだまでしょうか？いいえ枝野です」などよりは、よほど気が利いていた。

そんな小野だが、東京大会の競技本番では、怪我に泣かされた。個人種目は振るわず、団体総合の競技中も、小野は「ここでやめたら、この4年間はなんのために……。最後までやる。骨が折れたって……」と悲痛な心情を吐露《とろ》している。その甲斐あって、団体総合の日本チームのメンバーとして、通算5個目の金メダルを手にしたのだった。

## 11 ブルーインパルス～空に五輪を描いたパイロットたち～

選手宣誓が終わると、8千羽の鳩が放たれ、合唱団が君が代を合唱。会場はその余韻に浸るが、直後に、大観衆と選手団を驚かせるアトラクションが待っていた。5機のジェット戦闘機が突如現れ、上空に大きな五色の輪を描いたのである。

このアクロバット飛行を行ったのは、航空自衛隊浜松第1航空団特別飛行研究班、通称「ブルーインパルス」である。使用された飛行機はF－86だった。ブルーインパルスは、1960（昭和35）年に発足した曲技飛行による広報活動を任務とする部隊で、スモークを使った空中描画を得意としていた。ブルーインパルスという名称は、一時使用されていたコールサイン「インパルス・ブルー」を逆にしたものとされる。

この日、隊長の松下治英《はるひで》ほかが搭乗する5機は、埼玉県の入間《いるま》基地を飛び立ち、ラジオで開会式の状況を把握しながら、神奈川県江の島上空で待機、最終聖火ランナーの坂井義則が国立競技場に入ったのを合図に、国立競技場へと向かった。

そして、赤坂見附上空約3千メートルに達すると、青・黄・黒・緑・赤の5色のスモーク（潤滑油に5色の染粉が入れられたもの）で、直径約1800メートルの五輪を描きはじめ、30秒後に見事完成さ

国立競技場上空に描かれた五輪
（アサヒグラフ増刊・東京オリンピック」1964年）

せた。組織委員会の注文通り、ロイヤルボックスから全景が見えるよう国立競技場の真上よりはやや東側に巨大な五輪が浮かび上がった。うまい具合に上空は微風であったため、たっぷり1分間は浮かんで、観衆の大喝采を浴びたのだった。

任務を終了した5機は、銀座、上野、池袋、新宿、渋谷、品川の上を、スモークを引きながらデモ飛行を行い、入間基地に帰還したので、その航跡を目撃した東京人は多かっただろう。

この世紀のアトラクションは、ブルーインパルスの生みの親で、62（昭和37）年に自衛隊の航空幕僚長であった源田《げんだ》実《みのる》の発案といわれる。開会式において、陸上自衛隊は祝砲を鳴らし、海上自衛隊は五輪旗を持って行進する役回りがあったのに対し、航空自衛隊は出番がなさそうだったので、源田がひねり出した構想だったようだ。

ブルーインパルスのパイロットは本番に向け訓練を重ねたが、開会式の前日、入間基地周辺は夜半に土砂降りの雨が降った。雨天だとアトラクションは中止と決まっていたので、翌日も雨を予想したパイロットたちは、中止に違いないと判断して前夜酒を飲んだ。ところが翌日の午後は一転して晴天に。パイロットたちは、二日酔い気味の状態で任務に就いた、という「伝説」も残されている。

ちなみに、次期開催国メキシコの空軍関係者も、このアトラクションに興味を抱いたようだが、自衛隊から説明を聞いて、自国の空軍にはとても真似ができないと、さじを投げたそうだ。実際、その後、２０１６年のリオデジャネイロ大会に至るまで、曲芸飛行で空に五輪が描かれるアトラクションは一度も行われていない。

## 〈コラム❶〉仏映画『シェルブールの雨傘』の上映始まる

東京オリンピック開催の少し前からフランス映画『シェルブールの雨傘』（ジャック・ルミ監督）の上映広告が新聞に載るようになった（東京での公開は10月4日からである）。この年のカンヌ映画祭でパルム・ドール（グランプリ）を受賞し、まだ20歳だった主演のカトリーヌ・ドヌーブは、一躍人気女優となった。

この作品は、当時新進気鋭のミッシェル・ルグランが音楽を担当したミュージカル映画である。それまでにも、１９５６（昭和31）年公開の『王様と私』や61（同36）年公開の『ウェストサイド物語』など、日本で話題を呼んだミュージカル映画はあったが、『シェルブールの雨傘』はそれらとは趣を異にする、一風変わった作品であった。

何よりも地の台詞《せりふ》がなく、すべての台詞はメロディーに乗せて語られるのだ。さりとて、オペラでもなく、また踊りもない新しいミュージカル映画の形だった。ジャック・ルミ監督は、その理由として、もともとフランス人の喋り方にはメロディーがあるから、と説明している。

舞台は50年代末の、美しいフランスの港町シェルブール。傘屋の一人娘、ジュヌヴィエーヴ（ドヌーブ）は、ガソリンスタンドで働く青年、ギイと激しい恋に落ちるが、ギイに兵役招集の通知が届き、悲恋が始まる。当時フランスには徴兵制があり、（フランスからの）アルジェリア独立戦争の最中でもあったので、ギイの兵役は長引き、手紙も途絶えがちになってジュヌヴィエーヴを悩ませた。

ラストシーンは、互いに子持ちの既婚者となった二人が偶然出会い、少し話をして気持ちを吹っ切るようにして別れるのだが、大ヒットした哀愁溢れる主題曲に浸りながら、鑑賞した日本の多くのカップルは、平和憲法のありがたみを改めて噛みしめたかもしれない。

戦争絡みと言えば、第2次世界大戦終戦前後のイタリアを舞台にしたイタリア映画『ブーベの恋人』もこの年の9月に公開されている。クラウディア・カルディナーレとジョージ・チャキリスの共演で、主題曲（日本ではいしだあゆみとザ・ピーナッツがカバーした）とともにこれも大ヒット。カルディナーレはC・Cの愛称で親しまれた。

当時、セクシー女優に対してこういう呼び名が流行り、ちなみにB・Bはブリジッド・バルドー、M・Mは、もちろんマリリン・モンロー（62年死去）である。

『シェルブールの雨傘』は若者を中心に人気を博したが、同様の形式のミュージカル映画はその後広まらなかったようだ。オリンピックの翌年、子供から大人までが楽しめるミュージカル映画が日本にやってくる。65（昭和40）年6月に『サウンド・オブ・ミュージック』が、同年12月に『メリー・ポピンズ』が日本で公開されたのだ。いずれもジュリー・アンドリュース主演のアメリカ映画だった。

小学5年生だった私は、この二つの映画にすっかりのめり込んで、周囲の大人たちに頼み込んで（泣き落として）何度も映画館へ見に連れて行ってもらったものである。もちろん、レンタル・ビデオなどという便利なものの無い時代だった。

# 陸上

## 12 ボブ・ヘイズ～人類初の9秒台を逃した男～

オリンピックのメイン種目、陸上競技は、大会5日目の10月14日から始まった。陸上競技の中でも、一番華やかなのが、世界一速い人間を決める男子百メートルである。しかも東京大会では、人類が初めて10秒の壁を破るかどうかも注目を集めていた。その一番手として、大会前から名前が上がっていたのが、アメリカの21歳の黒人選手、ボブ・ヘイズであった。

男子百メートルは第1回アテネ大会（１８９６年）から行われ、その時優勝したアメリカのトーマス・バークの記録は12秒0。前回１９６０年のローマ大会の優勝者、ドイツのアルミン・ハリーの記録は10秒2であったが、彼はそのふた月前に10秒0の世界記録を樹立していた（ちなみに、ハリーはドイツの週刊誌「クイック」の専門解説員として、東京大会に顔を見せている）。

その後、カナダのジェローム、キューバのエステベスも10秒0を記録したものの、10秒の壁は厳然と人類の前に立ちはだかったままだった。ヘイズは42年、フロリダ州ジャクソンビルの生まれで、フロリダA＆M大学に進学し、東京大会の前年に百ヤード（91・44メートル）走で9秒1の世界新記録を出し、一躍東京大会の優勝候補となった（当時、欧米ではヤード単位のレースがまだ盛んに行われていた。77年、国際陸連はヤード制を廃止）。

ヘイズは第1次予選10秒4、第2次予選10秒3と軽く流していたが、準決勝で実力を露わにした。トップでゴールした時、時計は9秒9を示し、ついに、と思わせたが、追い風5メートルのため参考記録にとどまった（追い風2メートル未満なら公認）。

公認の9秒台が期待された決勝では、ライバルのジェロームやキューバのフィゲロラを問題とせず圧勝したものの、残念ながらタイムは10秒0の世界タイ記録に終わった。

183センチ、86キロのがっしりした体。フォームは、やや内股で上半身を大きく前後にうねらせる独特のもので、お世辞にもスマートとは言えなかったが、その後しばらく、上半身をうねらせて走る黒人の短距離選手をよく見るようになった。おそらくは、ヘイズの影響だろう。

彼がその力をいかんなく発揮したのは、むしろ四百メートルリレー決勝であった。アンカーのヘイズにバトンが渡った時、アメリカチームは7番目と大きく遅れていた。ヘイズはバトンを受け取るや猛ダッシュして、あっという間に前を行く6選手をごぼう抜きし、トップでゴールしたのだ。39秒0

400mリレーでバトンを受け取ったヘイズ（下左）
（「'64東京オリンピック」1964年）

の世界新記録。瞬間、持っていたバトンを空高く放り投げ、それがカッコよくて、体育の時間に先生の目を盗んでよく真似をしたものである。

東京大会後、ヘイズは9秒台に固執することなく、あっさりと陸上競技に別れを告げ、プロフットボールの世界に飛び込んだ。貧しい工員の家に育ち、子供の頃から貧乏に耐えてきた彼は、大の母親思いだった。酒、タバコはやらず、飲むのはミルクだけ、と冗談を言った（当時の日本の小学生たちは、給食に出る脱脂粉乳《だっしふんにゅう》に苦しめられていたが）。

東京大会にも母親を同行させ、レース後のインタビューで「金メダルはママにプレゼントする」と答えている。プロに移ったのも、しっかり稼いでママを喜ばせたかったのかもしれない。

俊足を買われて陸上競技からプロフットボールへ転向する選手は少なくなかったが、成功例はそれほど多くなかったようだ。ヘイズは例外的に活躍し、ダグラス・カウボーイズのワイドレシーバーとしてスーパーボウルに二度出場し、優勝も経験している。オリンピックの金メダルとスーパーボウルの優勝を両方手にしたのは、ヘイズが初めてだった。

さて、人類が10秒の壁を破るのには意外と時間がかかった。68年6月20日、全米選手権準決勝で、ジム・ハインズ、チャールズ・グリーン、ロイ・レイ・スミスという3人の黒人選手が、9秒9を記録する。「9秒台突入」のニュースは世界を駆け巡ったが、この記録は手動計時よるものだった。

注意すべきは、東京大会の決勝でヘイズが出した10秒0は電動計時であるということだ。東京大会では国際陸連の認可を得て、オリンピックでは初めて電動計時を公式記録としたのであるが、スタートとゴールにタイマーが機械的に連動する電動計時は、ストップウォッチを人間の手で押す手動計時に比べて、ふつう0秒1から0秒2遅くなるといわれていた。

実際、10月13日の毎日新聞では、「手より遅くなる電子時計」という見出しで、東京大会では短距離種目での世界記録は全く望めない、と解説している。手動計時との差を補正するため、スタートの号砲から0秒05遅れて時計が作動するように設定されてはいた（この補正は70年まで実施された）が、やはり手動計時よりは遅くなるだろう、というのが大方の見方だった。

小川勝《まさる》著『10秒の壁……「人類最速」をめぐる百年の物語』によると、実は東京大会では電動計時の補助として、計測員3人が手動計時を行っていて、ヘイズの決勝タイムは、9秒9、9秒9、9秒8だったという。もし、東京大会が手動計時を採用すると決めていれば、史上初の9秒台の栄誉は、ヘイズの頭上に輝いていたことになるのだ。

東京大会以降、オリンピックでは電動計時が採用されるようになるが、一般の競技会では手動計時でも公認記録とされたため、電動計時のみを公認とすることが決定する76年までは両者が混在していたことになる。その間は両者の整合性を図るため、100分の1秒まで計測可能な電動計時も、手動計時と同様10分の1秒単位で発表された。

さて、ハインズは、手動による9秒9を出した3カ月後の10月14日、メキシコオリンピックでも9秒9で優勝し、この時の補正無しの電動計時9秒95が、電動での最初の9秒台ということになった（76年時点で遡《さかのぼ》って公認された。この時、なぜか東京大会の記録までは遡らなかったようだ）。

もっとも、競技場のあるメキシコシティーは、標高2200メートルの高地で空気抵抗が小さく、トラックもオリンピックとしては初めての全天候舗装（タータン）であった。全盛期のヘイズを同じ条件で走らせてみたかったと思うのは私だけだろうか。

プロフットボールを引退してから、ヘイズの生活は乱れたようだ。ミルクしか飲まなかったはずが、アル中で数回入院し、コカイン、睡眠薬の密売に絡んで逮捕、収監もされている。俊足を生かして二つのスポーツに活躍したヘイズだが、死に急ぐのもまた早かった。2002年9月18日、59歳の若さで世を去ったのだ。腎不全だったといわれる。もし、彼のママがまだ存命だったとしたら、さぞ悲しんだことだろう。

## 13 飯島秀雄〜30年ぶりに現れた日本の名スプリンター〜

男子百メートルに出場した飯島秀雄《いいじまひでお》（早稲田大学）は、この種目で日本人初のメダル獲得が期待されていた。東京大会開催の3カ月前（6月26日）に、西ドイツで10秒1の日本記録を樹立していたからだ(当時の世界記録は10秒0)。それまでの日本記録10秒3は、「暁《あかつき》の超特急」と呼ばれ、1932(昭和7）年ロサンゼルス大会で6位に入賞した吉岡隆徳《たかよし》が持っていた（吉岡の日本記録は、当初は世界タイ記録でもあった)。

飯島は44（昭和19）年、茨城県水戸市で生まれた。茨城県立水戸農業高等学校時代に素質を見出され、吉岡の指導を受けるようになる。早大進学後も、リッカーの陸上部監督となっていた吉岡の元で練習を続け、吉岡直伝の「ロケットスタート」をマスターした。吉岡にすれば、愛弟子《まなでし》によって自らの日本記録が29年ぶりに破られたわけで、感慨もひとしおであったろう。

陸上競技初日の10月14日、雨中行われた第1次予選を、飯島はロケットスタートを武器に10秒3で走り、全体のトップで通過する（ヘイズは10秒4だった）。国民の期待はいやが上にも高まったが、

1次予選でトップを走る飯島（「毎日新聞」1964年10月14日夕刊）

続く2次予選では、10秒5でぎりぎり通過、しかも、ゴール直後に足を滑らせ転倒してしまう。それが影響したのか、翌日の準決勝では10秒6かかり、B組7着で決勝進出はならなかった。

飯島は、男子四百メートルリレーにも第1走として出場したが、予選は通過したものの、準決勝で日本はB組8着となり決勝には進めなかった。

飯島は東京オリンピック後も競技を続け、欧州遠征などで10秒1を連発する活躍を見せた。4年後のメキシコ大会で、飯島は再び第1次、第2次予選を通過する。しかし、準決勝では80メートルまでは先頭を走りながら、残り20メートルで全員に抜かれて落選、後半に難があった吉岡と同じ悲哀を舐《な》めた。準決

勝での記録は10秒34。電動での最初の日本記録だったが、この記録は、87年に法政大学の不破《ふわ》弘樹《ひろき》が10秒33を出すまで、19年間破られなかった。

早大卒業後、飯島は茨城県庁に勤務していたが、その俊足に目を付けたプロ野球から誘いを受け、69（昭和44）年ロッテオリオンズに入団した。代走を専門とし、71年の引退までに117回代走に起用され、盗塁成功23、得点46を記録している。

ところで、東京大会の四百メートルリレーに飯島と共に出場した関西学院大学の浅井浄《きよし》（第3走）は、引退後阪急電鉄に入社し、阪急ブレーブスのトレーニングコーチを務めた。福本豊《ゆたか》を盗塁王に仕立てたのは彼だといわれる。

飯島はプロ野球引退後、水戸市内に「飯島運動具店」を開店、また公認審判員（スターター）の資格を取り、91（平成3）年に東京で開かれた世界陸上選手権では、アメリカのカール・ルイスが9秒86の世界記録（当時）を出した男子百メートル決勝のスターターを務めた。

## 14 佐々木吉蔵～号砲を極めた名スターター～

小学校1年の時、運動会の徒競走で、ピストルの号砲を聞いて、恐ろしさの余り反対に向いて走り出した同級生の女子がいたが、そもそも陸上競技でスタートの合図に、なぜピストルを使うようになったのか。音を出すだけなら笛でもいいわけで、これにはやはり理由があった。

手動計時の場合、スタートラインから離れた位置にいる計測員は、スターターが撃つピストルの音ではなく銃口から出る煙（または閃光《せんこう》）を見て、ストップウォッチを押すのである。なぜなら、音速は百メートル伝わるのに0・3秒かかり、音を聞いて押すとその分誤差を生じるからだ。

だから、煙と音の出るピストルを使えば、選手たちにはスタートの号砲（音）として、計測員には計測開始の合図（煙）として、一石二鳥というわけである。そして、スタートの合図にタイマーが連動する電動計時の時代になっても、ピストル号砲は慣習として生き残った（近年では電子音が使われる場合もあるようだが）。

さて、世界一速い男を決めるオリンピックの男子百メートルともなれば、スターターの役割は絶大である。スタートの良し悪しが結果に大きく影響するうえ、同一人物が2回フライングをすれば（現在は2回目にフライングを行った選手が）失格になる。スターターは選手たちが揃ってスタートできるよう、絶妙の間合いを取らなければならない。

東京大会の男子百メートルのスターターを務めたのは、当時52歳の佐々木吉蔵《きちぞう》だった。日本のスターターとして最も信頼され、「スターターの神様」とも称されたが、彼がスターターを目指すようになったのには、あるきっかけがあった。

佐々木は1912（明治45）年、秋田県小坂町に生まれ、大舘《おおだて》中学（現・大舘鳳鳴《ほうめい》高等学校）で陸上を始めた。東京高等師範学校（現・筑波大学）に進学後は、日本選手権の二百メートルで優勝、一般対抗学生選手権の四百メートルリレーで日本記録を出した。

32年のロサンゼルスオリンピックと続く36年のベルリンオリンピックの百メートルに吉岡隆徳と共に出場。ベルリン大会での同種目の第1次予選で、佐々木はアメリカの黒人選手、ジェシー・オーエンスと同じ組になった。オーエンスと言えば、この大会で百、二百、走り幅跳び、四百メートルリレーの4種目で金メダルを獲得した英雄である。

男子100m決勝の号砲を撃つ佐々木（「日本経済新聞」1964年10月16日）

スタートの位置についた時、オーエンスが幅5センチのスタートラインの上に手をついているのを見て、佐々木はあれ、と思った。手はラインの手前に付くべきではないのか……。佐々木は第2次予選で敗れるが、そのことがずっと頭に残り、競技規則に明記すべきだと強く感じるようなった。それが、スターターへの道につながったという。不公平を見過ごせない、前向きな性格だったのだろう。
ちなみに、世界タイ記録を持ち、大いに期待されながら、やはり第2次予選で敗退した吉岡は、帰りの船で自殺を考えるほど落ち込んだが、佐々木らの励ましで立ち直ったといわれる。
さて、佐々木は現役引退後、東京学芸大学で教鞭をとったあと、文部省（現・文部科学省）に移り、62年にはオリンピック準備室長を務めた。しかし、スターターに専念するため、オリンピック本番前に日本体育大学教授に転身。文部省内には、「パチンコ撃ち（スターター）が本省の課長を捨てるほどいいものかね」という声もあったとか。

佐々木は、東京大会の男子百メートルで、予選からスターターを務め、決勝では見事一発でスタートを決めた。83（昭和58）年1月23日死去。70歳だった。

## 15 ヘンリー・カー～「世界一速い車」と謳われた短距離走者～

陸上男子二百メートルの優勝者、アメリカのヘンリー・カーが「世界で最も早い車」と称されたのは、もちろん名前が車の英語と同音であったからだが、小学生の私にはそれと分かるのにはしばらく時間がかかった。カーはデトロイト生まれで、アリゾナ州立大学教育学部の学生だった。デトロイトといえば、自動車産業のメッカ。何かと車に縁のある選手であった。

ところで、当時の日本では、生活の豊かさを示す「3C」という言葉が使われ始めていた。「新三種の神器」とも呼ばれ、車、カラーテレビ、クーラーの頭文字Cにちなんでのネーミングであった（ちなみに、1950年代後半の初代「三種の神器」は白黒テレビ、洗濯機、冷蔵庫の3品目であった）。

私の家には車がなかったが、親しい友達二人の家にはマイカーがあって、彼らから休日に車で遊園地（奈良ドリームランドとか）へ行ったというような話を聞くたび、羨望の思いを強くしたものである。もっとも、車に詳しいその友達の一人は、休み時間に校舎の窓から下の道路を眺めながら、通る車の車種を逐一教えてくれた。おかげで私は、クラウン、セドリック、ブルーバード、コロナ、カローラ、ベレット、キャロルなど当時の人気車種をほとんど覚えることができた（ミゼットやオート三輪も、まだ結構走っていたような気がする）。

64（昭和39）年の自家用車の登録台数は約500万台。しかし、3年後の67年には1000万台を突破しており、モータリゼーションが飛躍的に進む時期だった。折しもオリンピック開催中の10月15日、内外の自動車の車種、メーカー名を盛り込んだ『自動車ショー歌』（作詞・星野哲郎）が発売されている。「〽あの娘をペットにしたくって……」といった駄洒落《だじゃれ》めいた歌詞で、映画「渡り鳥シリーズ」の人気俳優・小林旭《あきら》が歌って大ヒットした。

さて、東京大会で、21歳のカーはそのニックネームに違《たが》わぬ活躍を見せた。二百メートルでは20秒3のオリンピック新記録、千六百メートルリレーにも出場して3分0秒7の世界新記録を樹立した。短く切り詰めた頭に精悍《せいかん》な顔立ち（「黒いアポロン」の異名もあった）に、191センチ、84キロのすらりとした体、フォームも百メートル優勝のヘイズとは違って、流れるような美しさだった。

トップでゴールするカー
（「毎日グラフ臨時増刊・オリンピック」1964年）

千六百メートルリレーでは四百メートルの優勝者マイケル・ララビー（この名前を未だに憶えているのは、前年までテレビ放映されていたアメリカの西部劇『ララミー牧場』と関連付けていたからに違いない）を差し置いてアンカーを務めており、四百メートルでも世界一級の実力の持ち主だった。教師を目指していたカーだが、陸上競技を引退後、プロフットボールに転向し、３シーズンプレイした。２０１５年5月29日、がんのため72歳で死去。

## 16 森本葵～日本記録を30年近く保持した中距離ランナー～

陸上競技の中で、およそ見ていて一番面白いのは中長距離種目かと思う。スピード感と駆け引きの応酬がその要因だが、中でもオープンコースで行われる個人種目の中で、最も距離の短い八百メートルは、「トラックの格闘技」と呼ぶにふさわしい迫力がある。

残念ながら、近年日本は男女ともこの種目で国際的にはパッとしない状態が続いている。しかし、東京オリンピックでは、男子八百メートルに、メダルさえ期待された選手が出場していた。リッカー所属で、当時25歳の森本葵《まもる》である。森本は、本番３カ月前の6月11日、留学先の西ドイツ（当時）で1分47秒４の日本記録を樹立していたのだ。

この記録がどれくらい値打ちのあるものかというと、１９９３年に法政大学の小野友誠《ともなり》に破られるまで、実に30年近くも保持されたことが物語っていよう。実際、前回ローマ大会の3位の記録は1分47秒1であり、世界記録こそ、ニュージーランドのスネルが62年に1分44秒3まで縮めていたが、森本は十分メダルを狙える位置にいたのだ。

その実力から、東京大会の最終聖火ランナーの候補にも上がったが、当時のリッカー陸上部の監督であった吉岡隆徳が、競技を優先させて断ったという（2018年1月26日「朝日新聞」）。10月14日、予選に出場した森本は、1分49秒9でF組3着となり、期待に応えて準決勝に進出した。

森本は39（昭和14）年、三重県二見《ふたみ》町の生まれ。三重県立宇治山田商業高等学校を経て中央大学に進学し、中大時代に三度、日本選手権の八百メートルを制した。ちなみに、この頃中大は箱根駅伝の連勝中で、59（昭和34）から64年まで6年間連続の総合優勝を果たしている。

箱根駅伝は20（大正9）年に始まっているが、当時は全国的にはまだあまり注目されていなかった。現在のように正月の「風物詩」として定着するのは、87（昭和62）年にテレビ中継が始まってからである。

さて、準決勝で森本は、スネル、シーハード（アメリカ）などの強豪と同じ組になった。スタートから飛ばし、200メートルではトップ、400メートルで一旦落ちるが、600メートルで

第45回日本選手権の800mでテープを切る森本
（「毎日新聞」1961年7月2日）

再び4位あたりまで浮上する。

ところが、そこから後方にいたスネルが一気にスパートして、先頭グループに割り込み、直線でトップに立つとそのままゴール。残念ながら、森本は6位で準決勝敗退となった。だが、タイムは自己記録に近い1分47秒7。直前に急性肝炎を患ったというから、万全の体調であったら、さらに好記録が期待できたであろう。ちなみに、その後2016年のリオデジャネイロ大会まで、この種目で準決勝に残った日本人は一人もいない。

決勝では、スネルが圧倒的強さを発揮して、ローマ大会に引き続き連覇した。森本は現役引退後、駒澤大学の陸上競技部監督に就任。97（平成9）年の出雲駅伝、翌98年の同駅伝と全日本学生駅伝で同校を優勝に導き、さらに00年には箱根駅伝でも初優勝を果たした。

## 17 ビリー・ミルズ～インディアンの血を引く長距離ランナー～

陸上競技の第1日目、最初の決勝種目である男子一万メートルは、熾烈《しれつ》なレース展開となった。日本の円谷幸吉、船井照夫、渡辺和己を含む38名がスタート。後半に入ってロン・クラーク（オーストラリア）、ビリー・ミルズ（アメリカ）、モハメド・ガムーディ（チュニジア）、マモ・ウオルディ（エチオピア）が抜きつ抜かれつの大接戦を演じる。

残り2周でマモが遅れ、カネが鳴ってガムーデイが先頭に立ち、クラークが追う。ミルズはやや遅れ気味であったが、ホームストレートに入って強烈なラストスパートを仕掛け、あっという間に2人を抜き去ると、ゴールテープを切った。28分24秒4のオリンピック新記録だった。

信じられないような表情で、役員に優勝を確認するミルズ。アメリカに初めて一万メートルの金メダルをもたらした彼は、GIカットのよく似合う海兵隊中尉だった。

〈エルヴィス・プレスリー主演のアメリカ映画『GIブルース』が日本で公開されたのは、1961(昭和36)年のことである〉

アメリカのスポーツ紙は、ミルズの優勝を西部劇にひっかけて「インディアンの待ち伏せ」と評した。なぜなら、彼はサウスダコダ州のインディアン・スー族の出身であったからだ。しかし、これは多分に人種差別的な表現であった。

少年時代に両親を亡くしたミルズは、インディアン寄宿学校に入り、その後、インディアン系の高校に進んで陸上競技を始める。好成績を上げたことからカンザス大学に進学、クロスカントリーで活躍するが、インディアンの出身ゆえに優勝しても記念写真から外されるというような不当な差別に苦しんだという。

オリンピック前にミルズの名前は全く下馬評に上がらなかった。一つには、自己記録がクラークの持つ世界記録より1分も遅かったことに加え(レース後、クラークは「ミルズなんて名は聞いたことがなかった」と語っている)、国内での差別の影響があったに違いない。

ところで、04年のセントルイス大会と同時に当地で行われた万国博覧会で、「人類学の日」と称して、「野蛮人によるスポーツ競技会」なるものが催され、ジェロニモで有名なアパッチ族のほか、ミルズの出身部族であるスー族も出場していた。先住民や未開地域の種族を競わせる、今では考えられないような、見世物興行的かつ人種差別的なイベントだったが、アメリカ国内ではびこる差別意識は、その後もしつこく残り続けていたということなのだろう。

なお、この競技会には「人類学展示」に来ていたアフリカのピグミーや日本のアイヌも参加している。日本がオリンピックに初めて参加するストックホルム大会の8年前のことである。

そのストックホルム大会では、アメリカのジム・ソープが、陸上の五種競技と十種競技で金メダルを獲得するが、彼もネイティブインディアンの出身であった。ソープは、以前にマイナーリーグの野球選手として働いていたことが発覚し、翌年金メダルを剥奪されている。

優勝し、握った両手を高々と上げて喜ぶミルズ
(「毎日新聞」1964年10月15日)

さて、東京大会から20年後の84年、ミルズの苦悩と栄光の半生を描いた映画『ロンリーウェイ(原題Running Brave)』が日本で公開された。私は喜び勇んで見に出かけたが、東京大会の一万メートルレースの模様を、俳優を使って再現しており、ガムーディやクラーク役の役者の風貌やフォームが、本物と微妙にずれているのがおかしくて、映画館の中で一人失笑した記憶がある。

## 18 ラナトゥンゲ・ガルナナンダ〜栄光のラストランナー〜

ミルズが優勝した男子一万メートル決勝で、28名のランナーが走り終えたあと、一人走り続ける選手がいた。セイロン（当時）のラナトゥンゲ・ガルナナンダである。ああこの人がビリなんだ、と思いつつテレビを見ていた私は、彼がさらに1周2周と走り続けるのを見て、だんだん不安になってきたのを覚えている。ひょっとしてこの人はやけを起こして、嫌がらせに走るのを止めないのではないかと（子供のくせに変に心配性なところが私にはあった）。

3周遅れで彼がゴールした時、国立競技場は優勝者に勝るとも劣らない拍手で沸いた。記録は34分21秒2。トップのミルズから6分近く離されていた。五千メートル予選にもガルナナンダは出場し、16分22秒2で落選しているが、この時は13人中12位だったので、余り話題にならなかったようだ。

一万メートルで「英雄」となったガルナナンダは、オリンピック期間中に東京都北区赤羽台《あかばねだい》南小学校の運動会に招かれ、「最後まで頑張れたのは、日本の観衆が応援してくれたおかげ」とあいさつした。一万メートルで悪びれずに最後まで走り切ったその姿勢は、いかにも日本人好みだったようで、1970年代の小学校4年生の国語教科書（光村図書出版）に「ゼッケン67」というタイトルで取り上げられた。

その中で、ガルナナンダの「国には、小さなむすめがひとりいる。そのむすめが大きくなったら、おとうさんは、東京オリンピック大会で、負けても最後までがんばって走ったと、教えてやるんだ」

全ての選手が走り終えたあと、ただ一人走るガルナナンダ
（「毎日新聞」1964年10月15日）

という言葉が紹介されている。

ところで、イギリス領インド帝国の島嶼《とうしょ》であったセイロンがイギリスから独立したのは1948年のことである（インドとパキスタンはその前年に独立している）。この年に行われたロンドンオリンピックで、セイロンのダンカン・ホワイトが、四百メートル障害で堂々2位に入っているのは驚きだ。その後、セイロンは、極左組織の武装蜂起などから、71年に共和制に移行し、国名をスリランカに変更した。

その3年後の74年、ガルナナンダはボートの事故で不慮の死を遂げた。享年38。彼はセイロンのガルナナンダではなく、スリランカのガルナナンダとして死んだ。果たして彼の娘は、父親の生前にその「偉大さ」を理解し得たであろうか。

## 19 ナフタリ・テム～贈り物に癒されたケニアのランナー～

東京オリンピックの陸上競技では、ローマ大会のアベベ（112頁参照）の影響か、裸足で走るアフリカの選手が何人か見られた。19歳のケニア選手、ナフタリ・テムもその一人。一万メートルに出場し、三度先頭に立つ積極性を見せたが、4周目に右足を他選手に踏まれ、12週目には左足のかかとをスパイクされ、両足を負傷して脱落、18位に終わった。

今や陸上中長距離王国のケニアも、1963年に英連邦王国として独立したばかりで、オリンピックはもちろん東京大会が初参加であった。だから、当時の日本人には未開の国というイメージが強かったに違いない。

『少年ケニヤ』（ケニアではなくケニヤである）という実写のテレビ番組があった。舞台は第2次世界大戦時の英領ケニア。商社マンの父とともに現地にいた日本の少年・ワタルは、敵国人として追われ、奥地へと逃亡を図るが途中父とはぐれてしまう。ひとりぼっちになったワタルだが、マサイ族の酋長やジャングルの動物たちに助けられながら冒険を続けるというストーリーだ。

放映期間は61（昭和36）年5月から翌年2月にかけてで、私は小学校に入ったばかりだが、毎週見ていたような気がする。動物好きで、『野生の王国』や『ディズニーランド』（プロレス中継と1週おきに放映されていた）の動物ものには目がなかったから、動物が出てくるという点で気に入っていたのだろう。ともあれ、こうしたテレビ番組も日本人のケニアに対する印象に影響を与えていたはずである。

実際、テムは学校までの8キロを、ハイエナやキリンにおびえながら裸足で走って通ったという。ちなみにレース後のインタビューで、「裸足の王様アベベ」について聞かれると、「へえ、ローマでは裸足の人が勝ったの？」と答えている。彼に関しては、アベベにあやかっての裸足ではなかったようだ。

ところで、一万メートルのレースでテムが裸足で走ってスパイクされ、心にも傷を負った、という記事が読売新聞に掲載されると、全国から百通近くの励ましの手紙とともに、娘道成寺《むすめどうじょうじ》人形をはじめ、こけし、絵葉書、千羽ヅル、御守り、羽子板などの贈り物が次々とテムの元に届けられた。彼は、日本人の親切に「心の傷も癒《い》えた」と感謝の気持ちを露わにしたものである。

さて、東京大会には、テム以外にもケニアから八百メートルにウィルソン・キプルグト、五千メートルにキプチョゲ・ケイノといった選手が出場していて、キプルグトは3位、ケイノは5位に入り、来るべきケニアの隆盛を予測させていた（キプルグトはケニア初のメダリストとなった）。案の定、次のメキシコ大会では、高地での開催ということもあって、中長距離でケニア選手は大活躍する。

キプルグトは八百メートルで銀メダル、ケイノは千五百メートルで金、五千メートルで銀メダルを獲得した。そして、東京大会でスパイクに泣いたテムは、一万メートルで金、五千メートルでも銅メダルに輝いたのである。一万メートルのレース後、彼は「優勝して一番驚いているのは私自身」と答えた。２００３年3月10日死去。57歳だった。

日本人形の贈り物を手にして喜ぶテム（右）
（「読売新聞」1964年10月22日夕刊）

## 20 ガストン・ローランツ〜大酒のみのイケメンランナー〜

東京大会当時のオリンピック選手は、必ずしもストイックな人間ばかりではなかったようで、三千メートル障害に優勝したベルギーのガストン・ローランツもその一人であった。大会前から圧倒的な強さを誇っていたローランツは、決勝レースで2000メートルから独走し、自らが持つ世界記録にあと1秒に迫る8分30秒8のオリンピック新記録で楽勝した。

ローランツはオブベルク生まれの27歳で、ローマ大会でも同種目で4位になっていた。「陽気なおまわりさん」のあだ名を持つブリュッセルの私服警官だったが、「こんなに有名になって顔を知られては、仕事にならん」と東京大会の前年に酒造会社に転職。転職後は「世界記録を持つセールスマン」という触れ込みで、仕事がやりやすかったらしい。

浴びるほどの大酒のみだが、「アルコールは私のビタミン剤、タバコは鎮静剤」と人を食ったようなことを言った。三千メートル障害で世界記録を出したお祝いに、2日間友達と飲み歩き、3日目に二日酔いで五千メートルレースに出場して、13分45秒のベルギー記録で優勝したというから、酒の効用を本気で信じていたのかもしれない。

そんなキャラに加え、コールマン髭《ひげ》(口の上だけに短く生やした髭。イギリス俳優ロナルド・コールマンにちなむ)を蓄え、中世の騎士の役をやらせたら、さぞ似合いそうな男前の彼は、ヨーロッパでは大変な人気者だったようだ。

また気さくな性格でもあったのだろう、東京大会前年に行われた東京国際スポーツ大会（プレオリンピック）で、招待無しに訪日したチュニジアのガムーディが、空港で手続きに戸惑っている時、やはり大会に参加するため到着した、旧知のローランツを見かけて、思わず泣きごとを言いに駆け寄ったという逸話もある（もちろん、ローランツはプレオリンピックでもこの種目で圧勝した）。

ところで、三千メートル障害走では、トラックを1周する間に平均台のような形をした障害を5つ超えていくのだが、そのうちの一つは水濠といって、着地点に水たまりが設けられている。この水たまりは長さが3・66メートルあり、ハードルの直下で一番深く（70センチ）、離れるにつれだんだん浅くなる構造になっている（ローランツは世界記録を出した時、「水たまりの水が葡萄酒だったら、もっと記録を伸ばせたであろう」と豪語した）。

優勝して余裕の笑みを浮かべるローランツ
（「毎日グラフ臨時増刊・オリンピック」1964年）

ローランツのようなオリンピッククラスの選手では、ハードルの上に片脚を付き、強くジャンプして「浅瀬」に着地するのが普通だったが、当時日本のローカルな大会では、走力のない選手は、周回を重ねるごとに疲れてきて、最後のほうになると、キック力が減退して、ハードルの直下に着地（着水？）し、ユニフォームをずぶぬれにすることもままあったという。

１９６８年のメキシコ大会で、ローランツは同種目の二連覇を狙ったが、高地族に太刀打《たちう》ちできず、7位に沈んだ。金、銀、銅を独占したケニア選手は、3人とも水濠を完全に飛び越えて、一度も靴を濡らさなかったことで世界を驚かせた（今では、水濠でもハードルに足を掛けずに飛び越えるケニア選手もいる）。

メキシコ大会では、ローランツはマラソンにも出場している。東京大会のあと徐々に距離を伸ばし、メキシコプレオリンピックで初めてマラソンに出場、日本の君原健二、佐々木精一郎などを退け、2時間19分台の高地としては好タイムで優勝した。本番には自信満々で臨み、スタート直後からアベベをマークしていたが、そのアベベが16キロ地点で棄権したことで調子を狂わせたのか、ローランツ自身も途中棄権に終わった。

## 21 ケネズ・マシューズ〜ゴールして夫人と抱き合った英国紳士〜

競歩は、小学生の私にはどうにも理解しづらい競技だった。何で歩く速さを競う必要があるのかと。競歩の起源について調べてみると、ローマ時代の軍事訓練から始まったとする説や、17世紀の貴族の遊びから発展したという説などがあるものの、意外にも定説は無いそうである。オリンピックでは、1908年のロンドン大会で正式種目に採用され、同大会では3500メートルと10マイルの2種目が行われている。

東京大会では20キロと50キロが行われたが、子供の目にはお尻をふりふり歩く選手たちの恰好がおかしくて、友達同士よく真似をしたものである。しかし、競歩には①常にどちらかの足が地面に接していること②前脚は接地から地面と垂直になるまで膝を伸ばすこと、というルールがあり、これを守ると必然的にあのような一見滑稽《こっけい》なフォームになるのである。

東京大会の20キロ競歩は、国立競技場を発着点とし、明治神宮聖徳記念絵画館を周回するコースで行われ、イギリスのケネス・マシューズが1時間29分34秒0のオリンピック新記録で優勝した。2位を2分近くも引き離す「独歩」だった。

コベントリー郊外の発電所勤務というマシューズは、26歳の割には少し髪が薄く、いかにも真面目なイギリス紳士風の風貌であった。だが、ゴールイン後、彼は思わぬドラマを演じる。スタンドで観戦していたシラー夫人が、感激のあまりトラックに飛び降り、躓《つまづ》きながら彼の元へ駆け寄る。ピンクのスーツに茶色のハイヒール、そして当時流行のフォックス型の眼鏡。そんなイギリス淑女然とした夫人と、マシューズは7万の観衆の前でガッチリと抱き合ったのである。

ゴール後夫人と抱き合うマシューズ
(「朝日新聞」1964年10月16日)

当時の日本人は、公衆の面前でこういう風に夫婦が情愛を交わすシーンに慣れていない。場内はざわめいた。しかし、やがてパチパチと新たな拍手が沸き起こっていく。普段は、少しでも応援団がスタンドから降りようものなら飛んで行って、注意する厳格な係員も、この時ばかりは呆気《あっけ》にとられたのか、あるいは野暮と言われるのを恐れたのか、夫人のふるまいを見逃し、最後には一緒になって二人に拍手を送った。当時の日本人としては粋《いき》な計らいであった。

## 22 ワレリー・ブルメル～〝芸術的〟ベリーロールで優勝～

東京オリンピックの男子走り高跳びで上位に入った選手は、すべてベリーロールで跳んでいた。より高く跳べるということで、正面跳びにとって代わり、今は主流である背面跳びがまだ考案されていなかったからである。背面跳びが広がるのは、1968年のメキシコ大会で、背面跳びの発案者であるアメリカのディック・フォズベリーが優勝してからである。

東京大会で優勝したソ連のブルメルは、ローマ大会の後から頭角を現し、東京大会までに6回も世界記録を更新していた。ブルメルの身長は184センチで、走り高跳びの選手としては決して大きくはない。2・28メートルの世界記録は頭上を44センチも上回るものであった。

彼は、その跳躍力と美しいベビーロールのフォームから「人間衛星」と呼ばれた。これはもちろん、57年にソ連が世界初の人工衛星「スプートニク1号」の打ち上げに成功し、その後もアメリカに先行して次々と人工衛星を打ち上げたことと無関係ではないだろう。同じ「人間」が付いても、プロレスラーのアンドレ・ザ・ジャイアントに古舘伊知郎《ふるたちいちろう》が付けたニックネーム「人間山脈」よりは、よほどスマートである。ブルメル自身は、走り高跳びについて、「最も近代的で、また最もロマンチックな競技だ」と語っている。

さて、東京大会の走り高跳びは、陸上競技の最終日、マラソンの到着を挟んで6時間にわたり熱戦が繰り広げられた。最後はブルメルとアメリカのトーマスが残り、共に2・18メートルを1回で跳ぶが、2・20メートルは3回とも失敗。失敗数の多少でブルメルの優勝が決まった。2・18メートルは、彼にとっては少々物足りない記録であったろう。

ところで、走り高跳びには、日本から2選手が出場し、いずれも予選落ちしているが、そのうちの一人、杉岡邦由《くによし》はちょっと面白い選手である。ローマ大会が初出場で、東京のあとも、メキシコ、ミュンヘンと都合4回連続出場したすごい選手なのだが、加えて彼は、4大会で3種類の違った跳び方を採用しているのである。

ローマ大会では旧式の正面跳び、東京とメキシコでは主流のベビーロール、そして、ミュンヘンで

ブルメルの美しいベリーロール
(「朝日新聞」1964年10月10日)

は新式の跳び方であった背面跳びで挑戦したのだ。残念ながら4回とも予選落ちであったが、その柔軟性、進取の精神は、特筆すべきであろう。

さて、とっぷり日が暮れた国立競技場で表彰式は行われ、ソ連国旗が掲揚され、ソ連国歌「祖国は我らのために」が流れた。私は、東京オリンピックで多くの国の国歌を知ったが、一番美しい旋律だと感じたのはソ連国歌であった。この曲は、44年にそれまで国歌であった「インターナショナル」に代わって国歌と定められたものだそうで、91年のソ連崩壊後もロシアの国歌として一部転用されている。アメリカ国歌もいやというほど聞かされたが、ソ連国歌には子供心にもジンと染み込むものが確かにあった。

ソ連陸上界が創り上げた正に「芸術品」であったブルメルだが、東京大会の翌年、バイク事故に遭い、日本では、おそらく再起不能だろう、という報道がなされた。が、彼は29回も手術を行い、現役復帰を図ろうとした。完全復活はならなかったが、マラソンのアベベ同様、金メダリストらしい不屈の精神を世界に示したのだった。2003年1月26日死去。60歳だった。

## 23 山田宏臣〜日本初の8メートルジャンパー〜

陸上競技の実施期間中、初日14日と5日目の18日、7日目の20日に雨が降った。雨量が一番多かったのは18日で終日降り続いた。東京オリンピックの開催期間を決定するに当たって、気象は大きな要素だった。東京の10月は、気温が運動にほどよく、秋雨や台風のシーズンも終わって、天気が周期的に変わる時期である。

そこが評価されたのだろうが、周期的に変化するということは、一定間隔で雨が降るということである。屋外の競技である陸上競技は、天気の良し悪しが勝負の行方を左右する場合がままある。18日に行われた男子走り幅跳びで、ちょっとした番狂わせが起こった。

予選での山田の跳躍（「朝日新聞」1964年10月18日夕刊）

下馬評では、世界記録（8・31メートル）保持者のテルオバネシアンとローマ大会の覇者・ボストンの争いと見られていた。雨中での跳躍ということで、4回目になっても、二人は8メートルを跳ぶことができない。5回目、思わぬ伏兵《ふくへい》（この言葉は東京大会でたびたび使われた）が、8・07メートルの大ジャンプを見せた。イギリスのデービスである。

デービスは、8・04メートルの自己記録を持っていたが、専門は短距離で（東京大会では四百メートルリレーにも出場している）、走り幅跳びはむしろ余技だった。テルオバネシアンは5回目に7・99メートル、ボストンは6回目に8・03メートルを跳んだが、デービスの記録をしのぐことはできなかった。テルオバネシアンは、試合後記者会見場に現れず、女子やり投げで敗れた同国のオゾリナ

（104頁参照）同様、丸坊主になったのでは、という噂が流れたという。

18日は日曜日で、雨にもかかわらず、国立競技場は6万を超える観客で埋まり、スタンドは色とりどりのパラソルで、お花畑のようであった。デービスは帰国後、「あの雨の中で自分が勝てたのは、びしょぬれになっても立とうとしない熱心な観衆、とくに小学生の声援に激励されたからだ」と語っている。

198センチ、77キロの巨漢のうえ、イギリス選手中一番のハンサム・ボーイとの評判で、彼の思わぬ優勝にイギリス国内は大いに沸いた。しかも、初日のランド（99頁参照）に続き、イギリスは男女の走り幅跳びで金メダルを獲得したのだった。

さて、東京大会の走り幅跳びには、日本からは山田宏臣《ひろおみ》（東急電鉄）、高柳《たかやなぎ》慧《さとし》、河津《かわず》光朗《こうろう》の3選手が出場した。その中で、決勝に残ったのは、予選で7・46メートルを跳んだ山田だけだった。その山田も決勝では7・16メートルしか跳べず9位に終わった。しかし、彼はのちに日本の陸上競技史に名を残す選手となる。

山田は1942（昭和17）年、愛媛県松山市の生まれで、幼少の頃から抜群の運動能力を示し、初めは走り高跳びを専門にしていた。順天堂大学の4年の時に走り幅跳びに転向、東急電鉄に就職してからは、ベルリン大会の走り高跳びの代表だった朝隈善郎《あさくまよしろう》の指導を受け、めきめき力を付けていった。

東京大会時点の日本記録は南部忠平《なんぶちゅうへい》が31（昭和6）年に出した7・98メートル（当初は世界記録だった）で、30年以上も更新されていなかった。山田は日本人初の8メートル超えと、東京大会でのメダルを期待されるようになった。残念ながら、東京では結果が出せなったが、山田と朝隈の執念は失われなかった。

山田は京都在住の朝隈の元へ通い、知恩院の石段で朝隈が山田に課したトレーニングは、今や伝説と化しているが、科学的トレーニングが普及する中で、スポコン的な精神主義と批判もされたようだ。〈「根性のうさぎ跳び」で有名な漫画『巨人の星』の連載が、「少年マガジン」で始まるのは66(昭和41)年、テレビアニメは68年からである〉

朝隈は走り高跳びで初めて2メートルを超えた日本人であり、愛弟子《まなでし》にも走り幅跳びで8メートルの壁突破という快感を、是非味合わせてやりたかったのだろう。

山田はメキシコ大会にも出場し、決勝の1回目に8・20メートル近い大ジャンプを見せるが、惜しいことに踏切版をわずかにオーバーし、ファウルとなった。優勝者は8・90メートルという驚異的世界新記録を打ち立てたアメリカのボブ・ビーモンだが、2位のベール(東ドイツ)の記録は8・19メートル。ひょっとしたら、山田の手に銀メダルが転がり込んでいたかもしれないのである。

結局山田は、2回目に跳んだ7・93メートルが最高で、10位に終わり入賞を逸した。しかし、2年後の70(昭和45)年6月7日、小田原市で行われた実業団・学生対校陸上競技大会において、山田はついに悲願を達成する。走り幅跳び決勝で8・01メートルを跳び、南部の日本記録を39年ぶりに3センチ更新するとともに、8メートルジャンパーの仲間入りを果たしたのだ(南部は、その後の講演で、8メートルを超えることが、いかに困難ですごいことかを熱弁し、山田を褒めたたえている)。

引退後、山田は東急電鉄に勤めながら、ラジオやテレビに出演したり、陸上雑誌のコラムを執筆したり（確か女優・野川由美子のファンであることを公言していたように思う）、多彩なところを見せていたが、韓国慶州の東急ホテルの支配人として渡韓していた81（昭和56）年10月21日、同地で脳血栓のため急逝した。39歳の若さだった。

## 24 岡崎高之～お家芸と呼ばれた三段跳びの後継者～

織田幹雄が三段跳びに優勝し、日本人として初めてオリンピックの金メダリストになったのは、1928年のアムステルダム大会においてであった。続くロサンゼルス大会では南部忠平が優勝、さらに次のベルリン大会でも田島直人《たじまなおと》が勝って、三段跳びは日本の「お家芸」（この言葉も東京オリンピックで覚えた）と呼ばれるようになった。

織田の優勝記録は15・21メートル、南部は15・72メートル、そして、田島は16・00メートルで当時の世界新記録だった。残念ながら戦後は、跳躍種目全般で日本は低迷し、田島の記録は、56年に小掛《こがけ》照二《てるじ》が16・48メートルを跳ぶまで、20年間日本人に破られなかった。

小掛の記録は、当時の世界記録（ブラジルのダ・シルバが持っていた）に6センチと迫るものであったが、東京大会の半年前になって、小掛の記録に並んだのが、24歳の岡崎高之《たかゆき》（八幡製鉄）であった。

この記録は、ローマ大会の3位に相当する記録であったから、岡崎は一躍東京大会のメダル候補に祭り上げられる。岡崎は40（昭和15）年、千葉県の生まれで、千葉県立木更津《きさらづ》高等学校時代に15・70メートルという、その後28年間も破られなかった超高校記録を打ち立てたスーパー高校生だった。中央大学に進学し、20歳で迎えたローマ大会では走り幅跳びに出場、予選は通過したものの、故障のため決勝は棄権している。

東京大会の三段跳びには、日本から岡崎のほか、桜井幸次、太田富夫の3選手が出場した。予選で太田は3回ともファウル、桜井は3回とも通過記録の15・80メートルに達せず失格。そうした中、岡崎だけが日本の面目を保った。3回目に16・05メートルを跳んで、全体の7番目で決勝にコマを進めることができたのだ。

しかし、決勝では、1回目15・69メートル、2回目ファウル、3回目に15・90メートルを跳んだが、全体の10番目で入賞は叶わなかった。日本陸連強化委員長だった南部は、この結果に思わず「俺が行って跳んでやりたいよ」と感想を漏らしたが、それだけ岡崎への期待が大きかったということだろう。

優勝争いは熾烈だった。16・58メートルを跳んで、まずトップに立ったのは、ローマ大会の覇者で、世界で唯一人17メートルを超えていたポーランドの自動車修理工、ヨゼフ・シュミットであった。しかし、ソ連のクラフシェンコが4回目に16・57メートルを記録、さらに同じソ連のフェデルセフが、5回目にシュミットと同じ距離を跳び、トップに並んだ。勝負は最終6回目に持ち越される。

ここで、シュミットが地力を発揮し、16・85メートルを跳んで2人のソ連選手を突き放し、オリンピック二連覇を決めた。膝の手術からわずか2カ月。「不屈のカンガルー」（シュミットのニックネーム）の面目躍如だった。

〈東京大会前年の63年、パット・ブーンが歌った「悲しきカンガルー」が全米で大ヒット。日本では「ダニー飯田とパラダイスキング」がカバーした〉

仮に、岡崎がベストの体調で臨んだとしても、メダルは難しかっただろう。岡崎のオリンピックは東京大会が最後となった。引退後は、新日鉄の君津陸上競技部の監督に就任するが、その後、千葉県にサウナ店を創業し、事業家に転身したという。

シュミットは、メキシコ大会にも出場し、三連覇を狙ったが7位に終わった。しかし、彼は17メートルを最初に超えた（60年）男として歴史に名を残した。田島直人が最初に16メートルを超えてから、シュミットの17メートル突破までに24年かかった。ジョナサン・エドワーズ（イギリス）が18メートルを超えたのは95年。17メートル突破から35年目であった。果たして、人類が19メートルを超えるのはいつのことか。

ところで、東京大会当時の小学生たちは、当然のごとく三段跳びの真似をした。三段跳びはホップ、ステップ、ジャンプの順で跳んでいくが、ルールではホップを踏み切った同じ足でステップする（ジャンプはそれと反対の足で行う）となっ

予選で16・05メートルを跳んだ岡崎
（「日本経済新聞」10月16日夕刊）

ており、これが小学生には結構難しかった。とくにスキップができないような子（幼なじみで幼稚園中退のN君がそうだった）は、手足の動きがばらばらになって、砂場に到達できなかったように思う。ホップ・ステップ・ジャンプの訳語として「三段跳び」を考案したのは、織田幹雄とされる。これはなかなかの名訳である。「三回跳び」という案もあったようだが、三段跳びのほうが、断然跳躍の雰囲気をよく表していると思う。ちなみに、東京大会の翌年から『クイズホップ・ステップ・ジャンプ』というテレビ番組が始まっている。一般参加のペアが、30問のクイズに挑戦するもので、10問ごと三段階に賞金が増えていくというルールであった。

## 25 フレッド・ハンセン～アメリカの伝統を守った歯科大生～

陸上競技第4日目の10月17日に行われた棒高跳びは、9時間にわたる死闘となった。とっぷりと日が暮れ、気温も下がって試技を待つ選手たちは皆毛布にくるまった。5メートルの高さを超えたのは、アメリカの歯科大生ハンセンとドイツのラインハルト、レーネルツ、プロイスガーの4人であった。前年の東京国際スポーツ大会（プレオリンピック）を制したアメリカのペネルはすでに敗退。ここから、跳ぶか見送るかの駆け引きが始まる。

5・05メートルをハンセンは見送り、ラインハルトは1回で跳び、他のドイツ人2人と、5メートルを見送っていたソ連とフィンランドの選手はすべて失敗した。ついに、ハンセンとラインハルトの一騎打ちとなる。バーの高さは5・10メートル。二人とも1回目、2回目は失敗。3回目、先に跳んだハンセンが見事にクリアー。プレッシャーを受けたのか、ラインハルトの3回目は精彩にかけ失敗。ここにハンセンの金メダルが確定し、アメリカは15連勝を果たす。時間はすでに午後10時を回っていた。

小学生の目には長い棒（ポール）をしならせて、5メートルの高さのバーを超える技はまるで魔術師のように思えたが、実際彼らが使ったグラスファイバー製のポールが登場した時、それは「魔法の棒」と呼ばれた。棒高跳びの起源は古く、ヨーロッパでは紀元前まで遡るようだ。

明治維新以降、ヨーロッパから移入されたスポーツの中に棒高跳びもあって、日本初の運動会といわれる、海軍兵学寮で明治7年に行われた「競闘遊戯会《きょうとうゆうぎかい》」においても棒高跳びが実施されている。初期の頃には木製のポールが使用され、記録は3メートル前後。次に竹のポールに変わると、記録は飛躍的に伸び、1942年にアメリカの選手が4・77メートルを記録している。

金属製ポールの時代を経て、60年代からグラスファイバーが使われ出すと、さらに記録は伸びて、63年にアメリカのスタンバークが5メートルに到達、東京大会時点での世界記録は、ペネルの持つ5・13メートルであった。その後も記録は着実に更

西田修平（右）と堅い握手を交わすハンセン
（「毎日新聞」1964年10月9日）

新され、「鳥人」と呼ばれたソ連のブブカが6メートルを記録するのは85年のことである。

ところで、竹製ポールの時代、日本は竹が豊富なこともあってか、日本選手が棒高跳びで活躍している。36年ベルリン大会の棒高跳びでは、アメリカのメドファーが4・35メートルで優勝、日本の西田修平《しゅうへい》と大江季雄《すえお》が4・25メートルの同記録で2位と3位になった。だが、二人は後日それぞれのメダルを切断し、銀と銅をつなぎ合わせた「友情のメダル」に作り替えたという美談は有名だ。ハンセンはこの話をハイスクール時代に知り、棒高跳びで世界一になろうと決心したという。

大江はフィリピンのルソン島で戦死したが（遺品からメダルが見つかり、逸話が広く知られるようになったといわれる）、西田は東京大会当時、日本陸連の役員をしており、試合前のハンセンと対面した記事が当時の新聞に見える。「力いっぱい跳んで金メダルを取ってください」と励ます西田に、ハンセンは「きっと勝ちます。試合を是非見にきてください」とはにかみながら応えた。

## 26 アル・オーター〜円盤投げで三連覇、メキシコでも勝ち四連覇〜

円盤投げは、やり投げとともに古代オリンピックでも行われていた。武器であるやりと違って、当時円盤に競技以外の用途があったのかどうか、よく分からないのだそうだ。現代のフリスビー同様、丸いものを回転させながら飛ばすのが、単に面白かっただけなのかもしれない。

もっとも、東京大会の円盤投げで円盤が飛ぶのを見た多くの子供たちは、条件反射的に「空飛ぶ円盤」を連想したに違いない。1957（昭和32）年公開の東宝映画『地球防衛軍』以来、テレビや漫画を含めて、宇宙人と言えば必ず空飛ぶ円盤に乗って登場した。子供たちはみな「ワレワレハ 宇宙人ダ」と、喉《のど》ぼとけを叩きながら、宇宙人ごっこに勤しんでいたのである。

ちなみに、UFO（未確認飛行物体）という言葉が日本で使われ出すのは、70年代に入ってからで、それまではもっぱら「空飛ぶ円盤」だった。日清焼きそば「UFO」が発売されたのは76（昭和51）年、ピンクレディーの「UFO」のリリースは77年である。

さて、アメリカのアル・オーターは、円盤を空に飛ばすことに魅了された男だった。193センチ、118キロの巨体を生かし、東京大会の円盤投げにおいて、メルボルン、ローマに続きオリンピック三連覇を成し遂げた。東京大会では水泳の女子百メートル自由形でドン・フレーザー（オーストラリア）も三連覇を達成したが、陸上競技では初めてのことだった。しかし、彼の快進撃はまだ終わらなかった。

オーターは32歳で迎えたメキシコ大会でも優勝し、四連覇を遂げた。凄いのは、優勝するたびにオリンピック記録を更新し

オーターの円盤投げフォーム
（「朝日新聞」1964年10月16日）

ていることだ。メルボルン大会が56・36メートル、ローマ大会が59・18メートル、東京大会61・00メートル、そしてメキシコ大会が64・78メートルである。彼は一度も世界記録を出していないが、いかに勝負強かったかが分かろうというものだ。

陸上競技での四連覇は、その後、アメリカのカール・ルイス（走り幅跳び）が達成している。なお、東京大会の砲丸投げで4位に入賞したバリー・オブライエン（アメリカ）は、48年のロンドン大会に初出場し、続くヘルシンキ大会とメルボルン大会で連覇、ローマ大会でも銀メダルを獲得しており、投擲競技には息の長い選手が多かったようだ。

一旦は引退したオーターだが、77年にカムバックし、3年後のモスクワ大会を目指すも国内予選で敗退。結局アメリカはモスクワ五輪をボイコットするが、この年オーターは、43歳にして自己の最高記録である69・46メートルをマークしている。

さらにさらに、88年のソウルオリンピックを目指したというから、正に円盤に懸けた人生といえるだろう。２００７年10月1日死去。71歳だった。

## 27 菅原武男～4回転投法の先駆者～

ハンマー投げ決勝は、予選で3位だったソ連のロムアルド・クリムが、69・74メートルのオリンピック新記録で優勝した。ところで、砲丸に鎖をつけて投げるのに、なぜハンマー投げというのか、疑問に思われる方もおられるのではないか。実は、ハンマー投げの発祥の地はアイルランドで、もともとは金槌（ハンマー）に鎖をつけて投げる競技だったという。

それがいつの頃からか、金槌に代わって砲丸が使われるようになる。ただ、名前だけは元のまま残されたというわけだ。「砲丸投げ」が別の競技としてすでにあったこともあろう。ちなみに、砲丸投げは第1回アテネ大会から、ハンマー投げは第2回のパリ大会から正式種目として実施されている。

東京大会では日本の菅原《すがわら》武男《たけお》が13位に入った。前年のプレオリンピックで世界記録保持者のコノリーに勝って2位に入っていたが、残念ながらオリンピック本番では入賞を逃した。しかし、彼はこの大舞台で、あることにより世界の注目を浴びる。それは、外国選手が皆3回転で投げる中、一人4回転投法を行っていたからだ。

174センチ、85キロという、外国の投擲《とうてき》選手の中に入ればひときわ小柄な菅原が、そのハンデを乗り越えるために取り入れた技術であった（ちなみに、クリムは187センチ、103キロ）。菅原は、東京大会後もこの技術に磨きをかけ、4年後のメキシコ大会では69・78メー

菅原の予選での投擲（「毎日新聞」1964年10月17日夕刊）

トルのオリンピック新記録（もちろん日本新記録）を投げて4位に入賞する（3位と同記録であったが、2番目の記録によって惜しくも4位となった）。

菅原の4回転投法はその後、「鉄人」と呼ばれた室伏重信《むろふししげのぶ》に引き継がれ、さらに重信の息子・広治《こうじ》の2004年アテネオリンピックでの金メダルとなって実を結ぶのである。ところで、東京大会当時、菅原は大手ミシンメーカーであるリッカーの所属であった。昭和30年代にはまだ各家庭にミシンが備えられていた。我が家にも足踏み式のミシンが廊下に置いてあって、遊びで服を破いて帰ってきても、母がすぐにミシンで直してくれていたような気がする。

その後の時代の流れで、リッカーは1984（昭和59）年に会社更生手続きの申請を行うことになるのだが、東京大会当時は前年に新社屋を銀座に建てるなど、全盛期だったのだろう、企業スポーツに力を入れ、菅原以外にも多くのオリンピック選手を輩出している。

陸上競技では男子八百メートルの森本葵、女子八十メートル障害の依田郁子、女子砲丸投げの生保《おぼ》内《ない》聖子などである。早大の学生だった飯島秀雄も、一時、吉岡隆徳が監督を務めるリッカーへ練習に通っており、菅原と一緒にトレーニングすることもあったらしい。

菅原は、以前三段跳びを専門にしていたこともあって、ジャンプ力や走力にも優れていた。飯島とダッシュの練習をしても、遜色《そんしょく》がなかったという。外国の男子投擲選手の中には、見かけは太っていても百メートルを10秒台で走る選手もいるらしく、もとより単なるデブではないのである。

## 28 楊伝広〜敗れたアジアの鉄人〜

ヨーロッパでは、十種競技の優勝者をキング・オブ・アスリートと呼んで称賛する。それほど値打ちのある競技ということだが、確かに2日間で、百メートル、走り幅跳び、砲丸投げ、走り高跳び、四百メートル、百十メートル障害、円盤投げ、棒高跳び、やり投げ、千五百メートルの10種目を戦うのはオールラウンドな運動能力と耐久力が必要となろう。そんな十種競技において、東京大会での優勝が確実視されていたアジア人がいた。台湾の楊伝広《ようでんこう》である。

戦後しばらく、陸上競技は白人選手か、台頭してきた黒人選手の活躍の場で、黄色人種はほとんど影を潜めていた。そうした中、楊は1959年の全米選手権の十種競技で優勝し、翌年のローマオリンピックで銀メダルを獲得したのである。

その後も活躍を続け、東京大会の前年には世界記録を出し、「東洋の鉄人」というニックネームが付けられるまでになった。十種競技は、各競技の記録を点数評価し、総合点で争われる。楊の総合点が8848点を上回ったことで、「エベレスト（8848メートル）を超えた、ただ一人の男」とも称された。その時、彼の棒高跳びの記録が、得点表の最高点をオーバーしたため、東京大会から採点基準が改められる事態となった。

しかし、東京では勝利の女神は彼に微笑まなかった。「風邪をひいて喉《のど》が痛い」という体調不良に見舞われ、初日はよもやの9位、2日目3種目でトップをとるも結局5位に終わった。アジア人としては貴重な入賞だったが、もちろん楊にとっては敗北以外の何ものでもなかった。

楊は台湾代表として出場したが、台湾の正式国名は中華民国である。中国本土を実効支配する中華人民共和国は、58年以降、二つの中国を認めない立場からＩＯＣを脱退していた。ＩＯＣは、60年に中華民国という国名の使用を認めない方針を決めたため、東京大会では、中華民国は「台湾」の名称で参加したのである。

68年メキシコ大会にも台湾という名称を使い、女子八十メートル障害で同国の紀政《きせい》が銅メダルを獲得している（彼女はその後、短距離種目で何度も世界記録を更新する活躍を見せた）。中華人民共和国が79年にＩＯＣに復帰すると、中華民国は一旦ＩＯＣを脱退するが、81年に復帰、呼称については、両国の協議によって、92年以降、中国台北（チャイニーズタイペイ）が使われている。

楊伝広は漢民族ではなく、台湾の先住民族・アミ族の出身であった。彼は33年の生まれで、日本の台湾総督府時代（１８９５〜１９４５）に幼少時代を送り、「花井英男」という日本名で学校へ通った。だから、流暢《りゅうちょう》な日本語がしゃべれたという。２００７年1月27日死去。74歳だった。

ところで、東京大会の十種競技には、日本から鈴木章介《しょうすけ》(大昭和製紙)が出場していた。15位に終わっ

棒高跳びを得意とした楊
（「読売新聞」1964年9月23日）

たが、鈴木は引退後、読売ジャイアンツの監督・川上哲治《てつはる》に請われ、巨人軍のトレーニングコーチとなった。十種競技の経験を生かし、長嶋茂雄に三段跳びを、王貞治《さだはる》にはハンマー投げをさせるなどして、選手のフィジカル強化に努めたという。その効果もあってか、ジャイアンツは65年から日本シリーズ9連覇を成し遂げる。

## 〈コラム❷〉プロ野球日本シリーズで南海が阪神を破って日本一に

1964（昭和39）年度プロ野球日本シリーズは、第7戦が東京オリンピックの開会式当日の10月10日、阪神甲子園球場で行われ、南海が阪神を3－0で下し、通算成績4勝3敗で日本一に輝いた。2勝2敗で迎えた第5戦、阪神が6－3で勝って大手をかけたが、第6戦、第7戦とジョー・スタンカに完封負けして、南海が逆転勝利したのであった（第6戦の阪神先発はジョン・バッキー、第7戦は村山実だった）。

当時の日本シリーズは今と違って、ペナントレースでのセパ両リーグの優勝チーム同士が対戦し、その年度の日本一を競うものであった。セ・リーグの阪神（藤本定義《さだよし》監督）は2年ぶり、パ・リーグの南海（鶴岡一人《かずと》監督）は3年ぶりのリーグ優勝であった。南海は早々と優勝を決めていたが、阪神は大洋との優勝争いがもつれ、最後9連勝して優勝が決まったのは9月30日であった。

そのため、オリンピックの関係で9月29日に開幕する予定であった日本シリーズは、第1戦が2日遅れの10月1日となり(阪神はリーグ優勝決定の翌日からシリーズ戦に臨むことになった)、シリーズの最終戦は、オリンピック開会日にまでずれ込んでしまったのである。

ところで、昭和30年代後半から40年代前半にかけて、人気のあるものの代名詞として、「巨人、大鵬《たいほう》、卵焼き」という言葉が流行った。というのも巨人は、川上哲治監督のもと、長嶋茂雄、王貞治の二枚看板を擁し、オリンピックの翌年から日本シリーズ9連覇を成し遂げるのだ。

また、大鵬が21歳3カ月の史上最年少(当時)で横綱になったのは、61(昭和36)年9月場所後のこと。以後、同時に横綱となった柏戸《かしわど》と8年に及ぶ「柏鵬《はくほう》時代」を築いた。大鵬の通算優勝回数は32回で、64年は1月、3月、9月の3場所で優勝している。

阪神は64年にリーグ優勝したあと、低迷が続き、再び優勝するのはランディ・バース、掛布雅之《かけふまさゆき》、岡田彰布《あきのぶ》がクリーンナップとして活躍する、21年後の85(昭和60)年のことであった(この時は日本シリーズにも優勝した)。

ちなみに、東京オリンピックで野球は、デモンストレーションとして行われている。アメリカか

鶴岡監督を胴上げする南海ナイン(「朝日新聞」1964年10月11日)

らアマチュア選抜野球チームが招かれ、日本学生選抜チーム及び日本社会人選抜チームと10月11日、明治神宮外苑野球場で試合を行った。日本学生選抜チームとの試合は2－2で引き分け、日本社会人選抜チームとの試合は3－0でアメリカが勝っている。

なお、オリンピックにおける野球競技は、92年のバルセロナ大会で正式種目となり、2008年の北京大会まで5大会連続で実施された（日本は、96年アトランタ大会の2位が最高）。

## 29 ワイオミア・タイアス～女豹のごとく、しなやかに疾走～

東京大会当時、黒人短距離選手にはその肌の色から、様々なニックネームが付けられていた。たとえば、ボブ・ヘイズには「褐色の弾丸」、ヘンリー・カーには「黒いアポロン」という風に。それを我々小学生は、迫力あるカッコいいものとして受け止めていた。

女性の黒人選手には、男子とは違ったニックネームが付けられた。1960年ローマ大会で、小児麻痺を乗り越え、陸上女子百メートル、二百メートル、四百メートルリレーの3種目で金メダルを獲得したアメリカのウィルマ・ルドルフは、「黒いガゼル」と呼ばれ大会のヒロインとなった。

東京大会で、ルドルフ同様、女子短距離3種目で優勝候補となっていたのが、やはりアメリカの黒人選手、マガイアーであった。彼女は、ルドルフの後継者と目されたが、それは、走力もさることながら、彼女が美人だったからだ。

マガイアーには「美しいトラ（タイガー・ベル）」のニックネームが付けられていた。しかし、女子百メートルで金メダルをもぎ取ったのは、マガイアーではなく同僚の黒人選手、ワイオミア・タイアスだった。

レースは、タイアスとポーランドのクロボコフスカが好スタートを切り、マガイアーはやや出遅れた。ピッチ走法のタイアスが、ストラド走法のクロボコフスカを徐々に引き離し、1位でゴールイン。マガイアーは後半追い込んで、ゴール間際にクロボコフスカを抜いて2位に入った。

ゴール後2位のマガイアーと抱き合うタイアス
（「日本経済新聞」1964年10月17日）

タイアスの優勝記録は11秒4、マガイアーとクロボコフスカは、11秒6の同タイムだった。マガイアーの三冠を許さなかったタイアスは、予選では11秒2の世界タイ記録を出しているから、その勝利は決してフロックではなかった。敗れたマガイアーは、二百メートルでは奮起して23秒0のオリンピック新記録で下馬評どおり圧勝した（タイアスはこの種目には出場していない）。

ところで、女子の陸上競技は1928年のアムステルダム大会から実施され、同大会の女子百メートルではアメリカの白人選手、ベティ・ロビンソンが12秒2で優勝している（同じタイムを持つ日本の人見絹枝も出場したが、体調不良により準決勝で敗退した）。記録は、三十数年かかって1秒短縮されたことになる。

東京大会以降、男子の9秒台と同様、女子の10秒台もカウントダウンの段階に入ったのだった。さて、タイアスは4年後のメキシコ大会にも出場し、連覇を果たす。タイムは11秒0の世界新と発表された。当時はまだ電動計時は0秒05の補正をしていたので、76年になって遡って公認された、彼女の電動計時の記録は11秒08だった。

いずれにしろ、残念ながら10秒台はならなかった。この時、タイアスは無類の強さと、惚れ惚れするような伸びのあるフォームから「褐色の女豹《めひょう》」と称されている。

結局、女性初の10秒台は、東ドイツのレナテ・シュテヘルが73年に手動計時で10秒9を出したことで達成される。電動計時では、やはり東ドイツのマルリース・ゲール（旧姓エルスナー）が77年に記録した10秒88が最初となった。

## 30 ベティ・カスバート～種目を変え、8年ぶりに金メダルを獲得～

女子四百メートルは、圧倒的な強さを持つ北朝鮮の辛金丹《しんきんたん》が欠場したことにより、イギリスのパッカーが優勝候補の筆頭に上がっていた。下馬評通り、パッカーは予選を53秒1、準決勝を52秒7といずれもトップで通過した。

ところが、決勝では、オーストラリアのベティ・カスバートが金髪をなびかせながら前半から飛ばし、パッカーの追撃を振り切って優勝をさらったのである。記録は52秒0で、辛金丹の世界記録にあと0秒1と迫る素晴らしいものであった。パッカーは52秒2であった。

カスバートはニューサウスウェルス出身の保母（保育士）で、実は、自国で開催された8年前のメルボルン大会において、百メートル、二百メートル、四百メートルリレーの3種目で金メダルに輝いた大会のヒロインだった。当時彼女はまだ18歳。しかし、次のローマ大会では、百メートルで準決勝落ちの憂き目に逢い、その後競技から遠ざかった。

1962年にカムバックし、四百メートルを専門に走るようになる。東京オリンピックから女子四百メートルが正式種目になったことがきっかけになったようだ。もっとも、本番の予選では56秒0もかかって3位、準決勝ではパッカーと同じ組になり、1秒以上離されて2位だった。おそらく、パッカーを油断させるための作戦だったのだろう。

レース後カスバートは、「金メダルを目指して、風を押すように走ったが、最後の数十メートルは

ゴール後3位の同僚アムーアと手をつなぐカスバート（左）
（「'64東京オリンピック」1964年）

とても苦しかった。今度の金メダルが一番うれしい。きっと、メルボルンでは若かったから、感激も少なかったのでしょう」と語っている。

私は英語の教科書に出てくるような、カスバートの美しいブロンドの風貌がなぜか気にかかっていた。彼女は東京大会のあと引退するが、一度来日して田島直人と会食しながら対談した記事が、陸上雑誌に載ったのを見たことがある。その中で、彼女がお皿のパセリまでナイフで切って食べたとあり、私はその作法をしばらく真似ていた記憶がある。

東京大会から36年後、メルボルン大会からは44年後の２０００年シドニーオリンピックで、カスバートは最終聖火ランナーの一人として登場した。多発性硬化症という難病のため、車イス姿だったが、美しい金髪は健在だった。観衆は温かい拍手でカスバートを迎えた。世界はまだ彼女を忘れていなかったのだ。17年8月6日、79歳で死去。

## 31 アン・パッカー～四百の無念を八百で晴らす～

イギリスのアン・パッカーはおそらく、女子四百メートルの決勝に自信満々で臨んだに違いない。予選、準決勝を1位で通過、準決勝のもう一組の1位、アムーア（オーストラリア）の記録を０秒5上回っていたからだ。ところが、結果はカスバートにしてやられた。パッカーはアウトコースで、インコースのカスバートの前半の動きが把握できなかったことも敗因の一つだろう。

金メダルを逃した彼女は諦めきれず、急遽八百メートルへの出場を決めた。実はこれと似たような話が、38年前のアムステルダム大会でもあった。女子百メートルに出場した日本の人見絹枝は、前年に世界記録を出し、メダルはもちろん優勝も期待されていた。ところが、よもやの準決勝敗退。このままでは日本に帰れないと落胆した人見は、取りあえずエントリーだけはしていた八百メートルの出場を願い出、認められる。

当時、女子の個人トラック種目は百メートルと八百メートルしかなかった。何とか予選を通過した人見は、決勝では予選の記録を十秒近く上回る好走を見せ、ドイツのラトケ夫人に次いで見事2位に入ったのだった。これが日本女性初のオリンピックでのメダル獲得となった。

さて、パッカーは、四百メートル決勝の翌日、八百メートルの予選に出場し、5位でぎりぎり通過した。記録も2分12秒6で様子見といったところだったのだろう。翌10月19日の準決勝では、2分6秒0とタイムを上げ、その組の3位で通過する。

決勝は、準決勝で2分4秒台を出して、それぞれの組の1位だったデュビュリエ（フランス）とチェンバレン（ニュージーランド）の争いと見られた。8人が一団となった激しいレースが展開され、最後の直線に入った時、今まで集団の後ろに控えていたパッカーが、教科書に出てきそうな見事な腕振り、腿《もも》上げのフォームでスパートをかけ、集団を一挙に抜き去ってゴールテープを切った。なんと、それまでの公認世界記録を0秒1更新する、2分1秒1の世界新記録だった。

パッカーはゴールインすると、そのままフィールドにいた、イギリス陸上競技チームの主将である婚約者のロビー・ブライトウェルのところへ駆け寄り、彼の胸の中へ改めて「ゴールイン」した。ブライトウェルは、四百メートルが専門で、前日に行われた同種目の決勝では、残念ながら4位に終わっていた。実は、パッカーが最終的に八百メートル決勝への出場を決めたのは、その瞬間だったという。

ブライトウェルは、陸上競技の最終日に行われた千六百メートルリレーにイギリスチームのメンバーとして出場し、銀メダルを獲得。二人はそろってメダリストとなった。27歳と22歳。共に高校教師で美男美女のカップルであった。二人が知り合ったのは、東京大会の3年前、ロンドンの舞踏会においてであったという。

「今まで競技のために結婚を諦めねばならなかった。金メダルを取って、今度は結婚のために競技を諦めることができます」と彼女は優等生的なコメントを残している。

パッカーは、イギリス女性としては珍しく黒っぽい髪をしていた。そのことからも、日本人は彼女に親しみを感じたのかもしれない。

ちょうどこの年、イギリス出身の大女優、オードリー・ヘップバーン主演のアメリカ映画『マイ・

ゴール後、婚約者のブライトウェルと抱き合うパッカー
(「日本経済新聞」1964年10月21日)

フェア・レディ』が公開されている。彼女も黒髪であったが、デビューする時、「黒髪とノッポと貧乳はハリウッドでは成功しない」と脅されたらしい（ちなみに、ヘップバーンの身長は170センチ、パッカーは167センチであった）。

もっとも1968年、メキシコオリンピックの年に公開されたアメリカ映画『ロミオとジュリエット』のジュリエット役でブレイクしたオリビア・ハッセーも黒髪であったから、ハリウッドの常識も例外が結構あったということだろう。

さて、パッカーとブライトウェルは、東京大会から2カ月後の12月19日に結婚式を挙げた。ウェディングケーキには、二人が獲得した金メダルと銀メダルが添えられていたという。次々と3人の男児に恵まれ、そのうち2人はプロサッカー選手になったというから、両親の運動能力の遺伝子をきっちりと受け継いでいたのであろう。

## 32 依田郁子～独特の精神集中法で入賞を果たしたハードラー～

女子八十メートル障害の予選は10月18日、降りしきる雨の中で行われた。4番目の組に登場した日本のエース依田郁子《よだいくこ》は、10秒7の2着で無難に予選を通過した。依田は1938（昭和13）年、長野県小県郡《ちいさがたぐん》丸子町《まるこまち》（現・上田市）の生まれ。高校時代から八十メートル障害を始め、インターハイで二連勝し、卒業後、リッカーに入社して、吉岡隆徳の指導を受けるようになる。

同種目の日本記録を12回も塗り替え、日本選手権を三度制覇した。百メートルでも実力を発揮し、東京大会の前年に出した日本記録、11秒6は東京大会の2位に相当するものであった。当然、日本国民の期待を一身に集めていた。19日に準決勝と決勝が行われた。準決勝は2組に分かれ、それぞれ上位4名が決勝に進むことになっていたが、依田は10秒7で2組目の2位に入った。彼女へのメダルの期待はいよいよ高まる。

ところで、依田にはスタート前に、いろいろと「奇行」めいたふるまいをする癖があった。愛用のサングラスに麦藁帽子《むぎわらぼうし》を被って登場し、サロメチールを体のあちこちに塗りつけたり、後転倒立をしたり、コースを箒《ほうき》で掃いたり、レモンをくわえて口を湿したり。村田英雄の「王将」を口笛で吹くこともあった。

「王将」（作詞・西城八十《さいじょうやそ》、作曲・船村徹《ふなむらとおる》）は、1961（昭和36）年にリリースされ、翌年の日本レコード大賞特別賞を受賞した村田英雄の出世作である。浪曲師出身の村田は、当時、三波春夫と人気を二分する演歌歌手であった。

この頃の日本人は、今よりもずっと口笛を吹いたものだが（坂本九のヒット曲「上も向いて歩こう」にも口笛の部分がある）、若い女性が、しかも村田英雄の曲を口笛で吹くのは珍しかった。しかし、これらは皆、依田独特の精神の集中方法であり、それが周りから見ると「奇行」に映ったのである。

さて、期待された決勝で依田は、残念ながら前半から後れを取り、5位に終わった。だが、世界の

5番目である。以来、2016年リオデジャネイロ大会にいたるまで、短距離種目で決勝まで残った日本女性は一人もいない。優勝したバルツァー(東ドイツ)から3位までが10秒5の同タイム。依田は予選、準決勝と同じ10秒7であった。

依田は女子四百メートルリレー予選にも出場し、第2走を務めたが、残念ながら日本はB組6着で、決勝に進むことはできなかった。ところで、東京大会開催中に八十メートル障害を百メートル障害へと変更することが国際陸連で協議されている。混戦を防ぐ意味のほか、八十メートル障害はハードル間の距離が8メートルで、長身の外国選手には狭すぎて、走りにくいという理由からであった。

これに対して日本陸連は、「アジア人は背が低く、日本でも東京大会で唯一の女子の入賞種目だった」として、変更に反対した。結局再検討の要ありということで持ち越されたが、この種目はメキシコ大会が最後となり、72年のミュンヘン大会からは、百メートル障害として実施されている。

レース後、依田は「欲を言えば3位に入って、(表彰)台の上にのぼりたかった」と感想を述べたが、緊張が解き放たれて笑顔を見せ、「ふつうの女の子にもどった表情だった」と新聞は書いた。

正に決勝レースに臨まんとする依田(「日本経済新聞」1964年10月20日)

〈アイドルグループ「キャンディーズ」が「ふつうの女の子にもどりたい」と解散宣言したのは、これより14年後の77（昭和52）年のことである〉

依田は、東京大会後引退して結婚、東京女子体育大学で後進の指導に当たったが、83（昭和58）年10月14日、45歳で死去した。自死だった。

## 33 ヨランダ・バラシュ～「またぎ跳び」で堂々の二連覇～

日本選手団団長の大島鎌吉が、閉会式の日に「ヘーシンクとアベベとバラシュの三人は人間じゃない。ばけものだよ」という感想を述べている。ヘーシンクとアベベはまだしも、バラシュは女性である。ばけもの扱いするのはいかがなものかと思うが、女子走り高跳びに1・90メートルのオリンピック新記録で優勝した彼女は、確かに圧倒的な強さを見せつけた。

2位のブラウン（オーストラリア）が1・82メートルを失敗してからは、まったくの一人旅。1・86メートルから1・90メートルまでをすべて1回でクリアーした。残念ながら、1・92メートルの世界記録は3回とも失敗したが、試合後バラシュは、「跳べなかったのは、前日の雨でフィールドが濡れていたことと、練習で右足をひねったため」とアクシデントを悔しがった。

ヨランダ・バラシュは、第2次世界大戦前の1936年、ルーマニア西南部の街、ティミショアラで生まれた。大戦が始まると、ルーマニアは初めドイツ側に付き、侵攻してきたソ連と戦ったが、のちには政変を起こして連合国側に翻り、ドイツと戦った。戦後は、ソ連の衛星国となり、東京大会の頃は、有名なチャウシェスクが独裁政権を築く前夜といった時期であった。

第2次世界大戦で父が行方知れずとなり、母一人子一人の家庭に育ったバラシュは、寂しさを紛らわすために陸上を始めたという。クラシック音楽、特にシューベルトやベートーベンが好きだというのも、そんな生い立ちが関係していたのかもしれない。

走り高跳びに関しては、56年に19歳で1・75メートルの世界記録を出して以降、61年に1・91メートルを記録するまで、実に14回も世界記録を更新している。1・91メートルはその後、10年間破られることはなかった。ブカレスト大学の学生で、オリンピックはローマ大会に続き二連覇だった。

ライトに照らされて1・90mをクリアーしたバラシュ
(「読売新聞」1964年10月16日)

彼女の記録はすべて、今や旧式である正面跳びで打ち立てられた。当時の新聞の中には、正面飛びのことを「またぎ跳び」と表記しているものもあったが、もっちゃりした表現ではあるものの、正にそのような跳び方であった。背面跳びが全盛の今日、国際的な選手でも「またぎ跳び」で彼女の記録を超えられる者が何人いるだろうか。

バラシュの身長は公称185センチ。「かもしかのような美しい足」と称されたが、ニホンカモシカはずんぐりむっくりした体型だから、これはたぶん欧米の表現だろう。彼女の身長は、実際には190センチ以上あったとの説もあり、もしそうなら、東京大会の陸上女子選手中、最高身長はやり投げ優勝した同国のペネス（186センチ）ではなく、バラシュだったということになる。

ともあれ、大島の発言は、あながち的外れではなかったかもしれない。2016年3月11日死去。79歳だった。

## 34 マリー・ランド〜世界記録で優勝を決めた英国ジャンパー〜

東京オリンピックの陸上競技では、7種目で世界新記録が誕生したが、第1号は、初日（10月14日）に行われた女子走り幅跳びにおいてであった。予選から6・52メートルの五輪新を出したイギリスのマリー・ランドが、ソ連のシチェルカノワが持っていた従来の世界記録を6センチ上回る6・76メートルを跳んで、優勝したのである。

シチェルカノワは3位に終わったが、翌日の新聞に二人の選手村での対照的な生活ぶりが紹介されている。シチェルカノワは、どこにも顔を出さずひっそりと孤独の中に身を置いているのに対し、ランドは仲のいいパッカーと一緒に練習し、二人で銀座にショートパンツで繰り出すこともあったという。

新聞には「ランド夫人」と書かれることもあったが、彼女はまだ24歳の若妻。当時、銀座には「みゆき族」と呼ばれる若者たちがたむろしていた。この年の4月、週刊誌『平凡パンチ』が創刊され、彼らは同誌で紹介されるVANのアイービールックやJUNのトラディショナルルックに身を包んでいた。ランドやパッカーの颯爽《さっそう》とした本場のいで立ちは、きっとみゆき族らの目を引いたことだろう。

世界新で優勝したランドの跳躍
（「アサヒグラフ増刊・東京オリンピック」1964年）

ところで、東京大会の女子走り幅跳びには、日本から香丸恵美子《こうまるえみこ》が出場している。福岡県立三潴《みずま》高等学校3年の17歳であったが、オリンピック直前の9月13日に6・17メートルの日本新記録を出し、9月21日に追加でオリンピック出場が決まった。

172センチ、58キロと、当時の日本女性としては体格に恵まれ（ランドは173センチ、62キロ）、また彼女の日本記録は、ローマ大会の4位に相当するとあって、一躍期待の星となった。残念ながら、本番では、5・66メートルで予選落ちだったが、その後も競技を続け、1966（昭和41）年の日本選手権では6・00メートルの記録で優勝している。

それから、半世紀を過ぎた2012（平成24）年、彼女の三女、岡山沙英子《さえこ》が6・55メートルを跳んで日本選手権を制した（岡山は13年、15年にも優勝している）。実は長女と次女も一流のジャンパーになっており、香丸の遺伝子はしっかりと次代に受け継がれていたのであった。

さて、ランドの記録により、いよいよ女子走り幅跳びは、7メートル超えが視界に入った感があったが、オリンピックの優勝記録が7メートル台となるのは、16年後のモスクワオリンピックまで待たねばならなかった。ランドはオールラウンドな選手で、東京大会では走り幅跳び以外にも、五種競技で銀メダル、四百メートルリレーでも銅メダルを取った。

イギリスは男子走り幅跳びでもデービスが金メダルを獲得し、走り幅跳びは男女ダブル優勝となった。女子八百メートルのパッカー、二十キロ競歩のマシューズと合わせ、国立競技場に都合4回、イギリス国旗・ユニオンジャックが翻り、イギリス国歌「ゴッド・セイブ・ザ・クィーン（女王陛下万歳）」が流れたのである。当時、イギリスはエリザベス二世の在位13年目であった。

大英帝国として世界に版図を広げたイギリスも、もはや日本と同じ小さな島国だった。しかし、スポーツの世界では、かつての名残があって、イギリスとその植民地であった国々によって、英連邦大会（コモンウェルズゲームズ）が、1930年から4年ごと（オリンピックの中間年）に行われていた。ランドは、66年にジャマイカの

予選での香丸の跳躍
（「日本経済新聞」1964年10月14日夕刊）

キングストンで開催された同大会でも、走り幅跳びに出場し、6・36メートルを跳んで優勝した。

## 35 タマラ・プレス～投擲2種目を制覇したソ連女子のエース～

女子円盤投げと砲丸投げに優勝したソ連のタマラ・プレスは、日本人に大きなインパクトを与えた。両種目ともオリンピック新記録で、砲丸投げは、ローマ大会に続く連覇であった。しかし、衝撃的だったのは、記録だけではない。その巨体（180センチ、100キロ）と風貌、そして、投擲時に大きく口を開ける迫力あるフォームだった。

当時の新聞は、そうした彼女のイメージを誇張気味に書き立てている。「ヤツデのような手で掴むと、砲丸は卵のように円盤はホットケーキのように見える。そして、丸太のような腕によって、卵とホットケーキは空高く飛んで行く」。

東京大会の3カ月前に行われた米ソ対校陸上で、アメリカの女子選手が、

「ソ連の女性選手は、ちっとも女らしくない。あんなになるくらいなら、私たちは陸上競技なんてやめてしまう」と言ったのに対し、27歳のタマラは、

「私たちだって、〝女らしさ〟については、いつも考えている。私は、競技のチャンピオンである前に女性です。スポーツをする女性が女らしさを損なうことはありえない」と反駁《はんばく》している。

タマラ・プレスの豪快な砲丸投げ
（「毎日新聞」1964年10月20日夕刊）

それを裏付ける次のような記事もあった。

「（タマラの）性格は南国の太陽のように明るく、気さくに誰にでも話しかけ、容貌も色は限りなく白く、ブルーの目は優しさを湛《たた》えている」

巨体の中に、秘めた女らしさも伺えるというのだ。彼女は、レニングラード大学で土木工学を学び、レニングラード市（現・サンクトペテルブルグ市）の建築技師を務める才媛でもあった。当時の写真をよく見ると、確かに理知的で整った顔立ちをしている。

タマラの、二つ違いの妹・イリナも東京大会に参加し、プレス姉妹はどこへ行っても注目を浴びた。姉妹は、現在のウクライナ、ハルキウの出身。第2次世界大戦で父を失い、レストランで働く母が苦労して二人を育てた。そんな生い立ちからか、タマラは、妹思いでも有名で、東京大会で残念だったのは、円盤投げ決勝と重なったため、八十メートル障害決勝に出場したイリナの応援ができなかったこと、一番嬉しかったのは、イリナが五種競技で優勝したことだと語っている。

ところで、女子円盤投げは、女子の陸上競技が始まった１９２８年のアムステルダム大会から行われている。一方、女子砲丸投げがオリンピック種目となったのは、戦後の48年ロンドン大会からだ。戦前の大和撫子《やまとなでしこ》は、そんなスポーツには手を出さなかったのかといえば、そんなことはなくて、日本選手権では円盤投げは28（昭和3）年から、砲丸投げに至っては25（大正14）年から行われている。52年ヘルシンキ大会では、吉野トヨ子が円盤投げで4位に入賞しているし、東京大会でも砲丸投げに小保内聖子《おぼないせいこ》が出場し、残念ながら予選落ちであったが、13・70メートルを記録しているのだ。大和撫子も、タマラほどではないにしろ、結構逞《たくま》しかったのである。

## 36 エルビイラ・オゾリナ〜敗れて丸坊主になった前回優勝者〜

投擲種目の中で、やり投げの選手は比較的スリムな体格の人が多い。東京大会の男子やり投げの優勝者、フィンランドのネバラは177センチ、79キロで、日本の投擲選手の中に入れても決して大きくはない。体重よりも、筋力やスピードがものを言う種目なのだろう。

さて、女子やり投げの優勝者はどうであったか。この種目は、ローマ大会の覇者で、前年に世界記録を出していた、ソ連のエルビイラ・オゾリナの優勝が堅いであろうと見られていた。彼女もまた、174センチ、66キロとモデルのようなすらりとした体型だった。しかし、予選で同じソ連のゴルチャコワが1回目に62・40メートルを投げ、オゾリナが持っていた世界記録を3メートル近くも更新した（ちなみに、65メートル付近にいた7人の審判は、ゴルチャコワの予想外のロングスローに思わず持

丸坊主にする前のふさふさした髪のオゾリナ
(「毎日新聞」1964年10月17日)

ち場から逃げ出している)。

それがプレッシャーになったのか、決勝に入ってもオゾリナの調子は上がらない。ゴルチャコワも勝ちを意識し過ぎたのだろう、4回目の57・06メートルが最高。その間隙を縫うように、予選では51・19メートルでしかなかったルーマニアのミハエラ・ペネスが1投目に60・54メートルを飛ばして、優勝をさらってしまったのだった。

ペネスは、まだ17歳の高校生で、陸上女子の最年少金メダリストとなった(実は、彼女はメキシコ大会の下準備のつもりで参加していたという)。ところが彼女、身長186センチで女子陸上競技の出場者中最長身。体重も94キロでネバラよりもはるかに大きな体格の持ち主だった。オゾリナは結局54・81メートルで5位に終わった。

彼女は、自らの惨敗の結果に、なんと選手村の美容院で髪を切って丸坊主になってしまう。実際には、美容師が手心を加えて切ったのを彼女は満足せず、はさみを借りて、自分で丸刈り状態にまで切り込んだのだった。

オゾリナは美人の呼び声が高く、美しいブルネット(褐色の髪)の持ち主だったので、美容師たちは皆、「そこまでしなくても」と同情したそうだ。また、優勝したペネスも、「私が優勝したために、オゾリナ選手が髪を切ってしまうことになって……」と、神妙な面持ちだったという。

ローマ大会で惨敗した日本レスリングチームが、八田監督を筆頭に全員が丸刈りになって帰国したという例はある。最近ではスキャンダルで丸坊主になった日本の女性アイドルもいたが、当時のソ連の女性選手としては、異例のことであったろう。

## 37 辛金丹～直前に帰国した、悲運の世界記録保持者～

北朝鮮の辛金丹《しんきんたん》は、女子四百メートルに51秒9の世界記録を持ち、オリンピック直前の9月には、八百メートルでも1分58秒0の未公認世界記録を出していた。その抜群の走力から「北朝鮮の天馬《てんま》」と称され、東京大会に出場すれば両種目の優勝は、まず間違いないと言うのが大方の見方だった。

北朝鮮は国連には未加盟だったが（加盟は1991年）、IOCには57年に加盟しており、64年のインスルブック冬季大会に初参加、東京大会にも参加の意向を示していた。

ところが、そうは簡単にいかない事情があった。62年にジャカルタで開かれた第4回アジア競技大会において、開催国のインドネシアが、イスラエルと中華民国を招待しなかったため、IOCはこの大会を正式な競技会とは認めない方針を表明した。当時、インドネシアのスカルノ大統領は、第三世界のリーダーとして、親イスラム教、親社会主義の色合いを強めていた。ちなみに、彼が日本人女性を第三夫人（デビ夫人）として娶《めと》ったのは、59年のことである。

再会した父親と抱き合う辛金丹
（「毎日新聞」1964年10月10日）

ＩＯＣの措置に反発したインドネシアは、63年11月にジャカルタで新興国競技大会を開催し、中華人民共和国、北朝鮮、アラブ連合共和国などが参加した。ＩＯＣと各国際競技連盟は、この大会に出場する選手は、オリンピックの出場資格を失うとしたのである。辛金丹も、新興国競技大会に出場し、女子八百メートルで未公認ながら1分59秒1という当時の世界記録で優勝していた。

インドネシアも北朝鮮も東京大会に参加すべく来日し、新興国大会に出場した選手も含めての参加を主張する。北朝鮮選手団の中にはもちろん辛金丹の姿もあった。彼女は平壌の図書館に勤めながら、平壌体育大学の通信教育を受ける26歳。猛練習の傍ら夜遅くまでコツコツと勉強を続け、今回の措置に対しては、「新興国の選手たちが、競技を通して技術と親善を交換するのがどうして悪いのでしょう」と語った。

オリンピック組織委員会が、ぎりぎりまで折衝を続けたものの、国際陸上競技連盟及び国際水泳連盟はついに態度を変えず、両国は選手団を引き上げることになった。

最後の記者会見で、北朝鮮の金鐘恒選手団長は、

「オリンピックの看板の裏でスポーツを政治的にもてあそぼうとする者を糾弾し、排他的に組織された東京大会を断固拒否する」という声明文を読み上げた。

一方で、北朝鮮チーム・アタッシェ（外交職員）の李賢は、

「日本の皆さんが私たちに示してくれた好意には、深く感謝します。また、喜んでお会いできることを確信しています」と語った。その時の通訳の声は、感極まって涙声だったという。

引き上げの当日（10月9日）、彼女は朝鮮戦争で生き別れになった韓国在住の父親と、東京都千代田区の朝鮮会館で、14年11カ月ぶりに再会している。辛一家は、北朝鮮の咸鏡南道《かんきょうなんどう》に住んでいたが、50年に勃発した朝鮮戦争の混乱で父親は南へ、金丹と彼女の母、弟、妹は北へと離れ離れになった。

その後、父親はソウル市の延世大学附属病院に就職、家族を探し続けたが分からなかった。東京大会の前年、ジャカルタで開かれた新興国スポーツ大会で活躍する娘の写真が新聞に出た。それを見た父親は、会いたいと思ったが、韓国から手紙を出して娘に迷惑がかかっては申し訳ないと、すべてを東京オリンピックに賭けることにしたのだった。

8日の夜、父親は飛行機で東京に着き、翌朝、オリンピック組織委員会に連絡を取り、金丹が出発する間際に面会が叶った。

「お父さん、お父さん」

「みんな元気か?」

「母も弟も妹も、みんな元気」

あとは言葉にならず、174センチある金丹は、自分より小柄な父親と、ただじっと抱き合った。

やがて、北朝鮮の関係者から「もう出発の時間です」と促され、

「お父さん、また会いたい」

「元気でな」

父との最後の言葉を交わしたあと、娘は同国選手団と共に車で上野駅へと向かった。この間わずか5分。父親は記者のインタビューに、「娘の活躍を祈っていたのだが、選手団が引揚げとなってがっかりした。でも、娘に会えて本望です。できれば一緒に暮らしたい」と心情を語った。

辛金丹は、上野から列車で新潟へ移動し、翌10日、新潟港からヤクーチャ号で帰国した。それから13日後の10月22日、彼女が、北朝鮮の平壌で行われた競技会の女子四百メートルで、51秒2の世界新記録を出したというニュースが飛び込んで来た。東京大会の優勝者、カスバートの記録を0秒8上回るものであった。

## 〈コラム❸〉ソ連が3人乗り宇宙船、ウォスホート1号を打ち上げ

10月12日、ソ連は世界で初めて3人乗り宇宙船の打ち上げに成功した。ウォスホート1号に乗り込んだウラジミール・コマロフ（船長）、コンスタンチン・フェオチストフ、ボリス・エゴラフは、

地球周回軌道に乗り、２周目の東京上空に差し掛かった時、開催中の東京オリンピックに向け、次のようなメッセージを発した。

「すべてのスポーツマンの協力と相互理解の強化に大きな役割を果たすオリンピック大会に、今参加している世界の青年に熱烈なあいさつを送ります」

打ち上げ成功のニュースに接したソ連選手たちは口々に「ウラー（万歳）！」と歓声を上げた。この日、ソ連選手団は、重量挙げのバンタム級で優勝したワホーニンと水泳女子二百メートル平泳ぎで優勝したプロズメンシコワのお祝いパーティーを開いたが、めでたさ倍増で、大変にぎやかなものとなった。

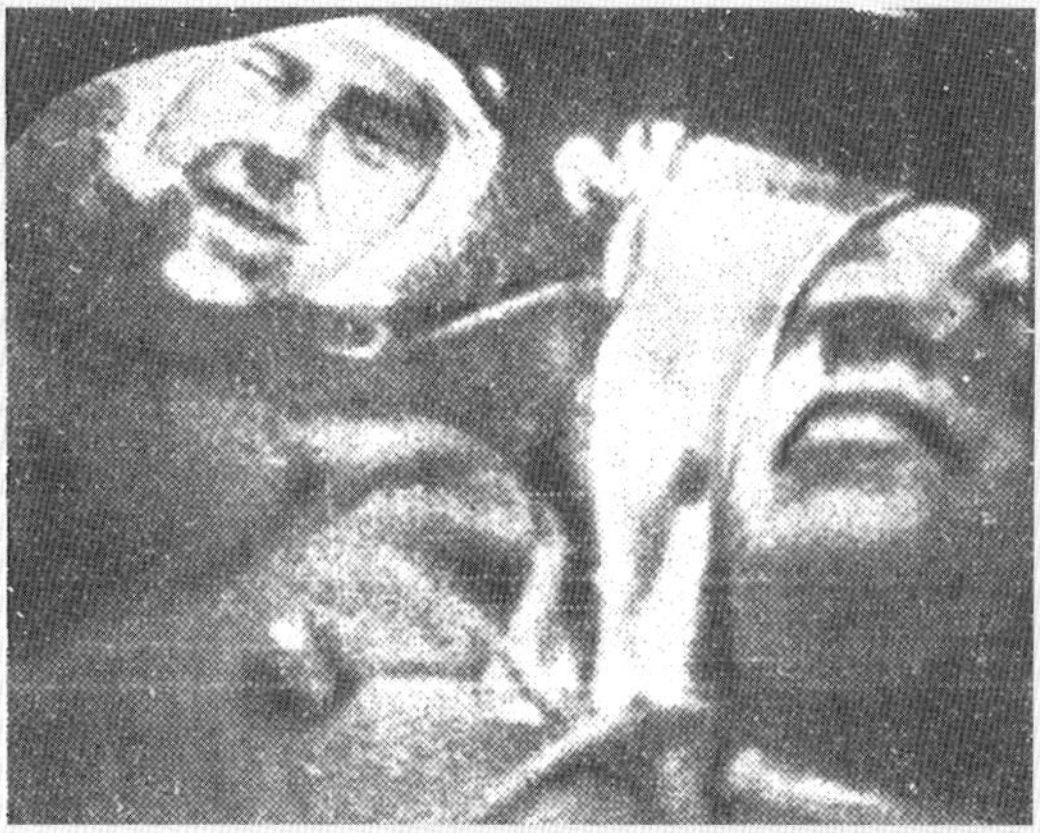
ウォスホート船内の宇宙飛行士ら（「日本経済新聞」1964年10月13日）

３人の宇宙飛行士は、３周目にはフルシチョフ首相とも会話し、24時間17分かけて地球を16週したあと、カザフスタン開拓地に無事帰還した。当時、ソ連は宇宙開発において、ライバル・アメリカを大きくリードしていた。１９５７年に世界初の人工衛星スプートニク１号を打ち上げ、61年には世界で初めて、ユーリイ・ガガーリンによる有人宇宙飛行を成功させていた。63年にはボストーク６号で、初の女性宇宙飛行士、ワレンチナ・テレシコワを宇宙に送り、世界の喝采を浴びている。

一方のアメリカは、当初失敗続きで、58年にようやく初の人工衛星、エクスプローラ1号の打ち上げに成功する。ジョン・グレンを乗せたマーキュリー6号により、有人宇宙飛行に成功するのは、ガガーリンから10カ月遅れの62年2月であった。そして、ウォスホート1号の成功により、複数による有人飛行にもソ連に先行されてしまったのである。

数年のちには月を目指すだろうソ連に対抗するため、アメリカはサターン5型ロケットの開発を進め、2年以内に実用化するというNASAのコメントが10月13日の毎日新聞に載っている。ケネディ大統領が、60年代のうちに月にアメリカ人を送り込む、と宣言したのは61年5月。アメリカは65年から66年にかけて、ジェミニ計画により2人乗りの宇宙船を打ち上げるが、はっきりとアメリカがソ連をリードするのは、68年12月、サターン5型ロケットで打ち上げられた3人乗りのアポロ8号により、月の周回に成功した時であった。メキシコオリンピックが終わって2カ月後のことである。

69年7月20日、アポロ11号の船長、ニール・アームストロングと月着陸船操縦士、エドウィン・オルドリンが月面に降り立った。その後アポロ12、14、15、16、17号が月面着陸に成功（13号は酸素タンクの爆発を起こしたが、着陸を回避して奇跡的に帰還を果たし、「栄光ある失敗」と称賛されて映画にもなった）、最後となったアポロ17号の月面着陸は72年12月7日で、ミュンヘンオリンピックの3カ月後のことであった。それ以来、半世紀近く人類は月を訪れていない。

# マラソン

## 38 アベベ・ビギラ～「裸足の王様」から「走る哲学者」へ～

東京大会のマラソンは10月21日、国立競技場を発着点とし、甲州街道の調布市飛田給《とびたきゅう》を折り返し点とする往復コースで行われた。この日は水曜日で、授業は5時間目までだった。私はT君に放課後遊ぼうと誘ったが、今日はマラソンを（テレビで）見ないといけないからダメだと断られた。

家に帰ると母が、アベベ（エチオピア）が先頭だと興奮して教えてくれた。それ以前に私は「裸足の王様・アベベ」の話を母から聞かされていたので、テレビでその姿を見て、これがアベベかと意外に思った。「王様」というから、トランプのキングのような風貌を思い浮かべていたのである。

アベベは裸足ではなく、白い靴を履いていた（側面の黒い模様から、それがプーマ社の靴であったことを私が知るのは何年ものちのことである）。すでにホーガン（アイルランド）が遅れ始めていたので、たぶん17、8キロ付近だったろう。やがて、A君が図工の宿題を持ってやってきた（T君に振られた私はA君を誘ったようだ）。黒い用紙に幾何学的な形の穴を開け、何色かのセロファンを貼って、ステンドグラスのように仕上げるものである。東京は曇り空だったが、京都はしとしと雨が降っていた。私とA君はテレビのある部屋で、マラソン中継を見ながら宿題に取り組んだ。

テレビはほとんどアベベしか映さなかった(東京大会では、オリンピックで初めてマラソンの全コース生中継が行われた)。折り返しからしばらくは、少し後ろにホーガンが食い下がっていたが、だんだんその差は広がっていった。アベベはパンツのゴムのところに深緑色のハンカチを挟んでいて、時々それを取って顔の汗を拭った(どこかで落としたのか、あるいは捨てたのか、ゴールまでに彼のパンツからそのハンカチは消えていた)。

トップで折り返すアベベ。後ろはホーガン(「朝日新聞」1964年10月21日夕刊)

アベベは一度給水所(東京大会では15キロから5キロごとに設けられていた)で、自分のボトルを見逃したのに気づいて、何メートルか引き返してそれを取ってまた走り出したことがあった。私はホーガンに抜かれるのではないかと思ったが、その心配はなかった。

やがて、ホーガンはテレビの画面から見えなくなり、ほどなくしてアナウンサーが、2位を走っていたホーガンが歩き、円谷が2位に上がったと興奮して伝えた。

私とA君は、宿題の手を思わず止めて歓声を上げる。

35キロを過ぎてアベベの優勝はほぼ確定した。白い上下の運動着のような服を着た一人の男が、突然コースに現れ、アベベから何メートルか離れたところを並んで走り出したが、すぐに警察官に取り押さえられた。1匹の犬が飛び出してきたこともあったように思う。しかし、アベベは平然と走り続けた。

40キロ手前の北参道のカーブであったろうか、一度だけアベベは後ろを振り返った。「彼の目には一人の選手の姿も入らなかったでありましょう」とアナウンサーは伝えたが、正にそのとおりだった。最初と全く変わりのないフォームで国立競技場に戻って来たアベベは、最後の100メートルはややペースを上げ、軽く両手を挙げてテープを切った。2時間12分11秒2、世界最高記録だった。この早いペースであと20キロは走れる、とアベベは言った。

2位の選手はなかなか現れなった。やがて円谷が現れ、続いて現れたヒートリーが円谷を抜いてゴールした。タイムは2時間16分19秒2。アベベは2位を4分8秒も引き離していた。距離にして1・2キロ。オリンピックのマラソンでこれほど2位を引き離した優勝者はアベベ以外にいない。

ヒートリーがゴールしたあとの4分の間には、円谷を含め8人の選手がゴールした。その間にちょうど私たちにおやつを持ってきてくれた母が、テレビに目を遣って、後になるほど固まって帰ってくるのよね、というのを聞いて妙に納得した記憶がある。

東京オリンピックをきっかけに子供たちの間で「マラソンごっこ」が流行《はや》った。私もよく参加したが、みんな日本選手より、アベベをやりたがった。ローマ大会で「裸足の王様」と呼ばれたアベベは、東京大会では「走る哲人（哲学者）」と称され、無表情でうつむき加減にたんたんと走る姿が、子供たちの目にも随分とかっこよく映ったのだ。

哲学者というものがいかなるものか当時の私はもちろん知らなかったが、「敵は67人のランナーではなく自分自身だった。そして私は勝った」「雨でも晴れでも強い者は強い。だから運も不運もない」というゴール後の彼のコメントを何かで見た時、哲学者はこういう言い方をするのかと思ったものである。

後年知ったことだが、ローマからの4年間でアベベのフォームは大きく変化している。ローマでは、手を下のほうで降っていて、まだまだ生硬《せいこう》な感じがしたが、東京では腕を胸の辺りで交差するように振り、ずっと安定感と威厳が備わったものになっていた。これほど、顕著にフォームが変わった選手を私は知らない。

ともあれ、アベベ・ビギラは私にとって絶対的で偶像的な存在となった。ちょうど男の子がそういう対象を持ちたがる年齢だったのかもしれない。東京大会翌年の5月、アベベは毎日マラソンに招待されて、再び来日するが、私はアベベが負けたらどうしようと思って、まともにテレビが見られなかった（もちろん彼は優勝したが）。

しかし、１９６８年のメキシコ大会が近づくと、私は、アベベは勝てないのではないかと、冷静に感じるようになった。デレク・クレイトン（オーストラリア）が2時間10分の壁を破って、アベベの世界記録は過去のものとなり、また私もそれなりに成長して、「絶対」などというものはこの世に存在しないことを理解し始めていたのだろう。

開催都市であるメキシコシティーは、エチオピアの首都・アジスアベバと同じ標高２０００メートル以上の高地にあり、アベベはまた優勝すると豪語していたが、同大会でアベベは、16キロ地点で途中棄権した。ベッドで苦笑いするアベベを見て、私のアベベ崇拝は終わりを告げた。彼もやはり人間だったのだ、と。

翌年アベベは、エチオピアで交通事故に遭い脊髄《せきずい》を損傷、下半身不随の身となる。ロンドンで治療を受けるため、平らなベッドに括《くく》り付けられて搬送されるアベベの姿を、私はテレビで見た。彼は目頭を押さえ泣いていた。胸が苦しくなるような映像だった。しかし、ここからアベベは「奇跡の復活」を遂げるのだ。

車椅子で身障者のスポーツ大会に出場するようになり、71年にはなんとノルウェーで行われた犬ぞりレースに出て、優勝してしまったのである。新たなアベベ伝説の誕生であった。翌72年のミュンヘンオリンピックの開会式で、招待者の一人として、車椅子に乗ったアベベの姿が見られた。頬髯《ほおひげ》を生やしたふっくらした顔は笑みを浮かべていた。高校3年生になっていた私は、彼の表情を見て、これぞまさしく哲学者の顔ではないかと思ったものである。

73年10月23日、アベベはアジスアベバで脳出血により死去した。41歳だった。ここに私の中で、彼の神話は完結したのである。東京大会のマラソンレースの日、T君が私の遊びの誘いを断らず、私がマラソンのテレビ中継を見ることがなかったら、私の青春は（人生も）もう少し違ったものになっていただろう。

# (アベベこぼれ話)

**○レースひと月前に盲腸炎の手術**

アベベは東京大会直前の9月16日に急性盲腸炎（虫垂炎）を発症、アジスアベバのハイレ・セラシェ病院に入院し、手術を受けた。彼のコーチのスウェーデン人、オンニ・ニスカネンは、「アベベはオリンピックに参加できると確信している。最終的な決定は医師が下すが、アベベほどの体力であれば大丈夫」と語った。

9月29日朝の来日時、アベベは、「手術後9日目から練習を始めた。まだ少し痛むが体の調子はいい」と答え、その日の午後には練習場に出て、30分ほどトレーニングを行っている。10月4日には調布市飛田給からコースを逆に試走、同11日の最終試走では、5キロから10キロを15分10秒でぶっ飛ばし、3分先にスタートしたアメリカの優勝候補、エデレンを8キロ地点で追い抜いた。28キロで試走をやめたが、病み上がりとは思えない元気そうな走りぶり。

そして本番、アベベは圧倒的な強さで優勝した。アベベにとって、盲腸炎の手術など適度な休養程度のものだったのだろう。ところで、私が小中学生の頃、盲腸炎にかかる友人が結構いた。昨今この病気のことをあまり耳にしないのは、果たして私の気のせいだろうか。現代人は、抗生物質を摂取する機会が増えたため、虫垂炎の発症が減っているのだ、との説もあるようだが。

## ○アベベは最後尾で競技場を後にしたか

よくアベベは悠々とスタジアムを最後尾で出ていった、といわれるが、これは間違いである。確かにスタート時には最後尾にいた（エチオピアは3選手出場していて、日本人には見分けがつきにくかったが、ゼッケンで判別できた。ゼッケン17がアベベ、18がデミシェ、19がマモだった）。しかし、トラックを2周近く走る間に次第に順位を上げ、北口ゲートから競技場外へ出た時には、最後から10番前後にはなっていたはずである。

そして、5キロ付近では5位に上がり、10キロでは、スタートからぶっとばしたクラーク（オーストラリア）とホーガンに追いつくのである。5キロから10キロのアベベのスプリットタイムは、当時としては驚異の14分55秒だった。

## ○ヘーシンクと談笑

アベベは選手村に入った9月29日、オランダの柔道選手・ヘーシンクと対談している。顔見知りの新聞記者の仲介で、アベベがヘーシンクの宿舎を訪れたのだ。アベベは「柔道のチャンピオン」に強い関心を抱いていたという。盲腸手術を気遣うヘーシンクに、アベベはもう大丈夫と答え、ヘーシンクの体重が120キロと聞いて、私の2倍もあるとアベベが驚く一幕もあった。

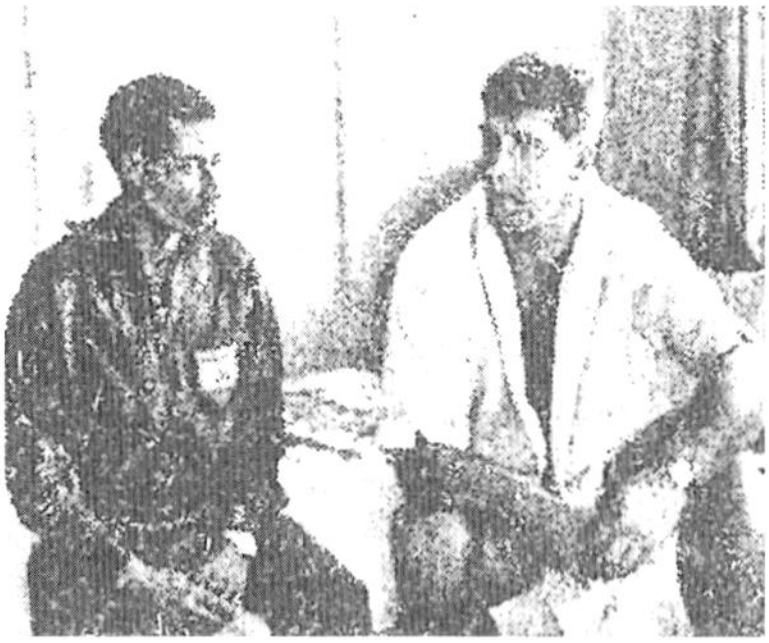

ヘーシンクと語り合うアベベ（「毎日新聞」1964年9月30日）

最後は「お互いベストを尽くそう」と約束して別れたが、その3週間後、二人は共に東京大会の英雄となるのであった。

## ○はだしの謎

ローマ大会のマラソンをアベベがなぜ裸足で走ったかには、諸説あるようだ。いつも裸足で練習しているからとか、10キロまで靴を履いていたが、脱げかけたので裸足になったとか、「歴史をつくる」ためだったとか。最後のはなかなか面白い説だが、真相はどうなのだろう。

ローマ大会以後の国際レースで、意外にもアベベは裸足で走ったことがない。1961（昭和36）年に毎日マラソンに招待された時、デモ練習では裸足で走る姿を見せたが、本番は靴を履いていた。東京大会の来日時のインタビューでも、「甲州街道を見たうえで、路面がきれいなら、裸足で走る。その方が、調子がいいから」と語っているが、多分にリップサービスだったのではないか。

結局、東京大会でもアベベは白い靴を履いて走った。厳密に言うと、真っ白ではなく両サイドに黒いラインが入っていた。私は自分の運動靴にマジックで同じようなラインを描いた記憶があるが、これがドイツ・プーマ社のマークであることを知るのは、ずっとのち、成人してからである。

後年、イギリスのブルース・タロや南アフリカのゾーラ・バッドなど、トラックの長距離種目では裸足で活躍する選手が現れたが、マラソンではついぞ見られていない。今、裸足のマラソン大会を行ったとして、ローマ大会でのアベベの記録（2時間15分16秒2）を破る選手が果たしているだろうか。

## ○朝鮮戦争に参加

アベベは19歳でハイレ・セラシェ皇帝の親衛隊に入隊するが、ほどなくして国連軍の一員として朝鮮戦争に派遣されている。朝鮮戦争は1950年6月、大韓民国(韓国)と朝鮮民主主義人民共和国(北朝鮮)の間で勃発、韓国側を支援するため、アメリカを中心に22か国からなる国連軍が結成されたが、その中にエチオピアも含まれていたのだ。

エチオピア帝国の歴史は古く、建国は1270年である。アフリカ最古の独立国であったが、1936年、ムッソリーニを統領とするファシスト・イタリアの侵攻を受け、ハイレ・セラシェ1世はロンドンに亡命した。第2次世界大戦開戦後の41年、連合国のイギリスによってイタリア軍が駆逐され、エチオピアは独立を回復、以降連合国側に付いてイタリア、ドイツなどの枢軸国《すうじくこく》と対戦した。そうした歴史的経過を経た上の国連軍への参加であった。

親衛隊に入るには、逞しい体と強い意志力と愛国の情熱が求められ、アベベはその試験に上位の成績で合格したとされる。しかし、後年(オリンピックで優勝したあと)アベベは、戦争に行くことを思えば、マラソンに勝つことなど訳もないことだ、と語ったと何かの雑誌で読んだ記憶がある。

## ○5位になったアベベ

アベベと言えば、優勝か棄権かのイメージがあり、完走したレースはすべて優勝していると思いがちだが、ローマ大会以降の国際レースにおいて、一度だけ5位になったことがある。1963年4月のボストンマラソンでのことだ。この時優勝したのはベルギーのバンデンドリッシュで、タイムは2時間18分58秒0。アベベは2時間24分43秒0だった。

アベベはマモとともに最初から飛ばし、26キロでは3位以下を350メートルも引き離した。しかし、後半の上り坂でアベベのスピードが鈍り、マモもけいれんを起こして脱落、40キロ手前から猛然と追い上げてきたバンデンドリッシュに逆転を許したのだった。

アベベの敗因は、ヨーロッパのレースで右足を痛めていたせいのようだが、レース後、記者から出た「靴を履いていたからだろう」（このレースもアベベは裸足ではなかった）との質問に、アベベは「どうして、裸足の王様と呼ばれるのだろう。裸足で走ったのはローマだけなのに」と答えている。

ちなみに、オリンピックの優勝者はボストンでは勝てないというジンクスがあって、このジンクスは90年大会で93年目にイタリアのジェリンド・ボルディン（88年のソウル大会の優勝者）が優勝するまで破られなかった。

バンデンドリッシュは東京大会でも優勝候補だったが、2時間18分43秒で7位に終わり、アベベはボストンの雪辱を1年半ぶりに果たしたのだった。

**○優勝翌日に自転車レースを応援**

アベベはマラソンで優勝した翌日、エチオピアの選手が出場する自転車個人ロードレースを応援するため、八王子のレース会場に姿を見せた。自転車競技の最後を飾る同レースは、35カ国132選手が参加し、同じところを8周する194・832キロのコースで行われた。

アベベは、「昨日はよく眠れた」と疲れも見せず、エチオピアの4選手に声援を送った。ちなみに、そのうちの一人で22位になったヤマネ・ネガシ・ゲブレマリアムは、2013年10月、四国で行われた自転車レースに、日本とエリトリアの友好のため招待され、49年ぶりに来日している。

エリトリアのエチオピアからの独立は1991年。エリトリア人のヤマネは東京大会当時、エチオピア選手として出場していたのだった。

## ○失くした指輪

前人未到の二連覇を果たしたアベベだが、レース後、大変な失態を犯している。レース中、彼の左手の薬指には大きな指輪が光っていた。これはローマで優勝した時、エチオピアのハイレセラシェ皇帝から授かったものだった。あろうことか、その指輪を彼は紛失してしまったのである。かつての日本なら、まず切腹ものの事態である。

閉会式にもアベベは旗手として参加したが、内心不安が渦巻いていたのではないか。そのまま彼は帰国する。しかし、神は彼を見捨てなかった。選手村の掃除のおばさんが、風呂の清掃時に「ROME1960」と刻まれた立派な指輪を見つけ、届け出たのである。その吉報を受けてアベベが大喜びしたことは言うまでもない。「日本の方々の親切にお礼の言葉もない」という感謝の言葉が寄せられた。

## 39 ベイジル・ヒートリー〜見事だった「後半の追い上げ」〜

東京大会の4カ月前の1964年6月13日、イギリスのポリテクニックマラソン（ウィンザーマラソンとも呼ばれた）で、同国のベイジル・ヒートリーが2時間13分55秒0の世界最高記録を出した。ローマ大会以後、14分台ランナーが4人ほど生まれていたが、13分台は人類初であった。一躍、彼は東京大会の優勝候補に名乗りを上げた。

ただ、オリンピックのマラソンでは世界記録保持者は勝てない、というジンクスめいたものがあった。確かに例外は、36年ベルリン大会の孫基禎《そんきてい》（朝鮮出身であったが、当時朝鮮を統治していた日本の選手として出場）のみであった。

ジンクスと言えば、マラソンでオリンピック連覇はあり得ないというものもあり、それを根拠にアベベは勝てないとする専門家もいた。来日していた、52年ヘルシンキ大会で五千メートル、一万メートル、マラソンの三種目を制覇したチェコのエミール・ザトペックもその一人だっ

円谷を抜いて2位でゴールするヒートリー
（「毎日新聞」1964年10月22日）

た。

しかしアベベは、ヒートリーが世界記録を出す少し前に、アジスアベバでのレースで2時間15分13秒０をマークしていた。同地は２４００メートル以上の高地である。低地に換算すれば、２時間10分を切っておつりがくるような大記録であったが、当時は高地の記録についてあまり注目されなかったようである（ちなみに、４年後、海抜２２００メートルで行われたメキシコオリンピックのマラソンの優勝記録は２時間20分26秒４であった）。

さて、クラークやアベベのハイペースにヒートリーは付かなかった。おそらく自分のペース配分に絶対の自信を持っていたのではないか。テレビで折り返し地点の状況を見ていて、集団の中にえらく勢いのある選手がいるなと子供心にも思ったが、あとでそれがヒートリーであったことが分かった。ピッチ走法のアベベとは対照的なストライド走法である。

ヒートリーは後半徐々に順位を上げていった。30キロを過ぎた辺りだろうか、同じイギリスのキルビーと並んで走りながら、話を交わしていた（もう一人のイギリス選手、ヒルは早々と遅れていた）。おそらく、今何位なのか、というようなことを話し合っていたのではないか。

この時、トップのアベベとはすでに3分以上の差ができていた。それほど開いてしまっていては、自分の走っている位置さえ把握しにくかったに違いない。優勝を狙う彼にとっては致命的なことであった。

ただ円谷までは射程距離に置いていた。30キロでは約1分の差だった。その後、デミシェ、クラークを抜き、35キロでは円谷と30秒の差。40キロの手前で落ちてきたシュトー（ハンガリー）を捉え、15キロにわたって並走してきたキルビーを置き去りにした。

ところで、東京大会のマラソンは折り返しコースだったが、発着点である国立競技場付近では、行きと帰りで若干コースが異なっていた。スタート後、選手は競技場の北口から出て、千駄ヶ谷《せんだがや》門を通って千駄ヶ谷駅前通りを西に向かうが、帰りは千駄ヶ谷門を右に見ながら通り過ぎ、神宮外苑をぐるっと回って、代々木門を経て南口から競技場に入るのである。

千駄ヶ谷門の少し手前の40キロ地点では、円谷との差はまだ15秒あった。ヒートリーはここからの、行きよりも余計に走る2キロほどの区間で、円谷との差をじわじわと縮めた。

国立競技場の手前の定点カメラが2位の選手がやってくるのを待ち構えていた。そこは見通しが悪く（今から思えば霞ヶ丘町交差点辺りであったろうか）、選手の姿が突然テレビの画面に入ってくる。円谷だ。やっぱり2番だ、と喜んだ途端、すぐにゼッケン8番をつけたヒートリーが姿を現した（この時の緊迫感を、私は今でもはっきり思い起こすことができる）。

そして、画面は国立競技場内に切り替わる。円谷のあと15メートルほどの差でヒートリーが入ってきた。一旦は離れたかに見えたが、ヒートリーはバックストレートで一気にスピードを上げ、難なく円谷を抜き去ると逆に15メートルほど引き離してゴールした。

スピードを誇る円谷もなす術がなかった。ヒートリーはイギリス国内ではトラックレースでも実績があり、そもそも余裕度に差があった。優勝こそ逃したが、世界記録を出した実力は本物だった。前半からぶっ飛ばすアベベはもちろん素晴らしかったが、後半徐々に追い上げて2位になったヒートリーもまたカッコよく見えた。

この後しばらく、小学生の間でも「後半の追い上げ」という言葉が、流行語のように使われた気がする。私は妙にこの言葉が気に入って、しまいには人生訓のようになってしまった。それによって救われたこともあったが、そのために時機を逸したことも一再《いっさい》ならずあったように思う。

なお、東京大会以後も、2016年のリオデジャネイロ大会に至るまで、マラソンにおいて世界記録保持者はオリンピックで勝っていない。

## 40 円谷幸吉～国立競技場に唯一人日の丸を上げた男～

日本ほどマラソン好きの国は少ないだろう。辛抱に辛抱を重ねて最後に栄冠を勝ち取る、というドラマ性が、国民性に合っているのか。そもそも、初参加の1912年ストックホルム大会に出場した2選手のうち、一人はマラソンの金栗四三《かなくりしぞう》だった。

残念ながら途中棄権に終わったが、その時金栗が履いていた足袋《たび》は、のちに「金栗足袋」として商品化され、飛ぶように売れた。36年のベルリン大会では、朝鮮出身の孫基禎が金栗足袋を履いて金メダルを獲得し、金栗の無念を晴らした。そんな歴史もあって、円谷の28年ぶりのメダル獲得に日本中が大いに沸いた。

円谷は40（昭和15）年、福島県須賀川《すかがわ》町（現・須賀川市）で生まれた。福島県立須賀川高等学校卒業後、陸上自衛隊に入隊。駅伝で頭角を現したことから、62（昭和37）年に自衛隊体育学校が開校すると、一期生として入校し、東京オリンピックを目指した。

マラソンの銅メダルばかりが称賛された円谷だが、陸上競技の初日に行われた一万メートルでの6位入賞はそれに勝るとも劣らない快挙であった（これもベルリン大会の五千メートルと一万メートルで4位になった村社講平《むらこそこうへい》以来28年ぶり）。何せ4位までがオリンピック新記録という超ハイレベルなレースであったから。

円谷はトップグループからは少し遅れたが、５０００メートルを14分9秒で通過する。前年の東京国際スポーツ大会（プレオリンピック）で自身が出した五千メートルの日本記録14分14秒０（当時）を5秒も上回っていた。ゴールタイムも28分59秒4で、自身がひと月半前に出した日本記録に次ぐ二度目の28分台であった。この時点で、円谷のマラソンでの活躍は約束された感があった。日本の3選手のうち君原は最終選考会の優勝者、寺沢は日本記録保持者であり、円谷は一番プレッシャーを感じにく

35キロ付近を力走する円谷。後ろはシュトー（「毎日グラフ臨時増刊・オリンピック」1964年）

い立場でもあった。

レースは、一万メートル3位のクラークが高速で引っ張る展開になったが、これも円谷に幸いした。トップグループからは遅れたものの、比較的上位の位置を確保できたからである。これに対して、君原、寺沢、イギリス勢は、前半において致命的な後れをとってしまった。

円谷はスピードに加え、距離を踏む練習もしてきていたから、遅れてくる外人選手を一人また一人と追い抜いていった。クラークを捉えたのは30キロ手前である。これで円谷は3位に上がった。35キロで先行していたホーガンが歩き、ついに2位に浮上する。

30キロからイギリス勢らが猛然と追い上げてきたが、円谷は実によく粘った。39キロで、しつこく食らいついていたハンガリーのシュトーを振り切った。追ってくるキルビー、ヒートリーとの差は100メートル。アナウンサーが「円谷の頑張りにはイギリス勢の追い込みも届かないようであります」と興奮して伝えるのを聞いて、子供心にも胸がジーンとしたものである。実際、ヒートリーもレース後、「円谷は見えていたが、追いつけないだろうと諦めていた」と語っている。

この緊迫したつばぜり合いは、甲州街道も終わりに近づいた、新宿駅南口辺りで展開されていた。南口前には大勢の観衆が殺到し、危険を感じた当時の駅長は、新宿駅南口改札口を一時閉鎖する措置をとった。新宿4丁目から明治通りに入り、北参道を左折して千駄ヶ谷駅前通りまで帰ってくると、ヒートリーと円谷の距離は徐々に縮まり、それがヒートリーを勢いづかせた。円谷は競技場内で彼に抜かれ、3位でゴールしたのだった。

円谷は、父親の教えを守って最後まで後ろを振り向かなかったが、振り向いてヒートリーの位置を確認していたなら、と残念がる声もあった。しかし、仮に振り返っていたとしても、おそらく結果は変わらなかっただろう。

〈ザ・ピーナッツの歌った「振り向かないで」（作曲・宮川泰、作詞・岩谷時子）がヒットしたのは、東京オリンピックの2年前、62（昭和37）年のことである〉

むしろ、キルビーやエデレン（アメリカ）、バンデンドリッシュ（ベルギー）などに一度も追いつかせなかった頑張りを評価すべきであろう。一旦追いつかれていたら、経験豊富な実力者ぞろいだっただけに銅メダルの行方は分からなかったに違いない。

東京大会以後、円谷はメキシコでの金メダルの期待を一身に背負った。怪我もあって思うように走れず（恋人との仲を引き裂かれたこともあったようだ）、メキシコ大会の年が明けた正月6日、彼は自衛隊の宿舎で自ら命を絶った。遺書が残されたが、その独特の文章が作家たちの目に留まり、川端康成、三島由紀夫、沢木耕太郎などが感想を文章にしている。

親戚の個々人へ、正月のもてなしに対するお礼を淡々と綴ったあとの、

「父上様母上様　幸吉は、もうすっかり疲れ切ってしまって走れません。何卒　お許し下さい。気が休まる事なく御苦労、御心配をお掛け致し申し訳ありません。幸吉は父母上様の側で暮しとうございました」という最後のくだり。27歳の壮年男子が、父母と暮らしたかったと吐露《とろ》した心中を思うと、今も目頭が熱くなるのを禁じ得ない。

## 41 君原健二〜東京は8位も、メキシコで銀、ミュンヘンで5位〜

大会が始まるまで、日本のマラソン3選手の中で一番期待されていたのは君原健二だろう。前年の東京国際スポーツ大会（プレオリンピック）で日本人最高の2位に入り、本番6カ月前に行われたオリンピック最終予選でも円谷、寺沢を退け優勝していたからだ。

自己記録こそ2時間16分台だったが、その勝負強さからメダルは十分可能と考えられていた。「スピードの円谷」「距離の寺沢」に対して、「根性の君原」と称されたが、一つには苦しそうに首を振りながら走る、その独特のフォームによるものだっただろう。プレオリンピックでは、今にも倒れそうなフォームで競技場に入ってから、ベルギーのバンデンドリッシュを抜き去るという見せ場もつくった。

君原は1941（昭和16）年、福岡県小倉市（現・北九州市）の生まれで、円谷とは学年が同じである。高校時代はインターハイの予選も通らないほどの選手だったが、八幡製鉄（現・新日鉄住金）に入社し、名コーチ・高橋進の指導を受けるようになって力をつけた苦労人でもあった。

しかし、オリンピック本番のレースでは、トップグループの想定外のハイペースもあって実力を発揮することができなかった。折り返しではまだ円谷から20秒ほどの差であったが、強いはずの後半で徐々に離され、ゴールでは、3分以上離されていた（2時間19分49秒0）。40キロを前にクラークを抜いて8位に入ったものの（当時入賞は6位まで）、メダルを期待されていた君原には到底満足できる結果ではなかったようだ。

東京大会のあと1年余り、君原は競技から遠ざかったが、やがて復活を遂げる。66（昭和41）年2月の別府毎日マラソンで3位に入り、4月のボストンマラソンで優勝、翌年のアジア大会でも猛暑の中のレースを制した。メキシコ大会の年を迎え、円谷の死は彼に大きな影響を与えた。円谷の遺志を継いでメキシコで日の丸を揚げると誓った、と彼の著書に見える。

しかし、メキシコ大会の最終予選会を兼ねた、その年の4月の毎日マラソンで、君原は采谷《うねたに》義秋《よしあき》（広島県立竹原高等学校教諭）に最後の争いで敗れ3位に終わる。前年に11分台の日本記録を出して内定の出ていた佐々木精一郎（九州電工）以外の2名が、この大会で選ばれることになっていたので、本来なら1位の宇佐美と2位の采谷となるところ、結果は采谷に代わって君原が選ばれた。

10位で折り返す君原（「日本経済新聞」1964年10月21日夕刊）

前年メキシコで行われたプレオリンピックで、君原は佐々木らを破り、日本人最高の2位に入った。その高地への順応性が評価されたといわれる。メキシコ大会で君原は円谷と采谷の思いを胸に走った。そして、堂々と銀メダルを獲得した。最後の直線でアナウンサーが「まるで夢遊病者のように」と報じたが、まさにそのような君原のもがきぶりであった。

君原はさらに4年後のミュンヘン大会でも代表に選ばれた。開会式で五大陸を代表するランナーとして、ジム・ライアン（アメリカ）、ケイノ（ケニア）、クレイトン（オーストラリア）らと最終聖火ランナーの伴走を務めたが、正に彼のマラソン人生における檜舞台であったろう（テレビの生中継を見ていた私は、このサプライズの演出に、同じ日本人として誇らしく思った記憶がある）。

ミュンヘン大会のマラソンでも君原は5位に入賞する。優勝したのはアメリカの新鋭、フランク・ショーターだった。3位のマモ（エチオピア）と6位のヒル（イギリス）は、8年前の10月21日、国立競技場で一緒にスタートを切った旧知のランナーであった。

## 42 寺沢徹～15位に終わるも、その直後に日本記録を樹立～

寺沢徹は、円谷、君原に比べてスピードに難点があったが、東京大会の時点で、2時間15分15秒8の日本記録を持っていたのは彼であった。1963（昭和38）年2月17日の別府大分毎日マラソンにおいて記録したもので、何とローマでアベベが出した記録を0秒4縮める世界最高記録でもあった。

実は、寺沢は都合4回日本記録を出しており、こんなマラソン選手は後にも先にも寺沢だけである。東京オリンピックの強化選手になってからは、36年ベルリン大会の長距離種目で活躍した村社講平の指導の元、みっちりと走り込んだ。しかし、本番は予想外のハイペースで始まったため、寺沢にとっては苦しい展開となった。

考えてみれば、日本の３選手は三者三様で、どのようなレース展開になっても、誰かがメダルが取れるような、リスクヘッジされた優れた陣容だったと思う。もし、スローペースで始まり、後半勝負のようなレースだったら、おそらく寺沢の元にメダルが転がり込んだのではないか。残念ながら、寺沢は力を出せないまま15位に終わった。しかし、彼は君原と違って、直ぐに態勢を立て直した。

東京大会からひと月半後の12月６日、朝日国際マラソン（現・福岡国際マラソン）に出て、オリンピックの鬱憤《うっぷん》を晴らすがごとく、２時間14分48秒２の日本記録で優勝したのだ。日本人初の14分台であり、自身三度目の日本記録だった。さらに、年が明けた65（昭和40）年２月７日の別府大分毎日マラソンで、２時間14分38秒を出し、日本記録をさらに10秒短縮したのだった（別大マラソンは四連覇）。

円谷（左）、君原と練習中の寺沢（中央）（「毎日新聞」1964年10月20日）

30歳になった寺沢の快進撃はその後も続く。同年６月12日にイギリスで行われたポリテクニックマラソンで、２時間13分41秒で２位に入り、初めて13分台に突入した。これまでの日本記録を更新するものであったが、この時の優勝者は日本の重松森男《しげまつもりお》で、その記録２時間12分０秒は、東京大会のアベベの記録を11秒２更新する世界最高記録であった。東京大会からわずか

8カ月足らず、アベベの偉大と思われた世界記録は意外と寿命が短かったのだ（アベベがローマと東京で出した世界記録は、いずれも日本人によって破られたわけである）。

66年10月30日、ソウル国際マラソンで、寺沢は君原と共に2年ぶりにアベベに挑戦する機会を得た。結果は、アベベには敗れたが君原には競り勝ち2位となった。途中までアベベに付けたことから、アベベの衰えを感じとったと、寺沢はレース後に感想を述べている。

メキシコ大会に出ることはなかったが、長く競技を続け、その間の日本マラソン界のレベル向上に、寺沢は大きな功績を残したと言える。

## 43 ジム・ホーガン～30キロまでアベベを追った男～

アベベが15キロで飛び出した時、クラークはずるずると遅れていったが、ホーガンは10メートル遅れで、10キロ以上もよくアベベを追った。その間、アベベと共にずっとテレビに映っていたから、彼を記憶している人は多いと思う。

しかし、25キロを過ぎて徐々に遅れはじめ、30キロではアベベとの差は40秒に開いた。円谷とはまだ1分のリードがあったが、35キロ辺りでホーガンのペースは急激に鈍り、ついに歩き出す。「ホーガン、歩いた」というアナウンサーの言葉に、大げさでなく日本中が沸きあがった。円谷は歩いているホーガンの横をすり抜けて2位に上がったのである。

ホーガンは間違いなく、円谷の引き立て役として、東京大会のマラソンレースを大いに盛り上げた選手の一人であった（ふがいない敗北者のイメージを日本人に与えたが）。

テレビでは、「エールのホーガン」と伝えていたが、エールとは「アイルランド」のアイルランド語読みである。大会の正式な参加国名はアイルランドとなっていたが、テレビ局では同国の呼び名が統一されていなかったようだ（ちなみに、１９８４年ロサンゼルス大会の男子マラソンで、アイルランドのトレーシーが2位に入ったが、その時には彼の国名として「エール」を耳にすることはなかったと思う）。

アイルランドはイギリス（グレートブリテン島）の隣のアイルランド島に位置するが、同島の北東部はイギリスの領土（北アイルランド）となっている。両国の間には複雑な歴史的経緯があり、長くイギリスの植民地であったアイルランドが、完全に独立するのは１９３８年のことだ。

さて、ホーガンは一万メートルにも出場したが、途中棄権していた。それもあって、マラソンには強い決意をもって臨んでいたのだろう。25キロま

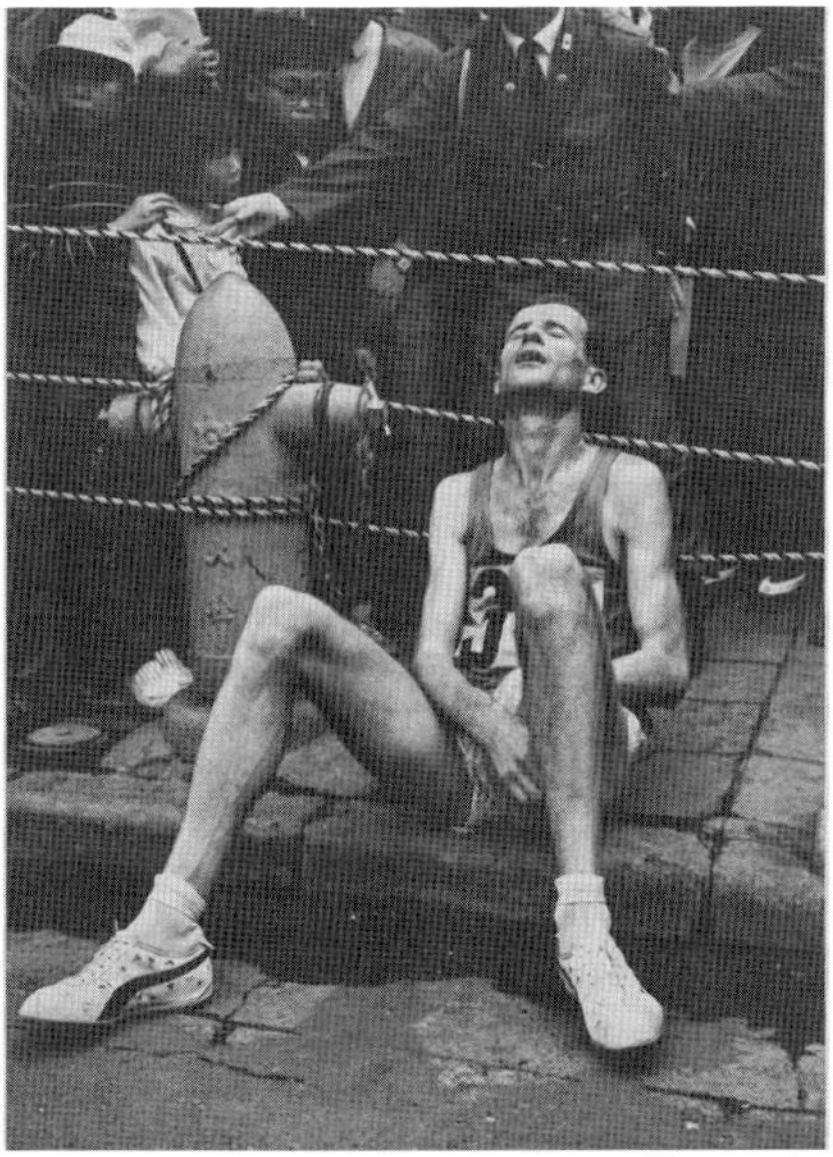
36キロで力尽き路傍に座り込んだホーガン（「アサヒグラフ増刊・東京オリンピック」1964年）

でアベベとほぼ同じタイムで突っ走ったのだから、その走力と精神力は相当なものである。

しかし、前半のハイペースがたたり、35キロを過ぎて精も根も尽き果てた状態に。しばらく歩いたのち、36キロ付近で路傍に腰かけてしまった。周囲の観衆に向かって手ぶりで、飲み物を要求するホーガンの痛々しい姿を、映画『東京オリンピック』のカメラが捉えている。

東京大会から2年後、ホーガンに日本で名誉挽回を図る機会が訪れた。66（昭和41）年11月27日の国際マラソン（現・福岡国際マラソン）に招待されたのだ。その時は国籍をアイルランドからイギリスに移していて、「エールのホーガンではなくイギリスのホーガンとして出場」とマスコミは報じていた。カトリック教徒とプロテスタント教徒が対立した「北アイルランド紛争」が、ちょうど激化していた時期であり、それがホーガンの国籍変更に影響していたのかもしれない。

この年、ホーガンは、三万メートルで1時間32分25秒4の世界記録を出し、ヨーロッパ選手権のマラソンを2時間20分4秒で制していた。一万メートルの自己記録も28分35秒とスピードがあり、優勝候補の筆頭と目されていたのだが、勝利の女神は彼に微笑まなかった。20キロ付近で、寺沢ともつれて二人とも転倒、寺沢は再び走り出して5位に入ったが、ホーガンはそのまま棄権してしまった（優勝はニュージーランドのマイク・ライアン）。

「調子がよかったのに悪いことをした」と寺沢はレース後、ホーガンのことを気遣った。ホーガンもエチオピアのマモ同様、マラソンに関しては、どうも日本との相性がよくなかったようだ。

68年メキシコ大会では1万メートルに出場し、27位に終わったが、これがホーガンのオリンピックにおける唯一の完走となった。晩年彼は、競走馬の飼育を生業とし、アベベより41年も長く生きて、2015年1月10日、81歳で世を去った。

## 〈コラム❹〉キング牧師のノーベル平和賞受賞決定

10月14日、1964年度のノーベル平和賞がアメリカのマーティン・ルーサー・キング・ジュニア（キング牧師）に決定したとの発表があった。4月には、前年のアメリカ映画『野のユリ』に出演したシドニー・ポアチェが、黒人俳優として初めて主演男優賞を受賞し、東京大会でも、多くのアメリカの黒人選手が活躍していたが、アメリカ本国における人種差別は根強いものがあった。

キングは、29年ジョージア州アトランタの生まれ。幼い時から差別に苦しみ、大学卒業後、父と同じバプテスト派の牧師の道に進み、多くの差別事件で抵抗運動を続けた。公民権運動を主導し、63年8月28日に行われたワシントン大行進は参加者が20万人を超える大規模なものとなり、この時キングがリンカーン記念堂の前で行った、人種差別の撤廃と人種の協和を求める演説（I have a dream）は、20世紀のアメリカを代表する名演説とされる。

こうした彼の運動が実を結び、64年7月2日、アメリカは公民権法を制定、法の上での人種差別はなくなったのである。ノーベル平和賞はこれを評価してのものであった。受賞の知らせを受けたキングは、「これは、私に対する個人的な名誉ではなく、わが国全土にわたって、正義の支配と愛の法則を打ち立てようとして、非暴力的な道を追求している何百万もの勇敢な黒人と善意の白人の、規律と英知ある節度、及び偉大な勇気に対する贈り物である」と語った。

しかし、その後も差別自体はなくならず、キングの非暴力抵抗に飽き足らない過激派が暴力的な事件を起こすようになり、黒人解放運動は分裂していった。68年4月4日、39歳のキングは遊説中のテネシー州メンフィスの宿舎で、白人のジェームス・アール・レイに撃たれて死亡する。

ノーベル平和賞受賞の知らせを電話で聞くキング（「読売新聞」1964年10月15日夕刊）

アメリカの黒人社会は深い悲しみに包まれ、葬儀には黒人のみならず多くの白人も参列し、その死を悼んだ。キングが暗殺されて半年後のメキシコオリンピックにおいて、陸上男子二百メートルで金メダルと銅メダルに輝いたアメリカの黒人選手、トミー・スミスとジョン・カルロスが、表彰台で黒い手袋をした拳を掲げ、黒人差別に抗議する示威行為（ブラック・パワー・ソリュート）を行ったことは余りにも有名である。この時、ブランデージＩＯＣ会長は、オリンピックに政治を持ち込んだとして、即刻二人を選手村から追放した。

なお、64年度のノーベル文学賞にはフランスの哲学者、ジャン・ポール・サルトルが選出されたが、彼は、「いかなる人間でも生きながら神格されるには値しない」として受賞を拒否している。

# 水泳

## 44 ドン・ショランダー～「怪童」と呼ばれた名スイマー～

水泳・飛び込み競技は、10月11日から18日までの8日間、国立屋内総合競技場（通称・代々木体育館）のプールで行われた。アメリカが圧倒的な強さを見せ、男女22種目のうち、16種目で優勝、耳にタコができるほどアメリカ国歌「星条旗」が流れた。

水泳競技の圧巻は、何といっても世界最速のスイマーを決める男子百メートル自由形である。優勝したのは、「水の芸術品」と呼ばれた、アメリカの18歳のエール大生、ショランダーだった。レースは前半、アメリカのオースチンとイルマン、イギリスのマグレガーが頭一つ出て、あとは横一線。75メートルからショランダーが、均整の取れた美しいフォームですするすると追い上げ、トップを泳ぐマグレガーを捉えると、逆に1ストロークの差をつけてゴールした。53秒4のオリンピック新記録。マグレガーは53秒5だった。

52秒9の世界記録保持者で「セーヌの水中翼船」の異名を持つフランスのゴトバレスは精彩なく、4位に終わった。彼は、陸上のローランツ同様、「まずは自分の生活を楽しむのが第一」というのが信条で、毎日タバコをひと箱吸い、食事の度にワインを楽しんだが、メダルも逃して、さすがにがっくりと肩を落とした。

四百メートル自由形は、ショランダーと同じアメリカのサーリとの争いと見られていたが、ショランダーが300メートルで抜け出し、2位のウィーガント（ドイツ）を2秒7引き離す、4分12秒2の世界新記録で優勝した。ショランダーは、四百メートルリレーと八百メートルリレーでもアメリカチームのアンカーとして出場して金メダルを獲得。都合4つの金メダルを手にし、一躍、東京大会水泳競技のヒーローとなった。

400m自由形決勝でウィーガントと競り合うショランダー（上）
（「朝日新聞」1964年10月16日）

百メートル、四百メートルの両自由形制覇は、1924年パリ大会のジョニー・ワイズミュラー（アメリカ）以来の快挙であった。ワイズミュラーと言えば、後年、ターザン映画の主役俳優として名を馳せるが、実は、ショランダーにはこの映画に絡んでもワイズミュラーとの縁があった。

映画の「ターザン」シリーズには、ジャングルの川の中で、ターザンが恋人ジェーンと泳ぎ戯《たわむ》れるシーンがたびたび出てくるが、そのシーンで、ジェーン役の女優モーリス・エバンスの吹き替えを行ったのが、水泳選手として鳴らしたショランダーの母親、マーサ・ショランダーだったのだ。その母親にショランダーは9歳から水泳の手ほどきを受けたという。フィクションの世界とはいえ、正に彼はワイズミュラーの「血」を引いていたのである。

ショランダーのおおらかな泳ぎを、「その金髪のようになよなよと美しい」と評した新聞記事があったが、彼は美しい金髪の持ち主だった。当時、私と同じ学年に色白で背が高く、少し髪の茶色い少年がいて、東京オリンピックの水泳競技が始まると、たちまち彼に「ショランダー」というあだ名がついた。おそらく、付けられた本人もまんざらではなかったに違いない。同じく大柄で色白の子が、「フランケン」と呼ばれていたのとは、雲泥の差であった。

〈フランケンとはもちろんフランケンシュタインのことで、19世紀のイギリス小説に由来する怪物だが、65（昭和40）年には『フランケンシュタイン対地底怪獣』という邦画も公開されているから、当時の小学生はその名をよく知っていたのだろう〉

さて、「怪童」の異名がつくほどの強さを見せたショランダーだが、その後の競泳界の記録更新はすさまじいものがあった。2016年リオデジャネイロ大会の女子自由形の優勝記録は、百メートルが52秒70、四百メートルが3分56秒46で、ショランダーの記録を大きく上回っている。

ショランダーは、1968年のメキシコ大会にも出場し、二百メートル自由形で銀メダル、四百メートルリレーで5個目の金メダルを獲得した。引退後は不動産会社を経営。ちなみに、第43代ジョージ・W・ブッシュ大統領とはエール大学の同窓であったという。

## 45 山中毅〜3大会にわたって日本を沸かせた男〜

四百メートル自由形で6位に終わったあとのインタビューで、山中毅《つよし》は、「やめたいと何度思ったかしれない。でも、ぼくが泳がなかったら誰が泳ぐんですか。もう少し若かったらな。四百メートルがとても長かった」と答えている。

しかし、日本国民のほとんどは彼を責めなかったのではないか。それまでの山中の輝かしい戦績は、十分彼らを励まし続けてきたはずである。山中が初めてオリンピックに出たのは、１９５６年のメルボルン大会であった。17歳の高校生ながら、四百メートル自由形と千五百メートル自由形で、オーストラリアのマレー・ローズに次いで堂々2位に入った。

早稲田大学進学後の59年には、二百メートル自由形と四百メートル自由形で世界記録を樹立、古橋、橋爪時代の再来を思わせる活躍を見せた。60年のローマ大会でも、四百メートル自由形でローズに次いで2位、四百メートルリレーでも日本チームの一員として銀メダルを獲得した（千五百メートル自由形は4位だった）。

東京大会では是非金メダルをという思いは、本人にも国民にもあったろうが、山中はすでに25歳で、当時の水泳選手としては峠を

400m自由形決勝を泳ぎ終えた山中（「読売新聞」1964年10月18日夕刊）

越えていた（前年のプレオリンピックでは優勝しているが、強いライバルは不在だった）。優勝した18歳のショランダーに7秒の差をつけられ、敗退したのである。

ところでこの時、かつて山中の好敵手だったローズは、アメリカの放送会社・ＮＢＣの解説者として放送席にいた。彼は山中と同じ25歳で、菜食主義により「不老」の競技寿命を保ってきた。8月2日には、千五百メートルに17分1秒8の世界記録を樹立し、東京大会でも活躍が期待されていたが、国内予選を欠場したという理由で、オーストラリア水連が彼を代表団に加えることを拒否したため、選手としては出場できなかったのだ。

ローズはレース後、「山中は三つのオリンピックで決勝を戦ったが、そのことだけでも大したものだ。水泳選手はいつか華やかな舞台から去らねばならない。私しかり、フレーザーしかり、そして山中も例外ではないのだ」と語った。

実は、もう一人のかつての好敵手、オーストラリアのジョン・コンラッズ（ローマ大会の四百メートル自由形で山中に次いで3位、千五百メートル自由形では優勝）もプールサイドにいて、「山中は立派だった。私はとても嬉しい」と感想を述べている。

さて、山中は四百メートル自由形以外に、八百メートルリレーの予選にもアンカーとして出場した。決勝のメンバーからは外れたが、東京大会の競泳種目で日本唯一のメダル（銅）獲得に貢献したのである。山中は39（昭和14）年、石川県輪島市の生まれ。輪島は古代から海女《あま》漁の盛んな所で、山中の母親も海女をしていたという。出産の直前まで海に潜っていたため、「山中は生まれる前から泳いでいた」との伝説も生まれたらしい。

たびたび（直前のキャンセルで）飛行機事故を逃れる強運の山中だったが、２０１７（平成29）年2月10日、肺炎のため78歳で死去、二度目の東京オリンピックを目にすることはできなかった。ライバルのローズも12年に白血病で世を去っている。

## 46 福島滋雄～写真判定で銅メダル逃す～

男子二百メートル背泳ぎは、当時の年配者にとって思い出深い種目であった。32年前の１９３２年に行われたロサンゼルスオリンピックで、日本はこの種目において金、銀、銅を独占した。金メダルに輝いたのは、当時、名古屋高等商業（現・名古屋大学）の学生だった清川正二《まさじ》。彼はのちにＩＯＣ委員となり、１９７９（昭和54）年から10年間ＩＯＣ副会長を務めている。

さて、そんな日本にとって縁起のいい種目で、一身に期待を集めたのが福島滋雄《しげお》であった。福島は日本大学在学中の21歳で、１８１センチ、75キロと当時の日本人としては恵まれた体格。62年からこの種目で日本選手権を連勝中であり、前年のプレオリンピックでも2位になっていた。

手元にある当時の学習雑誌の付録「4年生のためのオリンピック案内」の、4日目10月13日のページを見ると、「きょうの見どころ」として、「まず、水泳競技で、初めて金メダル選手が生まれることでしょう。それは、二百メートル背泳ぎの決勝に出場する福島滋雄選手です。この日の相手は、アメリカの三選手です。記録は、みんなほとんど同じといえますが、福島選手は、三人の相手にはさまれながらも、勝負強さを発きして、はれの優勝をかちとることでしょう」とある。

子供向けとはいえ、表現が確定的過ぎるが、競泳の個人種目で、一番メダルの可能性が大きかった日本選手は、福島だったかもしれない。実際、福島は準決勝を全体の三番目の記録で通過する。

決勝では、アメリカのベネットと最後まで激しい3位争いを演じ、どちらが先着したか、写真判定による結果が出るまでにずいぶんと時間がかかった。しかし、タッチの差で3位はベネット、残念ながら、福島は4位に終わり、メダルに手が届かなかった。ベネット2分13秒1、福島は2分13秒2。2分11秒9の日本記録を持つ福島が本調子であれば、十分メダルに手が届いただろう。ちなみにこの時、福島は胃腸障害に悩まされていたという。

優勝したグレーフ（左）を追う福島（手前）（「日本経済新聞」1964年10月14日夕刊）

1位はアメリカのグレーフで2分10秒3の世界新、2位もアメリカのデイリーで、32年前に日本がロサンゼルス大会で達成した金・銀・銅独占を、今回日本の地でアメリカにお返しされた格好であった。福島は3日後に行われた男子四百メートルメドレーリレーにも出場し、5位に入賞した。彼は、東京大会後も競技を続け、二百メートル背泳ぎでは、68（昭和43）年まで日本選手権7連勝という偉業を成し遂げた。98（平成10）年6月1日死去。55歳だった。

ところで、88年のソウルオリンピックにおいて、56年ぶりに背泳競技の日本人金メダリストが誕生する。百メートル背泳ぎに出場した鈴木大地（2015年に初代スポーツ庁長官に就任）だ。表彰台で彼に金メダルを授与したのは、32年ロサンゼルス大会で優勝した清川正二であった。

## 47 佐々木末昭～世界記録保持者ロイ・サーリを破る～

千五百メートル自由形は、1908年のロンドン大会から、競泳の最長種目として実施されている。かつては日本の得意種目で、32年のロサンゼルス大会では北村久寿雄《くすお》が優勝、牧野正蔵《しょうぞう》が2位、次のベルリン大会では寺田登が金、鵜藤俊平《うとうしゅんぺい》が銅、戦後日本が初めて参加した52年のヘルシンキ大会では橋爪四郎が2位、次のメルボルン大会では山中毅が銀、そして、何をおいても「フジヤマのトビウオ」の異名を取り、オリンピックのメダルこそなかったものの、世界新記録を連発した古橋廣之進《ひろのしん》の活躍があった。

東京大会には、日本から佐々木末昭《すえあき》、中野悟《さとる》、岩本和行《かずゆき》の3選手が出場した（この種目でローマ大会4位の山中はエントリーしなかった）。その中で、一番期待されたのは佐々木だった。大分県の出身で、中央大学4年の21歳。17分22秒4の日本記録保持者だった。

　東京大会の優勝候補の筆頭は、9月2日に17分の壁を破る16分58秒7の世界新記録を出したアメリカの19歳、ロイ・サーリだった（ローズとの対決が見ものだったが、ローズは欠場）。前年のプレオリンピックにも参加して、中長距離種目で大活躍している。サーリは万能型の選手で、東京大会では千五百メートル自由形以外にも四百メートル自由形、四百メートル個人メドレー、四百メートルメドレーリレー、八百メートルリレーに出場が予定されていた。

　これらすべてに金メダルの可能性があって、そうなればショランダー以上のヒーローとなったはずである。実際「泳ぐ練習より、表彰台に上がる練習をしたほうがいい」というアメリカン・ジョークが、ささやかれるほどであった。だが、14日に行われた四百メートル個人メドレー決勝で、300メートルまでトップであったが、得意のはずの自由形で同じアメリカのロスに抜かれて2位に甘んじ、彼の意外な不調が表面化する。

　続く15日の四百メートル自由形でも、300メートルまではショランダーとトップを争ったが、その後くずれ、ドイツのウィーガントとオーストラリアのウッドにも抜かれて、4位に沈んだ。

予選で力泳する佐々木（上）（「日本経済新聞」1964年10月17日）

さて、千五百メートル自由形の予選で、佐々木はサーリと同じ組になった。快調の佐々木は、日本記録を上回るペースを刻み、なんと９００メートルまでサーリをリードしていた。最後にかわされたが、１着サーリ17分27秒０に対し、２着の佐々木は17分28秒８の僅差。予選の最高タイムは、ウィンドル（オーストラリア）の17分15秒９であった。

10月16日、佐々木は日本からただ一人、千五百メートル自由形決勝に臨んだ。スタートからウィンドルが飛ばし、同じオーストラリアのウッドがそれに続いた。両者は、サーリ、ネルソン、ウッドのアメリカ３選手を徐々に引き離し、１０００メートルでは10メートルの差を付けた。しかし、サーリに追い上げる気配はない。佐々木は、アメリカ勢のうしろで自重してレースを進めた。

１２００メートルを過ぎて猛然とピッチを上げたのはネルソンだった。１３５０メートルでウッドを抜き、最後のターンではウィンドルと体一つの差となる。一方後方では、信じられないようなことが起こっていた。７番目を泳いでいた佐々木が、落ちてきた世界記録保持者サーリを１３００メートルのターンの直前に追い抜いたのだ。

ロイ・サーリの泳ぎ（「日本経済新聞」1964年10月8日夕刊）

結局金メダルは、ネルソンの追い上げをかわしたウィンドルの手に。そして、佐々木は見事６位に入賞、しかもサーリ（7位）を破る大金星を上げたのだった。ウィンドルのタイムは17分1秒7、佐々木は17分25秒3、サーリは17分29秒2だった。

ちなみに、再びこの種目で日本選手が入賞するのは、日本大学の平野雅人が6位に入る32年後のアトランタ大会まで待たねばならなかった。東京大会から53年後の２０１７（平成29）年10月7日、佐々木は、母校大分県立臼杵《うすき》高等学校の創立１２０年記念式典に出席して、東京大会での体験談を語っている。

一番の得意種目でも、全く精彩を欠いたサーリだったが、競泳競技最終日に行われた八百メートルリレー決勝において、アメリカチームの第2泳者を務め、ようやく生涯唯一の金メダルを手にした。東京大会には、サーリの父と弟も、水球のコーチと選手として参加しており、家族の励ましが最後の金メダル獲得に繋がったのかもしいれない。

ところで、サーリのバタ足は、変速の2ビートだったといわれる。その後、多くの長距離泳者が取り入れるこの泳法の先駆者であったわけだ。数年前、私は行きつけのジムのプールでこの泳法を苦労してマスターしたが、確かにエネルギーの消耗が少なくて、私のようなシニアには向いている。

サーリは人類初の16分台スイマーとして歴史に名を残したが、わずか6年後の70年にアメリカのジョン・キンセラが15分台に突入、さらに10年後の80年にはソ連のウラジミール・サルニコフが15分を切った。それから40年近くが経過したが、13分台は、果たしていつ誰の手によって成し遂げられるのだろうか。

## 48 福井誠～「男前」の日本選手団旗手～

開会式で日本選手団の旗手として登場したのは、水泳自由形の福井誠《まこと》であった。島根県浜田市出身の24歳。浜田第二中学時代から本格的に水泳を始めるが、進学した島根県立浜田高等学校は、当初プールがなく、浜田川や江川《ごうがわ》、日本海などで練習したという。

インターハイの二百メートル自由形で優勝し、卒業後は八幡製鉄（現・新日鉄住金）に就職。1960年ローマ大会に出場し、男子八百メートルリレーで日本チームのメンバーとして、銀メダルを獲得しているが、旗手という大役に抜擢《ばってき》されたのは、いかなる理由によるものだったのか。

旗手の選考条件として、①過去のオリンピックのメダリスト②今回入賞の可能性のある者③人格・容姿とも優れた者の三つがあげられたという。旗手に決まったことを聞いて、福井は、

「うそでしょう。本当だとしたら、名誉なことだが大任だ。他に水泳だけでも山中さんら適任者がいるのに、どうして僕なんだろう」と驚きを隠せなかった。

確かに、福井は171センチ、71キロでさほど偉丈夫ではなく、メダルも個人ではなくリレー種目で取ったものである。大島鎌吉選手団長は「彼は立派なスポーツマンで、姿勢がいい」と評価しているが、福井は目鼻立ちがはっきりしたうえ、人柄がよく、すなわち外面と内面の良さから旗手に選任されたようだ。

東京大会でも、福井は八百メートルリレーのみの出場（第1泳者）となった。この種目は、

１９０８年のロンドン大会から実施され、競泳のリレーとしては最も古く、かつ最も盛り上がる種目でもあった。日本はこの種目に初出場した24年のパリ大会こそ4位だったが、続く28年アムステルダム大会では2位、32年ロスアンゼルス大会と36年ベルリン大会では優勝。戦後も52年ヘルシンキ大会と前回60年のローマ大会で2位に入っていた。

さて、日本は、10月17日に行われた予選をドイツに次いで8分10秒４の2位で通過した。全体では、アメリカが1位（８分９秒０）、ドイツが2位（８分９秒７）、スウェーデンが3位（８分10秒３）で、日本は４番目だった。

表彰式で銅メダルを授与される日本チーム。前から2人目が福井
（「毎日新聞」1964年10月19日）

決勝は18日、水泳競技の最終日の最終種目として行われた。この日まで競泳における日本のメダルはゼロ。国民の最後の期待を４人で担ってのスタートとなった。決勝を前にしたインタビューで、福井は「米国とドイツは強い。（３位は）日本と豪州のどちらかだと思うんですが、相手にはウィンドルという切り札がいるんです」と答えているが、その通りのレース展開となる。

日本は、福井、岩崎邦宏《くにひろ》、庄司敏夫、岡部幸明《ゆきあき》のオーダーで、予選でアンカーを泳いだ山中毅に代えて岡部を投入した。素晴らしいスタートを切った福井は、アメリカのクラークに食らいついて2位で岩崎へ、岩崎も2位を死守するが、庄司がドイツのウィーガントに抜かれて3位に落ち、アンカーの岡部はオーストラリアの千五百メートル自由形の優勝者、ウィンドルに迫られる。

「逃げろ、逃げろ、逃げた！」とスタンドの観客は大騒ぎ。結局、日本は8分3秒8の日本新記録で、見事銅メダルを獲得したのであった。アメリカは驚異的な7分52秒1の世界新記録、日本と4位オーストラリアの差は、1秒9であった。その後、このリレー種目で、日本は長く表彰台に上がれず、再びメダルを獲得するのは、52年後の２０１６年リオデジャネイロ大会のことである（銅メダル）。

閉会式、福井は晴れて再び旗手を務めるが、リハーサル通りにはいかなかった。各国旗手の入場したあと、選手たちが整然と行進する予定であったが、各国選手団が入り乱れて登場し、旗手として一番後ろを歩いていた福井は、たちまち彼らに担ぎ上げられてしまったのである。彼にとってはうれしい誤算であったろう。１９９２（平成４）年10月18日病没。52歳という若さだった。

## 49 鶴峯治～20歳から水泳を始めた遅咲きの花～

男子二百メートル平泳ぎは、戦前から日本の得意とする種目だった。１９２８年のアムステルダム大会では鶴田義行《つるたよしゆき》が優勝、続くロサンゼルス大会でも鶴田が1位、小池禮三《れいぞう》が2位、36年のベルリン大会では葉室鐵夫《はむろてつお》が優勝、小池が3位、戦後の56年メルボルン大会で古川勝《まさる》が優勝、吉村昌弘《まさひろ》が2位（古川も吉村も潜水泳法で、ほとんど水面に姿を現さなかった。直後にこの泳法は禁止になっている）、そして前回のローマ大会でも大崎剛彦《よしひこ》が2位となり、日本は毎回のようにメダルを獲得していたのである。

東京大会には、鶴峯治《つるみねおさむ》（海上自衛隊）、松本健次郎、敷石義秋《しきいしよしあき》の3名が出場した。一番期待されていたのは、2分32秒5の日本記録を持つ松本で、予選4組の1着で通過。鶴峯と敷石もそれぞれの組の2着で準決勝へ進んだ。準決勝では、松本と敷石は2組の5着、6着で敗退し、意外にも1組で4着に入った鶴峯だけが決勝に進んだのだった。

この種目では、東京大会前にアメリカのジャストレムスキーとソ連のプロコペンコが世界記録争いをしていた。開会式の前日、二人は代々木体育館のプールで顔を合わし、言葉を交わした。互いに「あなたが一番、私が二番」と謙虚に健闘を誓い合い、「米ソ冷戦は感じられない」と新聞報道されている。しかし、本番では思わぬ伏兵に金メダルをさらわれる展開となる。決勝レースは、プロコペンコの飛び出しで始まった。女子のこの種目で同じソ連のプロズメンシコワが金メダルを取っていたから、自分もそれに続こうという思いが強かったのだろう。前半の百メートルを1分9秒2の素晴らしいタイムで通過し、2分28秒2の世界記録を持つアメリカのジャストレムスキーとオーストラリアのイアン・オブライエンに2メートルの大差をつけた。

この時点で勝負あったかと思われたが、175メートルを過ぎてプロコペンコのスピードががくっと落ち、逆にオブライエンのピッチが上がって、ゴール前5メートルでまさかの逆転。優勝タイムは2分27秒8の世界新で、2位プロコペンコとの差はわずか0秒4であった。

オブライエンは、まだ17歳の高校生だったが、大会前に急速に力をつけてきていた。オーストラリアは男子二百メートル平泳ぎで初めて金メダルを獲得した。ジャストレムスキーは3位。米ソ両大国が、オーストラリアに敗れたのであった。

この白熱した戦いの後方で、鶴峯は自分のレースを展開していた。一旦は8位に落ちたものの、最後は盛り返して2分33秒6の記録で6位に入賞したのである。鶴峯は、鹿児島県出身の23歳で、海上自衛隊の所属であった。当時の水泳選手として23歳は決して若くはなかった。しかも、鶴峯の場合、水泳を始めたのがわずか3年前、自衛隊に入ってからだったというから驚きである（その時は、カナヅチ同然だったともいわれる）。年に8秒ずつ記録を縮めての快挙であったが、正に遅咲きの花の典型であろう。

東京大会後に日本大学に入学、68年メキシコ大会に出場したあと引退し、広島・尾道高等学校、中京大学で後進の指導に当たった。鶴峯は指導者としても才能を発揮する。72年ミュンヘン大会百メートル金メダルの田口信教《のぶたか》や、元百メートル及び二百メートル平泳ぎ日本記録保持者の高橋繁浩《しげひろ》を育て

熾烈な優勝争いを展開するオブライエン（手前）とプロコペンコ
（「朝日新聞」1964年10月16日）

上げたのだ。

ちなみに、平成の名スイマー、北島康介《こうすけ》が二百メートル平泳ぎで最初の金メダルを取るのは、東京大会から40年後の２００４年アテネ大会のことである。翌05（平成17）年２月２日、鶴峯は肺炎のため73歳で死去した。

## 50 門永吉典～若さで6位入賞をつかみ取った高校生～

バタフライがオリンピック種目に加わったのは意外に新しく、１９５６年のメルボルン大会からである。男子二百メートルバタフライとして実施され、日本はいきなり石本隆（日本大学）が銀メダルを獲得した。60年のローマ大会では、自由形、背泳、平泳ぎ、バタフライによる四百メートルメドレーリレーが初めて正式種目となり、日本は3位に入っている。

ふつうの小学生にとって、クロール、背泳ぎ、平泳ぎまでは何とか独学でこなせても（当時、私の小学校にはまだプールが無かったから、独学する場所といっても、近くの河川に設けられた仮設プールか銭湯ぐらいであった）、バタフライだけはちゃんとした指導を受けなければ、マスターできなかった。それだけに、オリンピック選手の洗練されたバタフライフォームは、我々に憧憬《しょうけい》の念を抱かせたものである。

もっとも、バタフライは平泳ぎから派生して生まれた泳法で、もともと独立して編み出されたのではないのだそうだ。平泳ぎの選手の中に、バタフライ的な腕の掻きをする選手が出てきて、それが広まったことから、別の種目として独立し、ドルフィンキックはその後考案されたらしい。

さて、東京大会では男子二百メートルバタフライに、日本代表として佐藤好助、大林敦《あつし》、門永吉典《かどながよしのり》の3選手が出場した。一番期待されていたのは、2分11秒6の日本記録を持つ佐藤だったが、佐藤は大林と共に準決勝で落選、決勝に進出したのは一番若い門永のみであった。

門永は、山口県の出身で、山口県立柳井商工高等学校の3年生だった。それまでの自己記録は、2分14秒5であったが、本番の準決勝では2分12秒3にまで縮める。やはり、若さの勢いは計り知れないものがある。

〈舟木一夫がデビュー曲「高校三年生」でレコード大賞新人賞を受賞したのは、東京オリンピックの前年、63（昭和38）年12月27日のことである〉

決勝は、アメリカのロビー、シュミット、リカーとオーストラリアのケビン・ベリーとの争いとなった。序盤、アメリカの3人が飛び出したが、125メートルからベリーがピッチを上げ、先行するアメリカ勢を抜いてゴールした。記録は2分6秒6の世界新記録だった。

ベリーは、ローマ大会にも15歳で出場し、日本の吉無田春男《よしむたはるお》に次いで6位に入っている。その後、アメリカ留学してぐんぐん力をつけ、176センチ、71キロと大柄ではないが、大会前から世界新記録を連発して、本命中の本命だった。

決勝での門永は、さすがに世界記録ペースの上位には離されたが、１００メートルを7位で折り返したあと、１５０メートルのターンからのスパートで、オーストラリアのヒルを抜き、２分12秒６の記録で6位入賞を果たしたのだった。ちなみに、女子百メートルバタフライでは、高橋栄子（別府大）が決勝に進出し、１分9秒1の記録で7位に入った。

東京大会ではバタフライ種目にメダルのなかった日本だが、72年ミュンヘン大会で青木まゆみが、女子百メートルバタフライで金メダルを獲得。男女の二百メートルバタフライでは、２００４年アテネ大会で山本貴司《たかし》が銀、中西悠子が銅、08年北京大会で松田丈志《たけし》が銅、12年ロンドン大会で再び松田が銅、星奈津美が銅、16年リオデジャネイロ大会で坂井聖人《まさと》が銀、星が再び銅と、連続してメダル奪取が続いている。

## 51 ドン・フレーザー～オリンピック水泳史上初の三連覇を達成～

女子百メートル自由形の見どころは、何といってもオーストリアのドン・フレーザーが、メルボルン、ローマに続いて三連覇を達成するかどうかという一点にあった。彼女はすでに27歳。当時のスイマーとしては常識外れに年を取っていた（選手仲間からは「グラミー（おばあちゃん）」というあだ名で呼ばれていた）。

しかし、1962年に女性で初めて1分を切った彼女は、その後も衰えを見せず、東京大会の半年前には58秒9にまで記録を伸ばしていた。最大のライバルは、進境著しいアメリカのスタウダーだった。彼女は15歳。フレーザーのほぼ半分の年齢である。準決勝で二人は同じ組になり、フレーザーは1分を切る59秒9で、2位のスタウダーを1秒5引き離して貫禄をみせた。

決勝もフレーザーの楽勝かと思わせたが、あにはからんや大接戦となった。フレーザーとスタウダーは、他の選手を僅かにリードし、ほぼ同時に50メートルのターンにかかる。ここで、スタウダーはとんぼ返りのクィックターンを見せたのに対し、フレーザーは昔ながらのオーソドックスなターン。

〈ターンと言えば、オリンピックを目指す女性スイマーを描いたテレビドラマ『金メダルへのターン』を思い出す。70（昭和45）年から71年にかけて放映され、梅田智子扮する主人公が、得意の「飛び魚ターン」で空中を飛び、先行の選手をみんな追い抜いてしまうシーンは、バカバカしいと思いつつも、毎週見入ったものである〉

スタウダーとの激戦を制したフレーザー（「毎日グラフ臨時増刊・オリンピック」1964年）

さて、75メートルあたりで、一旦フレーザーが出たかに見えたが、90メートルで再び二人は並ぶ。

あと5メートルでフレーザーが頭一つ出て、そのままゴールタッチ、辛くも逃げ切って三連覇を果たした。フレーザーの優勝タイムは59秒5、スタウダーも59秒9で、女性で2人目の1分切りスイマーとなった。

173センチ、69キロのフレーザーは、正に「水の女王」の風格を備えていたが、表彰台では涙を見せた。8カ月前の自動車事故で同乗の母親を失っており、亡き母のことがふと頭によみがえったのかもしれない。

金メダルをつかむ左手の薬指にはエンゲージリングがはめられていた。彼女には実業家の婚約者がいて、優勝後のインタビューで「金メダルはフィアンセへの最大の贈り物」と答えている。

フレーザーは百メートル自由形に勝ったあと、四百メートル自由形にも出場した。しかし、さすがに年齢的にも疲れが出たのか、決勝ではデュンケル、ラメノフスキー、ステイクルズのアメリカ3人娘に敗れ、4位に終わった。

一方のスタウダーは、万能性を発揮し、百メートルバタフライ、四百メートルリレー、四百メートルメドレーリレーに出場し、すべて世界新記録で金メダルを手にした。百メートルバタフライでは優勝候補の筆頭だったオランダのアダ・コックを破っての快挙だった。

ところで、フレーザーは大会中にちょっとした不祥事《ふしょうじ》を起こす。閉会式前夜、酔った勢いで、男子選手らと皇居に掲揚されていた五輪旗を取ろうとしてポールによじ登り、そこを警察官に見つかって所轄署に連行されたのだ。お土産にしようとしたらしいが、彼女には元々おきゃんなところがあったようで、45年後の２００９年、オーストラリアの彼女の自宅に強盗が入った時、71歳のフレーザーは臆することなく、強盗の股間を蹴り上げて見事撃退したという。

## 52 クリスチーヌ・キャロン〜敗れたパリジェンヌ〜

フランスの16歳の水泳選手、キャロンが来日すると、日本のマスコミは彼女を追い掛け回した。それは、彼女が女子百メートル背泳の優勝候補であり、前年のプレオリンピックにも出場して（二百メートル背泳で田中聡子《さとこ》に次いで2位だった）日本ではお馴染みだったこともあろうが、第一の要因は彼女のルックスがキュートだったからに相違ない。本国では「キキ」という愛称で週刊誌のカバーガールにもなるぐらいだった。性格もお茶目で、愛嬌を振りまき、選手村の交流施設、インターナショナル・クラブではすぐに一番人気となった。

連日のように彼女の写真が新聞紙上に取り上げられたが、折しも、東京大会開幕の直前にカトリーヌ・ドヌーヴ主演のフランス映画『シェルブールの雨傘』が公開されており、また、シルヴィ・ヴァルタン主演の『アイドルを探せ』も大ヒットしていたから、フランス女性に対する関心の高まり（特に世のお父さんたちの）もあったのだろう。

キャロンは、パリの街から少し南に離れたモンルージョのマンションで、両親と姉2人、弟3人の

7人で暮らし。パリ郊外のラ・フォンテーヌの中学に通い、有名なブローニュの森にあるプールで練習するという、日本人にとっては憧れの環境に身を置いていた。「パリジェンヌ」という言葉を、私はキャロンの記事を通じて、初めて知ったように思う。

13日に行われた女子百メートル予選で4組に登場したキャロンは、1～3組でそれぞれトップだったアメリカの3選手の記録を上回る1分8秒5のオリンピック新記録で決勝に進んだ。マスコミは彼女の優勝を信じてますます過熱し、そうなれば彼女は間違いなく東京大会のヒロインの一人になっていたであろう。

さて、翌14日の決勝。50メートルのターンは、世界記録保持者のデュンケル（アメリカ）、キャロン、ファーガソン、田中聡子などがほぼ同時であった。そこから、ファーガソンが早いピッチでわずかに抜け出す。それをキャロンは懸命に追ったが、ついに届かなかった。ファーガソン1分7秒7、キャロン1分7秒9。ともに世界新記録で、3位のデュンケルも1分8秒0で泳ぎ、自己の持つ1分8秒3の世界記録を更新した。

優勝したファーガソンはキャロンと同じ

練習を終え明るさを振りまくキャロン
（「毎日新聞」1964年9月29日）

16歳。そばかすのある、あどけなさの残る風貌が、いかにもアメリカ少女風で印象に残った。白人は色素の関係でそばかすができやすく、女性の場合はそれがかえって魅力となって、「そばかす美人」という言葉は日本でもよく耳にした。

私などは、そばかす美人と聞けば、ジョアンナ・シムカス、マドレーヌ・ジョベールといった映画女優の名がすぐ頭に浮かぶが、近年、そばかすは「しみ、そばかす」とひとからげにして、忌み嫌われる存在のようだ。「そばかす美人世代」としては、はなはだ残念というほかはない。

〈顔中そばかすだらけの少年・アルファルファが活躍するアメリカのテレビドラマ『ちびっこギャング』が始まったのは1961（昭和36）年のことである〉

さて、敗れたキャロンは、表彰式の際、涙にくれるファーガソンの腕をそっと支える姿が話題になったものの、現金なもので、その後マスコミが彼女を取上げることは余りなくなった。

百メートル自由形に出場したスウェーデンのハクベリ（やはり16歳だった）も「水の妖精」と称されるほどの美少女で、前年のプレオリンピックで優勝した時には、「彼女の住所を教えてください」という問い合わせが新聞社に殺到するほどだったが、東京大会では7位に終わったため、ほとんど話題にならなかったようだ。

引退後のキャロンは、その美貌と愛嬌のある性格を生かして女優の道に進み、アラン・ドロン主演で日本でも公開されたフランス・イタリア合作映画『太陽が知っている』（69年）のほか、何本かの映画に出演したという。

## 53 田中聡子～敬服に値するベテランの粘り～

田中聡子《さとこ》は、東京大会の水泳競技で一番期待された日本の女性選手であったろう。大会前から「サトコ」というカタカナで彼女の名が新聞の見出しにたびたび載った。長崎県佐世保市出身。筑紫《ちくし》女学園高等学校2年生の時、二百メートル背泳ぎで世界新記録を打ち立て、一躍注目を浴びた。1960年、18歳で迎えたローマオリンピックでは、百メートル背泳ぎに出場し、見事銅メダルを獲得した。記録は1分11秒4で、3位から5位まで同タイムという接戦を制してのメダルだった。

高校卒業後、八幡製鉄（現・新日鉄住金）に入社。東京オリンピックを目指すことになるが、今度は金メダルをという声が当然のように高まった。それに応えようと、彼女は会社の屋外プールで、連日勤務した後に猛練習を繰り返した。しかし、世界は長足の進歩を遂げていた。

東京大会の前年に行われたプレオリンピックで、田中は強敵キャロン（フランス）を下して優勝したが、種目は得意とする二百メートル背泳ぎだった。オリンピックでは女子背泳ぎは、まだ百メートルしか行われていなかった。同種目では1分9秒台の田

決勝レースを終え引き上げる田中（「日本経済新聞」1964年10月13日夕刊）

中に対して、キャロンをはじめ外国勢は、1分8秒台を連発していた。

だから東京大会で、22歳の田中は、期待されながらも苦戦が予想されていたのだ。ライバルたちはいずれも15、6歳、体も158センチの田中に比べると大柄で、若さと体力があった。予選1組に登場した田中は、アメリカのハーマーに0秒2差の1分10秒0で2位に入った。予選は通過したものの、2組～4組は、デュンケル（アメリカ）、ファーガソン（アメリカ）、キャロンが、それぞれ1分8秒9、8秒8、8秒5のオリンピック新記録でトップを取り、田中の記録は全体の6番目、このままではメダルはおろか入賞すら危ぶまれた。

田中はレースの終わったプールに戻り、かなりハードなトレーニングを行ったという。そして迎えた翌14日の決勝。50メートルまでは8人がほとんど横一線。75メートルで、ファーガソン、キャロン、デュンケルの3人が飛び出すが、田中も必死に食らいつく。

着順は1位ファーガソン1分7秒7、2位キャロン1分7秒9、3位デュンケル1分8秒0で3人とも世界新記録、田中は惜しくも4位となったが、自らの記録を0秒8も短縮する1分8秒6の日本新記録だった。メダルこそ逸したが、予選から1日で態勢を立て直し、アメリカの一角を崩した力泳ぶりは、正に称賛に値するものであった。

ロープ越しに健闘をたたえ合う上位3人に対し、田中はコース半分ぐらいをゆっくりと泳いだあと、プールサイドに上がり白いガウンを纏《まと》って引き上げた。その姿にスタンドから惜しみない拍手が送られたのだった（会場のはずれでは、決勝に残れなかった妹分の木原美知子が、そっと涙を拭っていたという)。

田中は東京大会のあと引退して結婚、子育てをしながら、ぜんそく児のための水泳教室を開くなど、水泳の普及に努め、また自らもマスターズ大会で泳ぎ続けた。

## 54 木原美知子～選手からタレントに転身～

東京オリンピックで木原美知子《みちこ》は日本の女子選手として、数少ないアイドル的存在だった。16歳という若さと、167センチ59キロのすらりとした体、そして可愛らしいルックスで「ミミ」という愛称とともに人気を博した。フランスのキャロンが「キキ」と呼ばれていたから、彼女に対比されるような存在だったのだろう。

自由形、バタフライ、背泳ぎ、個人メドレーと何でもこなしたが、東京大会では、個人種目としては百メートル背泳ぎに絞って出場した。予選は、デュンケル(アメリカ)と同じ1組となり、彼女に次いで2着になったが、記録は1分11秒1で決勝には残れなかった。

しかし、16日に行われた女子四百メートルメドレーリレー予選の1組に、日本チームの最終泳者(自由形)として出場し、日本はアメリカに次いで2着、4分40秒6の日本新記録を出した。翌日の決勝ではメダルこそ逃したものの、アメリカ、オランダ、ソ連に次ぐ4位となり、見事入賞を果たしたのだった。この時のメンバーは、背泳・田中聡子、平泳ぎ・山本恵子、バタフライ・高橋栄子、自由形・木原である。

木原は1948（昭和23）年、兵庫県明石市の生まれだが、育ったのは岡山県岡山市であった。東京大会に出場したのは、岡山山陽女子高等学校1年の時で、日本大学進学後も競技を続けた（同じ岡山に育ち、やはり日大に進んだアスリートにマラソンの有森裕子《ありもりゆうこ》がいるが、二人の顔立ちはとてもよく似ている）。

1967（昭和42）年に東京で開催されたユニバーシアード大会に出場し、百メートル自由形と四百メートル自由形で銅メダルを獲得、同年のメキシコプレオリンピックでは、百メートル自由形で優勝、二百メートル自由形で2位に入っている。

しかし、木原はメキシコ大会を前にあっさりと選手生活にピリオドを打つ。ルックスの良さを生かし、東レの水着のモデルをするなどタレント業に転身。その後テレビにも進出し、『連想ゲーム』のレギュラー回答者や『クイズＤＥデート』の司会などでも活躍、ＮＨＫ大河ドラマ『おんな太閤記』に出演するまでになる。

芸能界以外でも、水泳教室の運営や、各種スポーツ団体の役員など幅広い分野で才能を発揮した。2007年10月13日、神奈川県平塚市で親子水泳教室の指導中に倒れ、救急搬送された。一旦は意識

本番に向け練習に取り組む木原（「毎日新聞」1964年9月15日）

がもどったが、同月18日にくも膜下出血を発症し、死去した。59歳の若さだった。

## 55 ガリナ・プロズメンシコワ～ソ連に水泳で初の金メダルをもたらす～

プロズメンシコワが女子二百メートル平泳ぎに優勝した時、ソ連の応援団は沸きに沸いた。というのも、ソ連がオリンピックの競泳競技で初めて取った金メダルだったからである。

ソ連がオリンピックに初めて参加したのは、１９５２年のヘルシンキ大会だった。帝政ロシア時代には三度参加しているが、17年のロシア革命でソ連が成立して以降は、国民の出国を制限したため、長らくオリンピックにも不参加の状態が続いていたのだった。

ところが、初参加のヘルシンキ大会で、ソ連はいきなりアメリカに次ぐ金メダルを獲得してしまう。その後もオリンピックを国威発揚の場ととらえ、続くメルボルン大会ではアメリカを退け、前回ローマ大会でもトップを維持。しかし、競泳競技だけは金メダルが取れていなかったのだ。それをまだあどけなさの残る15歳10か月の少女が成し遂げたのであるから、ソ連応援団が大喜びするのは当然であった。

レースは、スタートから同じソ連のハバニナが飛び出したが、プロズメンシコワは50メートルで追いつき逆転、１６９センチ、71キロの体格（彼女の父親は重量挙げの選手だった）を生かした大きな泳ぎで差を広げ、最後の25メートルでアメリカのコルブが激しい追い上げを見せるが、危なげなく逃げ切った。２分46秒４のオリンピック新記録。

この日、ソ連は３人乗り宇宙船の打ち上げに成功し、プロズメンシコワは選手村で行われた同国の優勝祝賀会で、「打ち上げ成功に勇気づけられた。金メダルを宇宙に捧げたい」と語った。

女子二百メートル平泳ぎは、当時の年配の日本人にとって忘れられない思い出があった。36年のベルリン大会で、前畑秀子がこの種目で金メダルを獲得しているのだ。ＮＨＫの河西三省《かさいさんせい》アナウンサーの「前畑がんばれ！前畑がんばれ！」と連呼するラジオの実況放送は語り草になっていた。

しかし、東京大会では、山本憲子《のりこ》と森実芳子《もりざねよしこ》の２人が出場したが、いずれも予選を通ることができなかった。

女子二百メートル平泳ぎで、再び日本選手が金メダルを取るのは、前畑から56年後の92年バルセロナ大会においてである。立役者は14歳の岩崎恭子《きょうこ》であった。中学生が金メダル、と大騒ぎになったが、プロズメンシコワも、東京大会前年のプレオリンピックに14歳でこの種目に出場して優勝をさらっている。

プロズメンシコワは、４年後のメキシコ大会では百メートル平泳ぎで2位、二百メートル平泳ぎでは3位となり、次のミュンヘン大会にも出場して前回同様、両種目でそれぞれ銀メダルと銅メダルを獲得した。デ

予選では2位だったプロズメンシコワ（「毎日新聞」1964年10月12日夕刊）

ビューが早かった分、三つのオリンピックで活躍したが、世を去るのもまた早かった。2015年7月19日死去、66歳だった。

## 56 イングリット・エンゲル・クレーマー
## ～統一ドイツの旗手に選ばれた飛込み選手～

10月12日、水泳競技のトップを切って行われたのは、女子飛板飛込みであった。優勝したのは、ドイツのイングリット・エンゲル・クレーマーで、その妙技は、「マリのようにはずみ、ネコのようにしなやか」と謳われた。145点を上げ、2位を6点以上引き離す圧勝だった。

彼女は、ローマ大会でもこの種目と高飛び込みの2種目に優勝しており、東京では両種目とも優勝候補の筆頭に挙げられていた。しかし、高飛び込みでは、アメリカの17歳の高校生、レスリー・ブッシュに敗れて銀メダルに終わり、2種目での二連覇は果たせなかった。

クレーマーは、160センチ、55キロと均整の取れた体に金髪美人でもあったので、何かにつけ写真が新聞紙上に載った。まだ21歳の東ドイツ・ローストック大学の学生だったが、前年に大学の同級生の重量挙げ選手と結婚していたため、クレーマー夫人またはエンゲル夫人と表記している新聞記事もあった。

この頃まで、外国の既婚女性選手に「夫人」、未婚女性選手には「嬢」を付けることが多かったようだ。１９４８年ロンドン大会の陸上競技で４つの金メダルを取ったオランダのクン夫人は、日本でも有名であったが、彼女は、オランダ選手団の役員として東京大会に元気な姿を見せている。

飛板台に立つクレーマー
（「毎日新聞」1964年10月11日夕刊）

さて、クレーマーは、東京大会でイギリスのアニタ・ロンズブロー、アルゼンチンのジャネット・ペペとともに女性初の旗手を務めた。東西ドイツは、東京大会に統一ドイツチームとして参加したが、開会式の旗手を誰にするか、大会前に両国のオリンピック委員会の間で協議された。

東ドイツ側は、これまで東西交代で旗手を出しており、今回は東の番であると主張、一方西ドイツ側は、参加選手中、過去に最も金メダルを多くとった選手を選ぶべきで、それでいくと、西ドイツの馬術のハンス・G・ウィーンクラーが該当すると主張した。

双方意見が分かれたが、最終的には西ドイツが譲歩して、東ドイツから選ぶことになり、ローマ大会で二つの金メダルを取ったクレーマーに白羽の矢が立ったのだった。彼女の持つ統一ドイツの旗は、黒、赤、金の横三色の中央に五輪を入れた特別のデザイン。表彰式でもこの旗が掲揚され、国歌の代わりにベートーベンの交響曲第九番の「歓喜の歌」が流された。

ところで、オリンピックで統一ドイツチームが編成されたのは、東京大会が初めてではなかった。第2次世界大戦の敗戦国であるドイツは、1949年にドイツ連邦共和国（西ドイツ）とドイツ民主共和国（東ドイツ）に分裂した。52年ヘルシンキ大会には西ドイツだけが参加、その後、東ドイツも参加の意向を示したため、56年メルボルン大会では統一ドイツとしての参加が実現した。60年のローマ大会でも同様の形で参加し、東京大会は実は三度目の統一ドイツチームだったのだ。

といっても、この間、東西ドイツの融和が進んでいたわけではない。ローマ大会後の61年、東ドイツの首都ベルリン（東ベルリン）と西側諸国が占拠していた西ベルリンの間に有名なベルリンの壁がつくられている。東京大会を最後に、68年メキシコ大会から88年ソウル大会まで統一ドイツチームは結成されず、東西ドイツは別々に参加した。

89年11月9日、東欧革命の進行によってベルリンの壁が崩壊、90年に東西ドイツは統一された。そして、92年バルセロナ大会では晴れて、一つの国のドイツチームとして参加するのである。クラマーはメキシコ大会に東ドイツ選手として出場し、飛び板飛び込みで5位に入賞した。その後引退し、ダイビングコーチに就任するが、ドイツ統一後に失職し、銀行員として働いたといわれる。

東京大会の飛び込み競技に、日本は男女9名が出場したが、馬淵《まぶち》かの子（倉敷レーヨン）の7位（女子飛板飛込み）が最高であった。馬淵は、18歳の時、旧姓の津谷でメルボルン大会に出場し、続くローマ大会にも連続出場している。ローマ大会後に結婚。ちなみに、84年ロサンゼルス大会の高飛び込みで9位となり、その後タレントに転身した馬渕よしのは、彼女の娘である。

## 〈コラム❺〉ソ連のフルシチョフ首相が突如辞任

10月16日の各紙夕刊に、フルシチョフ・ソ連第一書記兼首相が辞任（失脚）した旨の記事が大きく載った。10月12日、フルシチョフが不在中に開かれたソ連共産党拡大幹部会において、フルシチョフ解任が決議され、翌日モスクワに戻ったフルシチョフは、幹部会から辞任を要求され、やむなく辞任願に署名したのであった。

解任の理由は、経済政策、外交政策の失敗、恣意的で独裁的な政治手法への批判などであったという。超大国のトップの突然の辞任に世界は驚き、東京大会に参加していたソ連選手の間にも動揺が広がったようだ。わずか3日前には宇宙船の打ち上げ成功に沸いた彼らは（フルシチョフ自身も、宇宙船内の飛行士たちと電話で和やかに会話を交わしていた）、一転して不安の顔色に変わったのである。

ほとんどの選手は何を聞いても「ノーコメント」であったが、重量挙げバンタム級優勝のワホーニンは、「フルシチョフ首相もよく働いたので、ここらで一休みするのだろう」と答えている。17日、入院中の池田首相は、「ソ連の指導者の交代は大きな問題だが、平和共存政策の大筋は変わるまい」

という見解を述べた。

フルシチョフは1953年、スターリンの死に伴い、彼の後を継いで第一書記兼首相の座に就いた。就任数年後には「スターリン批判」を行い、アメリカのアイゼンハワー大統領と友好関係を築いて、冷戦時代に一時の「雪解け」をもたらしたが、一方で中ソ対立を生み、62年のキューバ危機では、J・F・ケネディが大統領となっていたアメリカと一触即発の事態を招き、寸前で譲歩するという綱渡りで、世界を核戦争の恐怖に陥らせた。

フルシチョフ(「読売新聞」1964年10月16日)

さて、フルシチョフ辞任のあと、第一書記にはレオニード・ブレジネフが、首相にはアレクセイ・コスイギンが就き、大国のかじ取りを担うことになった。がしかし、両者らによる集団指導体制は、むしろ鉄のカーテンを強化させ、68年の「プラハの春」での武力侵攻、79年のアフガニスタン侵攻を決行し、西側諸国の80年モスクワ大会ボイコットを招くなど、オリンピックにも大きな影響をもたらした。
ソ連はモスクワ大会の報復に84年のロサンゼルス大会をボイコットするが、その時ソ連の最高指導者は、ブレジネフからユーリ・アンドロポフを経てコンスタンティン・チェルネンコに移っていた。政治改革運動「ペレストイカ」によりソ連崩壊のきっかけを作ったミハイル・ゴルバチョフが、ソ連共産党書記長に就任するのはその翌年のことである。

# 重量挙げ・体操

## 57 一ノ関史郎～最初に日の丸を上げた日本選手～

重量挙げは、新装なった渋谷公会堂で、開会式翌日の10月11日から18日まで、男子のみの7階級が行われた。第1日目のバンタム級には、一ノ関史郎《いちのせきしろう》が出場。見事3位に入り、東京大会で初となる日の丸を上げた。古山征男《まさお》（日本体育協会）も6位に入賞し、日本は幸先のよいスタートを切った。

優勝は、ソ連のアレクセイ・ワホーニンで、トータル357・5キロの世界新記録だった。最後にジャークで142・5キロに成功した時、彼はバーベルを差し上げたまま、わざと左足1本で立ち、余裕のあるところを見せつけた。また、2位になったハンガリーのフェルディは、働いていた工場の事故で、右手が人差し指と小指しかなく、握力が普通の人の3分の1というハンデを乗り越えてのメダル獲得であった。

東京大会当時、重量挙げはプレス（バーベルを胸の前まで引き上げ、腕の力だけで一挙に頭上に差し上げる）、スナッチ（バーベルを一気に頭上に持ち上げ、立ち上がる）、ジャーク（バーベルを肩の高さまで引き上げ、全身の反動を使って一気に頭上に差し上げる）の三つのトータルで争われていた。

このうち、プレスは1972年をもって廃止され（違反判定が難しかったからだといわれる）、オリンピックでは76年のモントリオール大会以降は、スナッチとジャークのみで行われている。

一ノ関はスナッチで世界記録を持っていたが、最初のプレスで躓《つまず》き、スナッチで追い上げたものの、ワホーニンとは5キロの差。ジャークで147・5キロを上げれば、トータルでワホーニンと並び、体重の軽い一ノ関に金メダルが転がり込む場面となった。

一ノ関は、果敢にもその未知の重さに挑戦。二度、三度深呼吸をしたあと、バーベルを胸まで持ち上げるが、前に落として失敗、残念ながら逆転優勝は成らなかった。一ノ関は44（昭和19）年、秋田県八郎潟《はちろうがた》町の生まれで、当時法政大学3年の20歳だった。4歳上の兄の影響で、中学1年からバーベルを握り、高校時代からは、自分で決めた練習計画を欠かさず実行した。その結果と反省を丹念に日記に付け、「メモ魔」のあだ名がつくほどだった。

スナッチで110キロを上げた一ノ関（「毎日新聞」1964年10月12日）

大学卒業後は秋田県の職員となり、68年のメキシコ大会を目指したが、腰の故障で5位に終わった。面白いのは、現役引退後、書道家に転身していることだ。雅号「清山」を名乗るまでになり、権威ある書道展に入選するほどの腕前のようだ。

かつて、「メモ魔」だったことと、果たして関係があるやなしや。

## 58 三宅義信〜日本に最初の金メダルをもたらした「小さな巨人」〜

重量上げ2日目のフェザー級には、日本期待の24歳、三宅義信《みやけよしのぶ》が出場した。三宅はローマ大会で銀メダルを獲得しており、その後世界新記録を連発、東京大会では金メダルが確実視されていた（三宅の優勝で日本選手団の意気を高めようと、重量挙げの日程を早めに設定したともいわれる）。

154センチ、59キロの体格から「小さな巨人」と呼ばれた三宅は、見事期待に応え、自らの持つ世界記録を更新して優勝、日本に第1号の金メダルをもたらした。フェザー級では、福田弘（明治大学）も4位に食い込んだ。

三宅の記録は、プレスとスナッチが122・5キロ、ジャークが152・5キロ、トータル397・5キロだった。三宅の試合には、他の階級の選手も見学に訪れ、その一人、ヘビー級のウラソフ（ソ連）は、「体重の3倍近くを上げる選手の試合を見に来た」と見学の理由を述べた。

三宅の金メダルは、我々小学生にも影響を与えた。当時の小学校には掃除の時間があって、子供たちは箒《ほうき》とちりとり、雑巾《ぞうきん》で自分たちの教室をきれいにしたが、三宅の優勝後は、誰かがきっと、箒をバーベルに見立てて、重量挙げのジャークの恰好を真似するようになったのである。

三宅は１９３９（昭和14）年、宮城県村田町で生まれた。法政大学を経て、東京大会時は自衛隊体育学校の教官だった。日本最初の金メダリストとなった彼に、試合翌日、小泉純也防衛庁長官から、自衛隊員として最高の栄誉である「第一級防衛功労章」が授与されている（防衛庁が防衛省となるのは２００７年1月のことである）。ちなみに、小泉純也は元首相・小泉純一郎の父親、代議士・小泉進次郎の祖父だ。

自衛隊体育学校は、自衛隊員の体育指導に関する教育訓練と、体育の調査研究を目的に61（昭和36）年に設立されたものだが、実質的には東京オリンピックで開催国にふさわしい結果を出すための、選手養成機関でもあった。マラソンで銅メダルを獲得した円谷幸吉も同学校の所属だった。

表彰台で金メダルをさし上げる三宅（「朝日新聞」1964年10月13日）

三宅は次のメキシコ大会でも優勝、二連覇を成し遂げ、この時は実弟の三宅義行《よしゆき》も3位に入った。女子重量挙げ48キロ級で、２０１２年ロンドン大会で銀メダル、16年リオデジャネイロ大会で銅メダルを取った三宅宏実《ひろみ》は、義行の娘で義信の姪に当たる。

三宅義信は、さらに１９７２年ミュンヘン大会にも出場し、4位に入賞した。現役引退後も後進の育成に尽力し、自衛隊体育学校の校長や体育関係団体の役員などを務めた。

## 59 レオニード・ジャボチンスキー～ソ連が生んだ世界一の力持ち～

重量挙げで、日本は一ノ関、三宅に続いて、4日目のミドル級に出場した大内仁《まさし》も銅メダルを獲得、同級では三輪定広《さだひろ》も5位に入賞し、ライト級6位の山崎弘《ひろむ》も含めて、出場した7名全員が入賞するという大成果を上げた。

重量挙げ最終日の18日、最も迫力のあるヘビー級が行われた。日本選手は出場していなかったが、世界一の力持ちが決まるとあって、会場はいやが上にも熱気が高まった。優勝候補の筆頭はソ連のユーリー・ウラソフだった。彼は、ローマ大会の覇者で世界記録保持者でもあり、しかも1959年から63年まで、出場したすべての大会で優勝していた。

眼鏡をかけた理知的な風貌。インテリで、作家でもあった。空軍の航空技師として、ガガーリンの宇宙飛行のトレーニングを手伝ったこともある。彼の著書『耐える』の一節。

「バーベルは台上にある。私は目を閉じる。筋肉はゆるみ、苔のように意思を無くす。その時私のくちびるは小さく動き、好きな詩を口ずさみ始める。そして、私はバーベルに手をのばす……」

ウラソフのリング上での謙虚な態度は、「気は優しくて力持ち」の見本とされた。彼が東京大会の開会式でソ連選手団の旗手に選ばれたのは当然のことであったろう。

ウラソフは最初のプレスで197・5キロの世界新記録を上げ、独走態勢に入ったかに見えたが、続くスナッチ（162・5キロ）とジャーク（210・0キロ）の失敗がたたり、よもやの2位転落。

金メダルを取れば、引退して文学に身を入れると言っていたが、果たせなかった。

優勝したのは、ジャークで全身を真っ赤に染めながら世界新記録の217・5キロを上げた、同じソ連のレオニード・ジャボチンスキーだった。トータルではジャボチンスキー572・5キロに対し、ウラソフは570・0キロ。その差わずか2・5キロの大逆転劇だった。

ジャボチンスキーはウラソフとは全く対照的で、職業は工場労働者、186センチ、154キロの巨体と、縮れ毛で「酒呑童子《しゅてんどうじ》」のような顔を持ち、豪快な明るさを漂わせていた。ウクライナのコサック（15世紀以来の歴史を持つ、没落貴族や農民からなる半農武装集団）出身というのもむべなるかなである。おそらく、日本全国の職場や学校で、「ジャボチンスキー」とあだ名を付けられた人は少なからずいたに違いない。

東京大会の閉会式では、ウラソフに代わってジャボチンスキーがソ連の旗手を務めた。各国の旗手の入場に続いて、各国選手団が入り乱れてなだれ込み、後ろから順次旗手を肩車していっ

優勝を決めて笑顔のジャボチンスキー
（「アサヒグラフ増刊・東京オリンピック」1964年）

た。まず最初が日本の福井旗手、次にこの日独立したばかりのザンビアの旗手、さらに、ベトナム、ベネズエラと肩車されてゆき、ついにはソ連にまで追いついたが、さすがに巨漢のジャボチンスキーは持ち上げられず、それがまた、大観衆の笑いと拍手を呼び起こした。

ジャボチンスキーは、68年メキシコ大会でも優勝、同大会の開会式では、ソ連選手団の旗手として、可憐な体操の女子選手、クチンスカヤを横に従え、片手でソ連国旗を掲げながら行進した（2カ月前に行われた、ソ連のチェコ侵攻に対する世界の批判をかわすための演出だったようだが）。

こんな話もある。アメリカのアクション映画俳優、アーノルド・シュワルツェネッガーは、重量挙げをやっていた十代の頃、ジャボチンスキーに憧れて、ベッドの前に彼の写真を貼っていたという。

ジャボチンスキーは、長い選手生活を通じて、19回も世界記録を更新した。また、勉学して教育学の学位を取り、引退後はソ連軍の重量挙げコーチなどを務めた。２０１６年1月14日、ウクライナで死去。77歳だった。

## 60 遠藤幸雄～日本待望の体操男子個人総合優勝者～

体操競技は、１８９６年の第1回アテネ大会から実施されている。その時の種目に、あん馬、鉄棒、つり輪、跳馬、平行棒はすでにあった。余り語られることはないが、日本は32年のアムステルダム大会から体操競技に出場し、同大会では男子団体総合で5位（最下位）になっている。

その後も日本は、団体総合でベルリン大会9位、ヘルシンキ大会5位と顕著な成績は残していないが、56年メルボルン大会で大ブレイクする。団体総合で銀メダル、個人種目では、小野喬が鉄棒で金メダル、あん馬と個人総合で銀メダル、平行棒で銅メダル、ほかに3人がメダルを取り、全体で11個のメダルを獲得して、「体操ニッポン」を世界に印象付けたのだった。

続くローマ大会では、男子団体総合で日本は初めて金メダルに輝いた。個人の種目別でも、小野が鉄棒と跳馬で、相原信行《あいはらのぶゆき》が徒手（ゆか）で金メダルを獲得したが、個人総合はまたもや小野の銀メダルが最高だった。東京大会では、何としても個人総合で金を、という期待が高まり、その一番手に名前が上がったのが、遠藤幸雄《ゆきお》だった。

遠藤は37（昭和12）年、秋田県秋田市の生まれ。養護施設を経て秋田工業高校から東京教育大学（現・筑波大学）へ進む。中学から体操を始め、同じ秋田出身で大学の先輩でもある小野喬を目標に練習を重ねた。ローマ大会では、個人種目のメダルはなかったが、小野と共に団体総合で銀メダルを取っている。大学卒業後は日大に勤務し、62（昭和37）年から全日本選手権の個人総合で二連覇、小野の後継者の地位を固めていたのだった。

遠藤の鉄棒の演技（「アサヒグラフ増刊・東京オリンピック」1964年）

さて、東京大会の体操競技は、10月18日から23日まで千駄ヶ谷の東京体育館で行われた。男子体操は、団体総合、個人総合とも日ソの対決となった。出場選手は、日本が遠藤のほか小野喬、鶴見修治、三栗崇《みつくりたかし》、山下治広、早田卓次、ソ連はシャハリン、チトフ、リシッキー、ツァペンコ、ディアミドフ、レオンチェフだった。日本は前半からリードを取り、個人総合でも遠藤がトップを維持して最後のあん馬を迎えた。

遠藤が9・00を取れば個人総合優勝が決まる場面であったが、遠藤はまさかの尻もち。それも2回ついてしまう。日本チームは肝を冷やしたが、採点は9・10。ソ連のコーチが、点数が甘すぎる（8・50がせいぜいだろうと）と審判に詰め寄り、一時緊迫した事態となった。しかし、判定は覆らず、遠藤の日本人初の個人総合優勝が決まった。

試合後、遠藤は、「体操はどこに穴が開いているか分からない。貯金は出来るときにしておくものだと痛感した」と語っている。

ところで、東京オリンピックの体操で「ウルトラC」という流行語が生まれた。当時の体操の技は、難易度の低い順にA、B、Cの三つに区分（現在は6区分）されていたが、最高難度のCよりさらに難しい技を「ウルトラC」と呼んだ。日本選手の至難の技の連続に、NHKの鈴木文彌《ぶんや》アナウンサーが放送で使って広まったといわれる。

遠藤のつり輪における「倒立2回反復」や鶴見の鉄棒での「伸身飛び越し1回ひねり」、山下の跳馬での「新ヤマシタ跳び」などが、ウルトラCの代表的な技であった。「ウルトラC」の流行に、様々なところで「ウルトラ」が使われるようになる。SF特撮テレビ番組『ウルトラQ』が始まったのは、66（昭和41）年1月。毎回1話完結で、私ら小学生は、その時間帯はテレビにくぎ付けになった。最盛期には視聴率が30パーセントを突破し、正に超ウルトラ番組となった。この成功が、半年後に始まる、さらなるお化け番組『ウルトラマン』に繋がったのである。

遠藤は、68年メキシコ大会でも団体総合で金、種目別跳馬で銀メダルを獲得した。引退後は、日大で教鞭を取りながら、後進の育成に努め、IOCの理事にも就任した。スポーツ関係者の懇親会で自ら司会を引き受け、ユーモアたっぷりに進行するというような一面もあったという。2009年3月25日、食道がんのため死去。72歳だった。

## 61 山下治広～「ヤマシタ跳び」の創案者～

当時、小学校の体育館にあった跳び箱で、私たちは「ヤマシタ跳び」をさかんにやった。もちろん、ふつうに手をついて飛び越すだけだが、両手を広げて「着地成功！」と自分で叫んで、恰好を付けたものである。

「ヤマシタ跳び」とは、山下治広《はるひろ》が編み出した、前転したのち屈伸の着地をする跳馬の技である。それを世界の体操選手が取り入れるようになったので、国際体操用語として使用されていたのだ。体操の技の名称に選手名がついている例として、日本選手ではカサマツ、ツカハラ、モリスエ、シライ、タナカなどがあり、外国選手ではトカチェフ、コバチ、ゲイロードなどが有名だが、ヤマシタ跳びはその草分けであった。

東京大会で山下は、従来のヤマシタ跳びにひねりを加えたウルトラCの「新ヤマシタ跳び」で、見事種目別跳馬の金メダルに輝いた。山下は1938（昭和13）年、愛媛県宇和島市に生まれ、愛媛県立宇和島東高等学校から日本体育大学に進んだ（同級生に俳優の千葉真一がいた）。

なかなかの美男子で、翌65（昭和40）年のNHK大河ドラマ『太閤記《たいこうき》』で織田信長を演じた高橋幸治《こうじ》に似ていると私は子供ながらに感じていた（高橋の信長は、彼の風貌と演技力も手伝って、「信長を殺さないで」という投書がNHKに殺到したといわれる）。

山下は、66年の世界選手権でも跳馬で金メダルを取ったが、その後引退し、日体大で後進の指導に当たった。2000年に竹本正男、小野喬、遠藤幸雄に次いで日本人で4人目となる国際体操殿堂入りを果たしている。

竹本は、ヘルシンキからローマまでの3大会で金1銀3銅3を、小野はメルボルンから東京までの3大会で金5銀4銅4を、遠藤はローマからメキシコまでの3大会で金5銀2を獲得している。彼ら

山下の跳馬の演技
（「アサヒグラフ増刊・東京オリンピック」1964年）

に比して、山下は東京大会の金2だけであるが、殿堂入りには「ヤマシタ跳び」として、自らの名を技に残したことが与《あずか》って、力となったのではないか。

東京大会では、山下のように特定の種目で活躍した選手として、アクロバット的な技で徒手（ゆか）を制したフランコ・メニケリ（イタリア）、「あん馬の神様」の異名をとった、あん馬優勝のミロスラフ・チェラール（ユーゴ）などが記憶に残る。

## 62 早田卓次〜種目別つり輪を制した期待の新人〜

小学生にとって、体操競技の種目で一番興味を引かれたのは、おそらくつり輪であろう。鉄棒や床運動のマット、平均台などは一応学校の体育館にもあったが、つり輪はそれまで見たことのない競技用具であったから。

我々は、どうにかしてつり輪の真似事をしてみたかった。その結果、おそらく全国何万もの小学生が、電車のつり革にぶら下がって、周囲の大人たちに怒られたはずである。

さて、東京大会の種目別つり輪では、持ち点トップの遠藤が、2回宙返りの着地で両手をつく失敗。代わって、新人ながら好演技を見せたのが、早田卓次《たくじ》だった。早田は、団体総合で金メダルを取っていたが、個人総合では8位に終わり、種目別ではつり輪だけの出場だった。

3人の日本選手のうち3番目に登場。演技に入ると、十字懸垂、下水平などの技を堅実に決め、着地にも成功して9・750を出し、合計19・475で金メダルを獲得した。試合終了後のインタビューで、早田は、

「まだ、優勝の実感がわいてこない。（種目別は）つり輪だけなので、6種目分の力を全部出し切るつもりでやった。遠藤先生の着地ミスがあって、ここで金メダルを逃しては、と猛烈にファイトがわき、これが優勝に結びついたと思う。自分としては、練習、試合を通じて最高の出来だった」と語った。

早田は1940（昭和15）年、和歌山県田辺市生まれで、当時23歳。日本大学を卒業して同大学の助手をしていた。「力、技の流れともに非常に優れ、安定した演技といい、落ちついた態度といい、新人とは思えない」と当時の新聞は早田を評している。オリンピックの代表決定戦では、遠藤に次いで2位だったが、本番で見事、ベテランを凌いだのだった。

早田はその後も競技を続け、76年モントリオール大会では、体操日本代表のチームリーダーを務めた。日大では文理学部教授まで上り、2018（平成30）年現在、元五輪選手によるスポーツ教室な

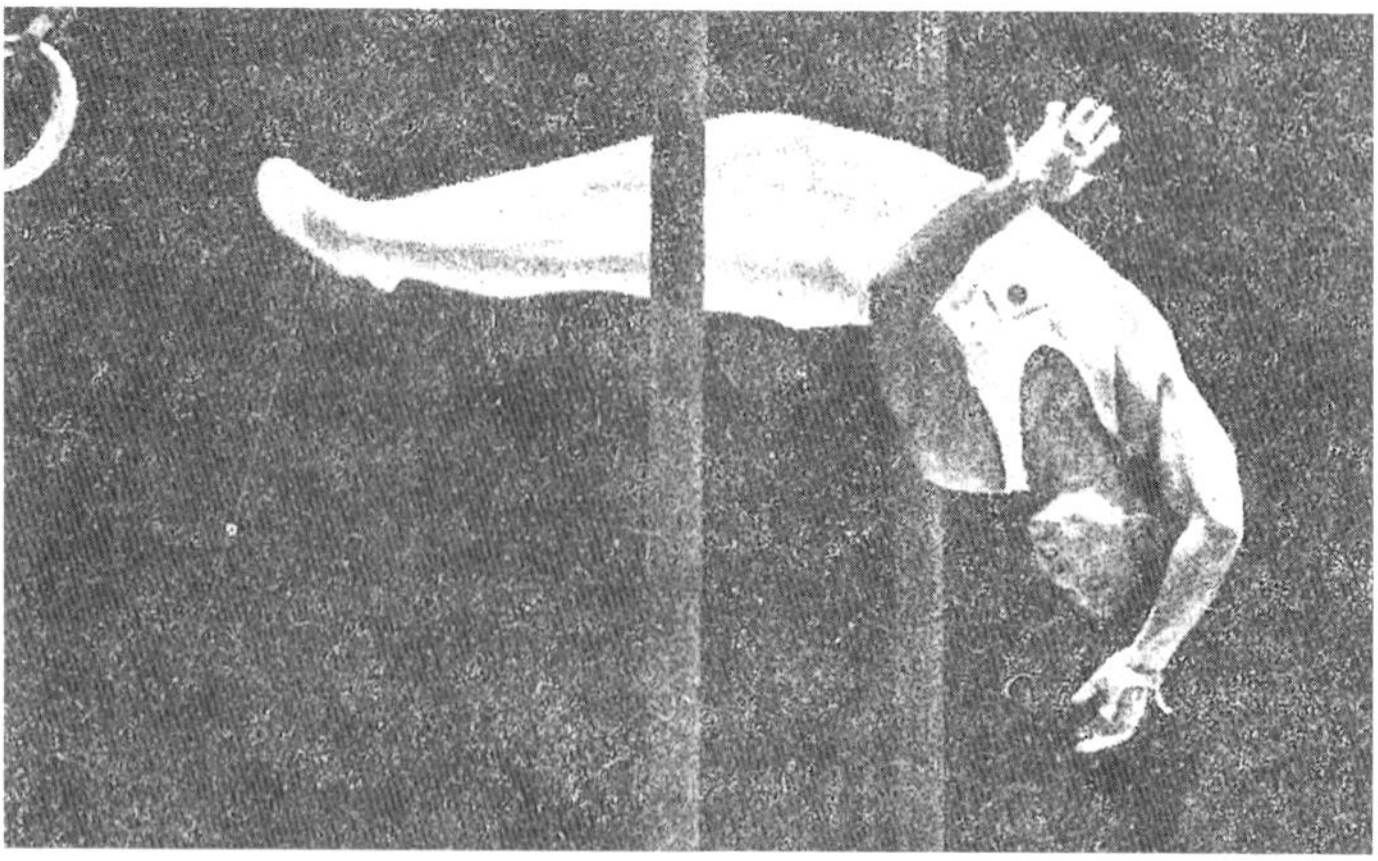

早田のつり輪の演技（「朝日新聞」1964年10月23日）

どを行う日本オリンピアンズ協会の理事長を務める。

## 63 ベラ・チャフラフスカ〜女子個人総合優勝の「体操の花」〜

「東京大会の花」といえば、まずチャフラフスカ（チェコスロバキア）を思い浮かべる人は多いだろう。22歳の彼女は、159センチ、57キロと日本人と変わらない体格。生来の美貌（ブルネットの髪、大きなブルーの瞳、真珠のように白い肌、神秘的な笑顔）に加え、しなやかな技で、体操女子個人総合と種目別の跳馬、平均台で優勝し、団体総合でも銀メダルを取って、一躍人気者になった。

ソ連のライバル、ラチニナ、アスタホワとの戦いは、正に「美の競演」の名に値し、彼女のことを「東京の恋人」と称賛する声もあった。唯一、種目別の段違い平行棒で、上のバーから下のバーに移る際に誤って転落し、5位に終わったが、失敗すればしたで、世間はそこからも彼女の人間的な魅力を感じ取るといった有様であった。

チャフラフスカは、前回のローマ大会にも出場し、団体で銀メダルを獲得、個人総合では8位だった。63年の東京国際スポーツ大会（プレオリンピック）では、ソ連勢に敗れ、「審判の点の付け方がソ連に甘い」と不満を漏らし、悔し涙を流した。「次は絶対に勝つ」の言葉どおり、東京大会でようやく大輪の花を咲かせたのだった。

チャフラフスカの平均台演技(「毎日新聞」1964年10月16日)

東京大会後もチャフラフスカは競技を続けたが、68年メキシコ大会直前の8月21日、母国チェコスロバキアに大事件が起こった。当時、同国内は民主化の動きが進み、政府は「人間の顔をした社会主義」を目指す「二千語宣言」を公表し、チャフラフスカもそれに署名していた。そうした「プラハの春」と呼ばれる事態に危機感を抱いたソ連が、ワルシャワ条約機構軍を編成して、チェコの首都プラハに侵攻したのである。

この事件を日本の新聞は一面トップで大きく取り上げ、当時中学2年だった私は、今にも日本が戦争に巻き込まれるような危機感を覚えたものである。この時、合宿中だったチャフラフスカは、山小屋に身を隠しながら、トレーニングを続けたといわれる。そして迎えたメキシコ大会。彼女は、個人総合と種目別の跳馬、段違い平行棒、ゆかで優勝、団体総合、平均台でも2位に入り、何と女子種目のすべてでメダルを獲得した。世界は彼女に感嘆の拍手を送ったのだった。

メキシコ大会の開会中に、チャフラフスカは東京大会の陸上千五百メートルの銀メダリストで、同じ国のヨゼフ・オドロジルと結婚式を挙げた。大会後、彼女は競技を引退、一女一男に恵まれた。しかし、10年後、夫婦の関係は破綻し、離婚に至る。

89年、東欧の民主化はチェコにも及び、共産党政権が崩壊する「ビロード革命」が起こった。かつての「国民のヒロイン」チャフラフスカは、民主化の象徴として担ぎ出され、大統領補佐官やチェコオリンピック委員会の会長といった要職が用意された。しかし、不幸が再び彼女を襲う。

93年8月、別荘地のディスコに行った彼女の息子が、たまたまそこで酒に酔ったかつての父親、オドロジルと出会う。口論の末もみ合いとなり、息子の手がオドロジルに当たった。オドロジルは救急車で病院に運ばれ、二度の手術が行われたが、約1カ月後に息を引き取った。

この事件以降、チャフラフスカは体調を崩し、精神も病んで、一時自宅に籠りきりになったという。

2011年3月11日、東日本大震災のニュースが世界中に伝わった。その翌日、日本チェコ友好協会会長あてに長文の激励メッセージが届く。差出人はチャフラフスカだった。愛する日本の惨状を、彼女は看過することができなかったのだ。

その年の5月、東京で行われる世界体操選手権に彼女を呼ぼうという声が上がり、すぐにそれは実現の運びとなった。再び東京を訪れたチャフラフスカは、選手権の観戦以外にも、歓迎会、後援会、テレビ・ラジオへの出演など引っ張りだこで、充実した7日間を送ったという。

16年8月30日、「東京大会の花」は散った。74年の生涯だった。そのひと月前、彼女はプラハで朝日新聞のインタビューに応じている。既にがんで余命宣告を受けていて、「2020年は、雲の上から大好きな日本に向かって手を振りますね」と恬淡《てんたん》と語った。

## 64 ラリサ・ラチニナ～女子体操界のレジェンド～

チャフラフスカは東京、メキシコの両オリンピックで、合わせて7個の金メダルを取ったが、女子体操でそれを超える9個の金メダルを獲得した選手がいる。ソ連のラリサ・ラチニナである。金メダル9個は、パーヴォ・ヌルミ（フィンランド・陸上）、マークスピッツ（アメリカ・水泳）、カール・ルイス（アメリカ・陸上）と共に歴代2位タイの記録。ちなみに、歴代1位はマイケル・フェルプス（アメリカ・水泳）で、2004年アテネ大会から16年リオデジャネイロ大会までの間に23個の金メダルを獲得している。

ラチニナはウクライナの出身。バレエから体操に転向し、1954年の世界選手権でデビュー、オリンピックは56年のメルボルン大会が初出場だった。いきなり個人総合で優勝し、種目別の徒手（ゆか）、跳馬、団体でも金メダルを取って、一躍大会のヒロインとなった。続く60年ローマ大会でも、個人総合と徒手で二連覇、団体でも金メダルを取った。

ムチのようなしなやかな体から流れる美の表現は、「女子体操の見本」とされ、特にモダンバレーの要素を取り入れた徒手は絶品で、ボリショイバレー団から誘いがあったほどだったという。

私生活では、結婚、出産、育児を経験し、いわゆる「ママさん選手」の草分け的存在だった。58年、モスクワで開催された世界選手権の女子個人総合で優勝したが、のちに、「金メダルは娘のターニャと二人で取った。娘はおなかの中にいたのです」と語り、妊娠しながら出場したことを明かしている。

こんな彼女だから、30歳で迎えた東京大会では正にレジェンドだった。しかし、個人総合の三連覇を目指す彼女の前に立ちはだかったのが、チャフラフスカだった。彼女は前年の東京国際スポーツ大会（プレオリンピック）では、ラチニナに敗れているが、その差はわずか0・782点。ラチニナの老獪《ろうかい》さか、チャフラフスカの若さか、世界はその「華麗な対決」に注目した（チャフラススカを薔薇《ばら》とするなら、ラチニナは山百合《やまゆり》と例えられた）。

そして本番、規定問題の初めこそラチニナがリードしていたが、自由問題でのチャフラスカの奔放な演技が彼女を上回り、金メダルは合計点数77・564を出したチャフラフスカの手に渡った。ラチニナは76・996で2位だった（3位は同じソ連のポリーナ・アスタホワ）。

試合後、ラチニナはスポーツマンらしく、「強く、勇気のある立派な選手だ」とライバル、チャフラフスカに笑顔で拍手を送った。

個人総合の後の種目別において、ラチニナは跳馬2位、段違い平行棒3位、平均台3位と金メダルを逃したが、最後の徒手では貫禄を見せ見事優勝、この種目の三連覇を果たした。

66年の世界選手権後に引退し、ソ連のナショナ

ラチニナの徒手の妙技
（「'64東京オリンピック」1964年）

ルチームのコーチを務めた。なお、メルボルン大会からのチームメイトで、68年に引退したアスタホワも同様の道に進み、72年ミュンヘン大会、76年モントリオール大会のソ連女子団体金メダルに貢献したが、97年に68歳で亡くなっている。

## 65 池田敬子～「ローマの恋人」と呼ばれた日本の女子体操選手～

ベラ・チャフラフスカは「東京の恋人」と呼ばれたが、「ローマの恋人」と呼ばれた日本選手がいたのを御存知であろうか。女子体操の池田敬子《けいこ》がその人である。ローマオリンピックの活躍からそう呼ばれたのかと思いがちだがそうではない。

ローマ大会の６年前の１９５４年にローマで行われた世界体操選手権に出場し、平均台で日本人女子体操初の金メダルを獲得。そのスピードとジャンプ力のある演技に、現地のマスコミがそう称したのである。

〈ちなみにこの年、オードリー・ヘップバーンとグレゴリー・ペックの共演で大ヒットしたアメリカ映画『ローマの休日』が日本で公開されている〉

当時、彼女は20歳。竹本正男に指導を受ける日本体育大学の3年生だった。もちろん未婚で、まだ旧姓の田中敬子である。大会終了後、帰国までに、演技会の出演要請を受けてドイツやイタリアを回った。多くのファンから花束や手紙をもらい、中には「結婚してほしい」というものもあったという（2011年3月2日「中国新聞」）。

さて、日本がオリンピックの女子体操競技に参加したのは、56年のメルボルンオリンピックからである。田中（池田）も当然メンバーに選ばれたが、団体6位、個人総合13位、得意の平均台では21位に終わった。

メルボルン大会の後の58（昭和33）年、田中敬子は結婚して池田敬子となる。結婚後も日体大教員をしながら体操競技を続けた（体操を続けることが結婚の条件だったという）。60年のローマ大会にも出場するが、個人総合6位、種目別の平均台と段違い平行棒が5位、女子団体が4位と、やはりメダルを取ることができなかった。27歳になっていた池田だが、4年後の東京大会を目指すことを決心する。

一方で池田は、61（昭和36）年に長男を、63年に次男を出産し、ママさん選手として東京大会に出場した。当時オリンピック選手で子供のいる女子選手は少なかったが、体操競技では、池田以外に小野清子（小野喬夫人）やラチニナ（ソ連）などもママさん選手だった。

小野は子連れで練習場へ通い、練習中は、跳び箱

池田の平均台の演技（「'64東京オリンピック」1964年）

の最上段を裏返して、そこに子供を入れゆりかご代わりにした、と後年述懐しているが、競技と子育ての両立は、今とは比較にならないくらい至難のことであったろう。

また、ラチニナが東京大会で来日した時、「日本のママさん選手、池田敬子さんに会うのが楽しみ」と語ったのも、同じ苦労を知る者として、池田に親しみを感じていたからに相違ない。

彼女たちの活躍もあって、当時の女子体操は、大人の女性の優雅さと表現力を競う場となっていた。しかしほどなくして、女子体操は、小柄な少女がアクロバットのように飛び跳ねる時代へと移行してゆくのだ。

東京大会で日本は女子団体で3位に入り、池田は悲願のメダル獲得を果たした。ドイツとの3位争いになったが、池田は最初に行った得意の平均台で、「片足前方宙返り」を決めて9・70を出し、ドイツ打破に大いに貢献したのだった。



## 〈コラム❻〉中国、初めての核実験を実施

10月16日、中国（当時、日本はまだ中国と国交がなく、台湾を正統政府とみなしていたので、多くの新聞は、中国共産党を意味する「中共」という名称を使っていた）が核実験（原爆）に成功する。平和の祭典が唯一の被爆国・日本で開催されているさなかでの暴挙であった。中国は、世界で

5番目、アジアでは初の核保有国となった。

場所は新疆ウイグル自治区ロプノールの核実験場だった。ロプノールは、かつて、「さまよえる湖」として有名なロプノール湖のあった地である。湖畔には紀元前から4世紀にかけて、楼蘭《ろうらん》というオアシス国があり、井上靖が歴史小説『楼蘭』を発表したのは、1958（昭和33）年のことだ。そんなロマンあふれる場所が、大量殺りく兵器の実験場に容赦なく選ばれたのだった。

17日、入院中の池田首相は、「中国の核実験は、早くから予想されていたことで、軍事的観点からは大した心配はいらない」という見解を述べた。しかし、19日の毎日新聞一面トップ記事では、「自民に再び改憲機運　九条を改正せよ」の見出しが躍っている。

さて、中国の核実験直後の10月18日、東京地方は終日雨に見舞われた。雨の中、多くの陸上競技が行われたが、雨中に通常の100倍の放射能が検出されている（開会式で大空に五輪を描いた戦闘機と同じF－86が、集塵機《しゅうじんき》を装着して大気中の放射能粒子を回収した）。季節的に偏西風が強い時期で、それに乗って日本に放射能が運ばれたのだ。20日の毎日新聞には「『死の灰』人体に影響なし」という記事が出ているので、関係者はひとまず安堵しただろう。

戦後、49年にソ連が2番目の核保有国となり、52年にイギリスが、60年にはフランスがそれに続いた。日本のマグロ漁船、第五福竜丸がマーシャル諸島近海で操業中に、アメリカがビキニ環礁で実施した水爆実験に巻き込まれ、乗組員が被ばくしたのは54（昭和29）年3月のことである。これをきっかけに日本の反核運動は広がりを見せる。

放射性降下物を表す「死の灰」という言葉は、第五福竜丸事件で使われ始めたといわれる。私も物心付いた頃からこの言葉を恐ろしいイメージをもって知っていたように思う。そして、それは降る雨に含まれると認識していたようだ。

確か、東映のアニメ映画『安寿《あんじゅ》と厨子王丸《ずしおうまる》』を母親と見に行った時のこと、登場人物の若者が雨に打たれながら何かを念じているうち、髪の毛が無くなってお坊さんに変貌するというシーンがあった。母が「可哀そうに『死の灰』で髪の毛が抜けてしまった」と言うのを聞いて、この言葉に対する私のイメージは固まったような気がする。

改めて同映画をDVDで見てみると、確かにそのようなシーンがあることが分かった。山椒大夫《さんしょうだゆう》の次男・三郎は心優しく、安寿と恋仲になるが、安寿は厨子王丸を逃がしたあと、池に入水して白鳥となる。そして、三郎が安寿の菩提を弔うため出家する場面がそれだった。

この映画の封切りは、61(昭和36)年7月。米ソが盛んに核実験を繰り返していた時期だ。私の記憶に間違いはなかったが、平安時代が舞台の物語に「死の灰」を持ち出した母の時代錯誤ははなはだしい。もっとも、好意的に考えれば、時代考証など無視してまでも、「死の灰」の恐ろしさを次の世代に伝えようとしたのかもしれない。確かに、当時の子供たちはみな、雨に濡れると髪の毛が抜けるのではないか、という漠とした不安を抱いていたように思う。

他国の核実験に慄《おのの》く一方、日本は56(昭和31)年から原子力の平和利用の検討を開始、オリンピック前年の63(同38)年10月、日本原子力研究所東海研究所が日本初の原子力発電に成功している。

# 格闘技

## 66 中谷雄英～日本柔道に最初の金メダルをもたらす～

柔道は東京大会で初めてオリンピック種目となった。東京大会では、軽量級、中量級、重量級、無差別級の4クラスに分かれて、10月20日から4日間、北の丸公園に新たに建設された日本武道館で行われた。ちなみに、武道館を設計したのは、同じ年に京都タワーの設計も手掛けた建築家、山田守《まもる》である。八角形の法隆寺夢殿をモデルにしたといわれるが、建設候補地が二転三転して着工が遅れ、完成したのはオリンピック直前の9月15日だった。

さて、柔道は何といっても日本の国技である。国民のかける期待は、他の競技の比ではなかったろう。第1日目の軽量級には、日本から明治大学の中谷雄英《なかたにたけひで》が出場した。予選リーグでは、タイのパスメルンゴンを1分24秒、横四方固めで、またイギリスのジャックスを1分37秒、くずれ上四方固めで簡単に仕留めて、決勝トーナメントに進出した。

準々決勝で、アメリカのマルヤマを24秒出足払いで、準決勝ではソ連の強豪ステパノフを4分25秒、合わせ技で下し、決勝はスイスのエリック・ヘンニと対戦することになった。

開始直後、中谷は早くも小外掛けで技ありを取る。その後もしきりに内股をかけて、ヘンニを苦しめ、1分15秒には左の小外刈りで尻もちをつかせた。しかし、主審は声を掛けない。副審の抗議で試合は3分間中断する。通訳を交えて協議の結果、主審は改めて技ありを宣言し、中谷の優勝が決まった。あっけない幕切れだった。

優勝後のインタビューで中谷は、「トップの自分が下手なことをしたら、後の日本選手の士気に響くと責任を感じていたが、これでほっとした」と語っている。日本柔道初の金メダルがかかっていただけに、正直な感想だったろう。

予選リーグでパスメルンゴンを破った中谷
(「読売新聞」1964年10月20日夕刊)

中谷は1941(昭和16)年、広島県広島市生まれで、当時、明治大学4年の23歳だった。「技に派手さは無いが、戦いぶりは堅実そのもの」とは当時の新聞の中谷評。広陵《こうりょう》高等学校時代には、「広島の三四郎」の異名を取ったが、その名に違わず、オール1本勝ちで金メダルを獲得した。

引退後、一時西ドイツでナショナルチームのコーチを務め、72年ミュンヘン大会のメダリストなどを育てた。

## 67 岡野功～中量級を制した「昭和の三四郎」～

柔道2日目の中量級には、中央大学の岡野功《いさお》が登場した。予選リーグでまず、ポルトガルのマトスを44秒背負い投げ、ベネズエラのホルヘを1分6秒、合わせ技で打ち取った。決勝トーナメントの準々決勝では、フランスのグロッサンを5分18秒、送りえり締めで仕留め、準決勝で最大のライバルである韓国の金義泰と対戦した。

両者腰を落として慎重に試合を進め、岡野は3分に小内刈り、4分に小外刈りで金を攻めるが、決定打とはならず時間切れ。が、結果は岡野の優勢勝ちとなる。ドイツのウォルフガング・ホフマンとの決勝戦では、開始直後、岡野は左からの背負い投げで、ホフマンを一転させたが、勢い余って場外。今度はホフマンが左からの小外掛けで岡野を崩し、関節技を狙う。それを岡野は跳ね返して、ホフマンの頭から押しに入り、横四方に固めて1分36秒、優勝を決めた。

岡野は1944（昭和19）年、茨城県龍《りゅう》ケ《が》崎《さき》市生まれで、当時、中大3年の20歳。「岡野はほっておいても大丈夫」という松本安市《やすいち》監督の言葉どおり、

優勝を決め、中大の応援団員に胴上げされる岡野
（「朝日新聞」1964年10月22日）

悠々と主座についた。「おっとりした外見に似ず、内に秘めた闘志は相当なもの」と当時の新聞は彼を評している。

実は東京大会後、岡野は密かに打倒ヘーシンクを目指していたようだ。だが、65年にヘーシンクは突如の引退。目標を失った鬱憤《うっぷん》を晴らすように、岡野は67（昭和42）年と69年の二度、全日本選手権を制覇した。170センチ、80キロの体格を考えれば、驚くべきことだ。

その戦いぶりから、岡野は「昭和の三四郎」と称された。中谷は「広島の三四郎」呼ばれたが、三四郎とはもちろん、姿三四郎からの命名である。戦前に発表された富田常雄の小説『姿三四郎』の主人公で、明治の柔道家・西郷四郎がモデルとされるが、この小説は大ヒットして、以来、何回も映画化、テレビドラマ化され、柔道の名手と言えば、「三四郎」というニックネームが付けられたのである。では「平成の三四郎」とは誰か？ そう、92年バルセロナ大会の柔道71キロ級で優勝した古賀稔彦《としひこ》である。

## 68 猪熊功～「神猪時代」の一翼を担った重量級勝者～

柔道3日目の10月22日、重量級の試合が行われた。日本からは順天堂大学助手の猪熊功《いのくまいさお》が出場。猪熊は1938（昭和13）年、神奈川県横須賀市で生まれている。173センチ、90キロという小《こ》兵《ひょう》ながら、59（昭和34）年、東京教育大学（現・筑波大学）4年の時に、弱冠21歳で神永昭夫を破り、全日本選手権のタイトルを取った。

得意技は背負い投げで、大学の卒論に「背負い投げの力学的考察」を書くほど、背負い投げに執着していた。60、61年は決勝で神永に敗れ準優勝、当時の柔道界は「神猪時代」といわれ、東京大会では、オランダの強豪、ヘーシンクとぶつかる無差別級を神永にするか猪熊にするか慎重に検討された。猪熊は63年の全日本でも優勝するが、東京大会前の64年全日本では、巨漢の坂口征二に準決勝で敗れたこともあり、結局重量級のほうに回ることになった（イチかバチかで猪熊を推す声もあったが、オリンピック開幕間際の10月6日、全日本柔道連盟が最終決定を下した）。

猪熊は、予選リーグでアルゼンチンのカセジャを45秒背負い投げで破り、決勝トーナメントの準々決勝では韓国の金鐘達を体落しから崩れ上四方押さえで退ける。準決勝では強敵キクナーゼと当たり、激しい攻防の末、4分51秒に放った体落としが見事に決まって、決勝へと駒を進めた。

決勝の相手は、猪熊より30キロも重いカナダの巨漢ロジャース。猪熊は果敢に攻めるが、ロジャースは技をほとんどかけずに時間切れで、猪熊の優勢勝ちが決まった。日本柔道3個目の金メダル。

翌年の世界選手権で猪熊は、ヘーシンク打倒を果

キクナーゼに体落としをきめる猪熊（「アサヒグラフ増刊・東京オリンピック」1964年）

たすべく無差別級に出場するが、ヘーシンクは重量級にエントリーしたため（優勝）、両者の対戦は実現しなかった。猪熊はヘーシンクのいない無差別級で優勝し、史上初めてオリンピック、全日本選手権、世界選手権の三冠を達成した。

それを花道に猪熊は現役を引退、実業界に身を転じた。東海大学の教授にも就任し、国際柔道連盟の松前重義《まつまえしげよし》会長の秘書を務めるなど、柔道競技の発展に寄与した。しかし、93（平成5）年、社長を務める東海建設が多額の負債を抱え、業績不振に陥る。2001（平成13）年9月28日、猪熊は経営責任者として、社長室で自刃するという壮絶な死を遂げた。享年63。

## 69 神永昭夫〜日本の悲願を一身に背負ってヘーシンクに挑む〜

無差別級は正に柔道の醍醐味が味わえる階級であった。大相撲と同様、小兵が大男を投げ飛ばすシーンが見られるからだが、東京大会では逆の結果となった。9カ国9人が出場。注目は、オランダの巨漢アントン・ヘーシンク（198センチ、120キロ）と、日本期待の神永昭夫《かみながあきお》（179センチ、102キロ）であった。1961年の世界選手権で王座を奪われたヘーシンクに対し、雪辱を果たすという日本の悲願を、神永は一身に背負っていた。

二人は予選リーグで顔を合わせ、ヘーシンクが優勢勝ちを収める。神永は敗者復活リーグに入って連勝し、準決勝に駒を進めた。そこでドイツのグラーンを4分10秒、体落としで打ち取り、やはり準決勝でオーストラリアのボロノブスキスをわずか12秒、支え釣込足によって倒したヘーシンクと再び決勝で戦うことになった。

決勝ではヘーシンクが支え釣込足を幾度も仕掛け、5分神永は横転するが、10秒で横四方を外して立ち上がる。神永は、左大内刈り、体落としを連発して盛んに攻め、それをヘーシンクは体を引いて巧妙にかわす。8分30秒、神永は再び大内刈りを仕掛けるが、ヘーシンクの重さに自分もつぶれ、ヘーシンクはすかさず神永にのしかかって、けさ固めの態勢に入った。

神永はついに逃れることができず、9分22秒、審判の右手が上がり、神永の負けが確定した。オランダの応援団は大喜び、日本の悲願がついえた瞬間だった。

神永は36（昭和11）年、宮城県仙台市生まれ。東北高等学校在学中に柔道を始め、明治大学に進学する。大学時代は孤児の世話をする寮に入り、講義が終わると講道館に通う生活を続けた。講道館は、日本のオリンピックの父ともいえる嘉《か》納《のう》治《じ》五郎《ごろう》が創設した柔道の総本山である。柔道家で教育者でもあった嘉納は、アジア初のＩＯＣ委員に選ばれ、日本が初

神永は予選リーグでペサーブリッジ（英）を大内刈りで破る
（「朝日新聞」1964年10月23日夕刊）

めて参加した12年ストックホルムオリンピックでは、日本選手団の団長を務めた。

嘉納を主人公にしたテレビドラマ『柔道一代』が62（昭和37）年から64年まで放映され、オリンピック前年には、千葉真一《しんいち》主演で映画化もされた。村田英雄が歌う主題歌「柔道一代」もヒットし、日本で修行中のヘーシンクは、そのメロディーをよくハミングしていたという。

さて、神永は大学卒業後、富士製鉄（現・新日鉄住金）に就職、実業団選手となり、58年世界選手権で銀メダル、全日本柔道選手権では、60年、61年、64年の三度優勝した。

東京大会に向けて、明治大学の後輩で身長196センチの坂口征二を「仮想ヘーシンク」として、彼を相手に練習に励んだといわれる（神永は、オリンピック半年前の全日本で、坂口を技ありで下している）。ヘーシンクに敗れたあと、正座して衣紋《えもん》を直す神永の顔は、真っ青で泣いているように見えた、と作家・瀬戸内晴美（のちの瀬戸内寂聴《じゃくちょう》）は観戦記に書いているが、礼のあと、神永はヘーシンクに手を差し出し、王者を祝福。記者の質問には、

「力いっぱい戦った。完敗だったが悔いの無い試合だった」と潔く語った。その翌日、神永は何事もなかったように定時に出社し、普段通りに仕事を始めたという。

65（昭和40）年、網膜剥離のため29歳で現役引退。その後、母校の明治大学の柔道部監督に就任し、後進の育成に当たった。76年モントリオール大会で神永の教え子、上村春樹《うえむらはるき》が無差別級で金メダルを獲得している。

なお、88年ソウル大会以降、オリンピックでの無差別級は廃止された（ミュンヘン大会でオランダ

のルスカが無差別級と重量級の2種目で金メダルを取ったことから、重いクラスだけチャンスが多いのはおかしいと、問題視されたのがきっかけともいわれる）。

92年バルセロナ大会では、日本代表の総監督として吉田秀彦や古賀稔彦を金メダルへと導いたが、93（平成5）年3月21日、直腸がんのため死去。まだ56歳の若さだった。

## 70 ヘーシンク〜柔道を世界に広めた功労者〜

東京大会の英雄の一人、アントン・ヘーシンクは1934年、意外にもオランダ・ユトレヒトの貧しい家庭に生まれた（12歳から建設現場で働いていたという）。オランダは41年にナチス・ドイツの急襲を受け、45年に連合軍によって全面解放されるまで、ドイツ軍に占拠されていた。そんな時代にヘーシンクは幼少期を送ったことになる。

14歳から柔道を始め、55年、日本からオランダに柔道の指導に来ていた、「生涯無敗」とされる伝説の柔道家、道上伯《みちがみはく》の目に留まる。徹底した個人指導を受け、日本に渡って講道館や天理大学でも修行して、めきめき実力をつけていった。56（昭和31）年の第1回世界柔道選手権（東京で開催）に出場して8位（優勝は夏井昇吉《なついしょうきち》）、61年の第3回大会（パリで開催）では外国選手として初めて優勝した（準優勝は曽根康治《そねこうじ》）。

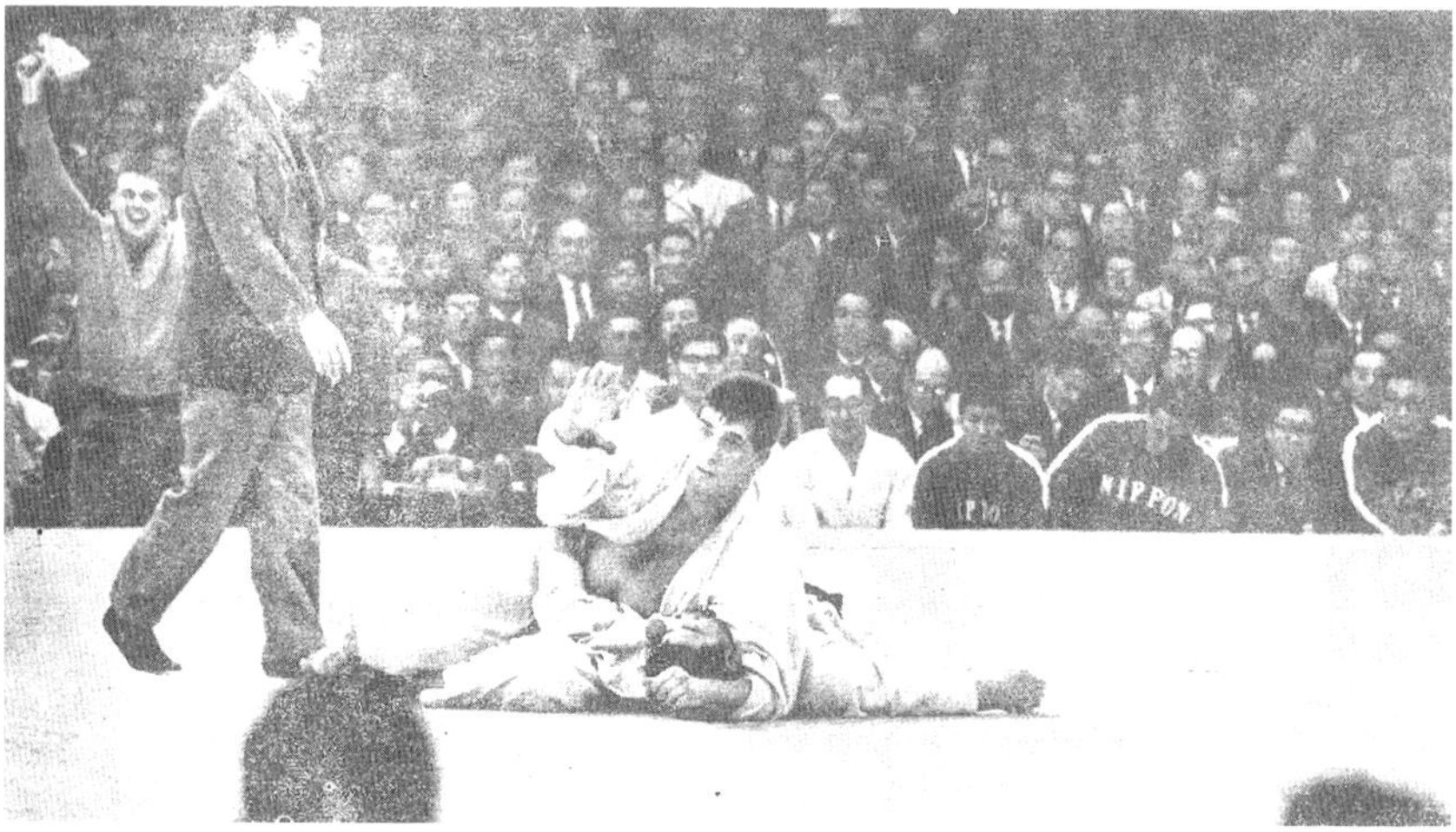

優勝を決めたあと、興奮して試合場に上がろうとするオランダ人を手で静止するヘーシンク
（「朝日新聞」1964年10月24日）

その勢いのまま、ヘーシンクは東京大会を迎え、「相手は神永でも猪熊でも構わない。とにかく、オリンピックチャンピオンになること、それが今の私のすべてだ」と勝利への執念を見せた。そして、その言葉通り、無差別級で頂点に立ったのだった。

彼は技だけではなく、柔道精神もきっちりと身に沁み込ませていた。けさ固めで勝利が確定するや、狂喜して競技エリアに上がろうとするオランダ関係者をヘーシンクは冷静に手を振って制止したが、「礼に始まり礼に終わる」という教えを体現したものとして長く語り草になった。

試合後、ヘーシンクは神永との一戦を振り返り、「神永を追い込んで、そして神永に攻めさせるように持っていった」と語ったが、見事その戦略が功を奏したような試合内容だった。ただ、「パリ（61年の世界選手権）よりも苦しかった。神永は素晴らしい選手だ」とライバルを称えることも忘れなかった。

東京大会閉幕後の10月29日、福岡市九電記念体育館で国際親善柔道大会が開催され、日本選手対外国選手の紅白点取試合では、16対8（5引き分け）で日本が圧勝したが、大将戦はヘーシンクが坂口征二を、支え釣込足で技ありを取って、優勢勝ちした。

東京大会でのヘーシンクの優勝は、日本中を落胆させたが、一方では柔道が国際競技と認められ、オリンピック種目として定着するきっかけになったといわれる（柔道はメキシコ大会では実施されなかったが、72年のミュンヘン大会以降連続して行われている）。

ヘーシンクは、65年の世界選手権で重量級に出場し、その年の全日本の覇者・坂口を再び下して優勝するが、直後に突如引退を表明して翌日の無差別級を棄権、猪熊との対戦は実現しなかった。その後一時カムバックし、67年のヨーロッパ選手権で、同じオランダのルスカを破って優勝したのが現役最後の試合となった。

引退後のヘーシンクは、事業経営や映画に出演するなど多方面で活躍するが、73年プロレスラーに転身、ジャイアント馬場とタッグを組むなど、多くの試合をこなした。しかし、期待されたほど人気は上がらず、馬場は「柔道着を着て押さえ込まれたらこれほど強い男はいないが、裸になるとこれほど弱い男もいない」と評したとか。

78年にプロレス界を去ると、再び柔道の指導者として活動し、87年にはＩＯＣ委員に就任、国際大会におけるカラー柔道着の普及などにも力を注いだ。２０１０年8月27日、生誕の地でもあるユトレヒトで死去。76歳だった。

## 71 吉田義勝～レスリング・フリー・フライ級優勝～

東京大会のレスリングは、10月11日から19日まで駒沢競技場内の体育館で行われた。駒沢競技場は1940（昭和15）年東京オリンピックの主会場になる予定だったが、戦争のため同大会の開催は返上された。64年東京大会では、24年ぶりに第2主力会場として使用されることになり、レスリングのほか、バレーボール、サッカー、ホッケーが行われた。

さて、東京大会のレスリングは参加国42、参加選手277人で、柔道の27カ国、74人と比べると、レスリングがいかに世界的な競技であったかが分かる。そのレスリングで、日本は金メダルを量産することになるのだ。

レスリングの起源は、紀元前3000年まで遡るといわれている。古代ギリシャでは「安全な格闘技」（格闘技には命にかかわる危険なものも多かった）ということで、体育として奨励され、古代オリンピックでは五種競技の一つとして行われていた。ギリシャの哲学者・プラトンも、若い頃はレスリングの競技者だったといわれる。近代オリンピックでは、第1回アテネ大会の実施種目となり、第3回セントルイス大会からは、継続して行われるようになった。

アリエフを攻める吉田（左）（「毎日新聞」1964年10月14日夕刊）

オリンピックのレスリングには、フリーとグレコローマンの二つのスタイルがあり、フリースタイルは、全身を攻防に用いることができ、タックルの掛け合いによる試合展開となる（その影響を受け、油断している級友に対し、時と場所もわきまえず、やたらとタックルして床にころがそうとする小学生男子が、全国に大勢いたはずである）。

まず、フリースタイルのフライ級に登場したのが、吉田義勝《よしかつ》であった。1回戦のゼーテ（フランス）、2回戦のデルリオヒル（メキシコ）に連続フォール勝ち、3回戦のヤニルマズ（トルゴ）を判定で下し、4回戦のグラッシュ（イタリア）には再びフォール勝ち。14日の5回戦はソ連の強豪アリエフとの実質的な決勝戦となった。

吉田は、終始積極的に攻め続け、判定でアリエフを下した。決勝リーグの相手は、韓国の張昌宜であったが、全く問題にせず判定で楽勝、東京大会でレスリング初の金メダルを日本にもたらした。

吉田は試合後、「苦しかったのは、5回戦のアリエフとの対戦だった。彼の踵《かかと》に力が入っているのを見て、タックルをすれば、勝てると思った。この作戦が成功した」と語っている。

吉田は41（昭和16）年、真珠湾攻撃のひと月ほど前に北海道旭川市で生まれた。旭川商業高等学校定時制課程時代から練習の虫で、日本大学に進学して技に磨きをかけた。

「礼儀正しく、やわらかな物腰の好青年。チームメイトからも好かれているが、マットに上がると、体中にファイトをみなぎらせる」と当時の新聞は評している。

その人徳が生きたのか、日大卒業後、明治乳業に入社、のちに取締役や関連会社の社長を務めた。

## 72 上武洋次郎〜レスリング・フリー・バンタム級優勝〜

フリースタイルのバンタム級には、上武洋次郎《うえたけようじろう》が登場した。上武は1回戦の相手、ドイツのトドリモントに対し、ゴング早々鮮やかな飛行機投げを見せ、9分1秒フォール勝ち。続く2回戦の相手、イギリスのビリングもフォール勝ちに打ち取ったあと、3〜5回戦を判定勝ちし、決勝リーグに進んだ。

フォールとは、相手の両肩を1秒以上マットに付ければ勝ちとなるルールだが、それを知った私は、プロレスでは3カウント数えなければならないのに、わずか1秒で勝敗が決するところが潔く思えて、さすがオリンピックは違うと妙に感心したものである。

さて、上武は決勝リーグで、まずソ連のイブラギモフを判定で退け、次にトルコのアクバスと対戦した。はじめは慎重な戦いぶりだった上武だが、後半1点を減点されてから、俄然積極的に攻撃し、判定で逆転優勝。東京大会のレスリングで、日本人2人目の金メダリストとなった。

試合後上武は、「苦しい試合だった。ポイントを取られたあと、何とかして取り返そうと焦った。最後は作戦を変え、後ろに回り込めたのがよかった」と語っている。

アクバスを押さえ込む上武(「読売新聞」1964年10月15日)

上武は1943(昭和18)年、群馬県邑楽《おうら》町の生まれ。群馬県立館林《たてばやし》高等学校からレスリングを始め、早稲田大学に進学するが、さらに体育学の専攻とレスリング修行のため、アメリカのオクラハマ大学に留学、東京オリンピックは留学中に迎えた。

上武について「鋭い目つきだが色白でなかなかの好男子。すばやい技のスマートな試合運びが身上で、頭脳的な変わり身には定評がある」と当時の新聞記事にあり、要は理詰めのレスリングを得意としたのだろう。

東京大会後も競技を続け、メキシコ大会でも同じ階級で金メダルに輝いた。意外なことに、2016年リオデジャネイロ大会に至るまで、男子レスリングで二連覇を達成した日本人は、上武だけなのだそうだ。引退後は妻の姓を名乗り、妻の実家の旅館業の経営に携わったという。

## 73 渡辺長武〜レスリング・フリー・フェザー級優勝〜

レスリングで、日本は金メダルの量産が期待されていたが、中でも優勝確実と思われていたのが、フリースタイル・フェザー級の渡辺長武《おさむ》であった。

渡辺は1回戦からフォール勝ちで連勝し、決勝リーグではソ連の強豪・ホハシビリを、タックルから高々と抱え上げて落とすという無類の強さを見せて、難なく金メダルを獲得した。フリーでは、フライ級の吉田義勝、バンタム級の上武洋次郎に続く、3つ目の金メダルとなった。

そんな渡辺だが、試合後のインタビューで、「相手に逃げられて、決勝戦が一番つらく、十分な戦いとはいえなかったが、何が何でも勝とうという気持ちだった」と語った。

フリーでは他に、ライト級の堀内岩雄が銅メダル、ウエルター級の渡辺保夫とミドル級の佐々木達雄が5位に入賞した。ちなみにミドル級には、横綱・白鵬の父、ジグジッドがモンゴル代表として出場している。

ドイツのシリングをかかえ投げで攻める渡辺「(「アサヒグラフ増刊・東京オリンピック」1964年)

渡辺は1940(昭和15)年、北海道和寒町《わっさむ》に生まれた。高校時代からレスリングを始め、中央大学に進学、61(昭和36)年からソ連・欧州遠征、全米オープン、世界選手権、アジア大会、日ソ対抗などを通して、連勝に次ぐ連勝。野獣のように攻めまくり、一分の隙も無いその試合運びから、「アニマル」「スイス・ウォッチ」の異名を取った。

東京大会後、渡辺はあっさりと引退し、大手広告会社の電通に入社した。まだ、金メダルでメシが食えるような時代ではなかった。東京オリンピックはテレビ中継や新聞の大キャンペーンにより、メディアの価値を飛躍的に高めるきっかけになった。以降、電通は国内外の大規模イベントの企画・運営などを担う巨大企業体となってゆく。

渡辺は電通に20年いて退社、事業を始めるが、思うようにはいかなかった。88年のソウル五輪を目指して46歳でカムバック。全日本社会人選手権に出場するも、準々決勝で敗退している。その後も参院選に出馬したり、マスターズ世界選手権に出場して優勝するなど（２００３年）、「アニマル」らしい元気なところを見せた。

## 74 花原勉～レスリング・グレコローマン・フライ級優勝～

レスリングのグレコローマンは10月16日から始まった。体全身で攻防が行えるフリースタイルに対して、グレコローマンスタイルは腰から下を攻防に使用することができない。グレコローマンとは「ギリシャとローマの」という意味で、古代ギリシャから行われていた形が受け継がれたものらしい。ちなみに、第1回アテネ大会では、レスリング競技はグレコローマンだけで行われている。

日本は、ローマ大会までグレコローマンではメダルが取れていなかった。このスタイルは、元来手足が長くパワーのある外国選手が有利であると言われていた。東京では何としてもメダル、しかも金メダルがほしかった日本は、グレコローマンの選手強化を図った（本番の1年半前に、トルコから元世界選手権グレコローマンライト級の優勝者であるドアン氏が、日本選手のコーチとして招聘《しょうへい》されている）。その成果が出て、軽量級の花原勉《はなはらつとむ》、市口政光が頭角を現した。二人は柔道からの転向組であった。柔道の投げ技は、グレコローマンに繋がるところがあり、同スタイルには柔道経験者が多かったようだ。

まずはフライ級に花原が登場。1回戦でハンガリーのアルケルにけさ固めでフォール勝ちし、2回戦のサヤドフ（ソ連）、3回戦のガノチス（ギリシャ）、4回戦のメウィス（ベルギー）をそれぞれ判定で下して、決勝リーグに進んだ。

決勝リーグでは、最初にルーマニアのピルブレスクと顔を合わせた。前半から積極的に攻める花原は7分、低いタックルから上四方に押さえ込んで、8分19秒フォール勝ちした。続いて、ブルガリアの怪力ケレゾフと対戦、両者互角の戦いぶりであったが、9分50秒、花原がケレゾフのバックを取って優勢のうちに終了し、判定で花原が勝ち、金メダルをものにした。

ガノチスをかかえ投げで攻める花原
（「朝日新聞」1964年10月18日夕刊）

花原は１９４０（昭和15）年、山口県下関市の生まれ。子供の頃は病弱で、運動を禁じられていたが、中学の時に両親に隠れて柔道を始め、自分で丈夫な体をつくったという。山口県立豊浦《とようら》高等学校時代は柔道部で活躍、日本体育大学に進学後、レスリングに転向した。60年から日本選手権を連続制覇し、東京大会は日体大の助手として迎えた。

優勝が決まると、ドアンコーチが駆け寄って花原を抱き上げた。花原はそのあと胴上げ、さらに一足先に優勝が決まっていた市口と共に肩車されて、場内を一周した。

## 75 市口政光〜レスリング・グレコローマン・バンタム級優勝〜

グレコローマンのバンタム級には、市口政光《いちぐちまさみつ》が出場した。市口は1940（昭和15）年、大阪府生まれの24歳。関西大学在学中に出場したローマ大会で7位に入り、東京大会の2年前には、全米選手権と世界選手権を制して、〝日本に市口あり〟と脚光を浴びていた。

彼もまた花原同様、快進撃を見せる。1回戦でアフガニスタンのヌールを9分56秒、けさ固めで決めてフォール勝ち。2〜4回戦では、シュタンゲ（ドイツ）、バルガ（ハンガリー）、バシクレフ（ブルガリア）を連続して判定で下し、5回戦でチェコのシュバツと顔を合わせた。

後半、市口は猛攻に出て、抱え投げ、一本背負い、すくい投げと多彩な投げ技を連発し、一方的な判定でシュバツを破った。ここで、

シュバツを押さえ込む市口（「毎日新聞」1964年10月19日）

市口以外の3選手の罰点が6を越えたため、決勝リーグに入ることなく市口の金メダルが確定、日本人としてオリンピックのレスリング・グレコローマンスタイルで最初の金メダリストとなった。

優勝インタビューに市口は、「優勝が転がり込んできたようで、まだ実感がわかない。フリーの3人が金メダルを取ったので、グレコも頑張らなければならないと、夢中で戦った」と語った。

162センチ、63キロと上背はないが、腕の力が強く、抱え投げ、後ろそり投げが得意で、頭脳的な試合運びには定評があった。「ぴっちりとしまった均整の取れた体、鼻筋の通ったハンサムな紳士」と当時の新聞記事にあるが、試合写真を見る限り、今なら「イケメンレスラー」と呼ばれてふさわしい風貌だろう。

グレコローマンでは、フェザー級の桜間幸次《さくらまこうじ》、ライト級の藤田徳明《とくあき》が共に4位に入賞した。結局、レスリングにおいて日本は、グレコローマンで花原と市口が、フリーで吉田、上武、渡辺が優勝し、合わせて5個の金メダルを獲得した。日本が、一つの競技で5つの金メダルを取ったのは、32年ロサンゼルス大会の水泳以来、32年ぶりのことであった。

## 76 杉山恒治〜東京大会後、プロレスに転向して成功〜

実は東京大会のレスリングでは、フリー、グレコローマンとも、最重量級であるヘビー級にも日本選手が出場している。グレコローマンに出場したのは杉山恒治《つねはる》。のちのプロレスラー「サンダー杉山」だ。杉山は１９４０（昭和15）年、新潟県糸魚川市の生まれ。東海高校から同志社大学へ進学、柔道部に所属するが、明治大学農学部に編入学し、レスリングを始めた。

全日本学生選手権、全日本選手権を制して、24歳で東京オリンピックへの切符を手にした。しかし、本番では1回戦でハンガリーのイストバーン・コズマといきなり対戦することに。コズマは、１９８センチ１３７キロの巨体から「ハンガリーのヘラクレス」の異名を持ち、優勝候補の筆頭に上げられていた。当時のある新聞は、杉山の戦いぶりを、

「杉山とコズマは身長で23センチ、体重で17キロも違って、大人と子どもがやっているようなもの。マットサイドへ寄られた杉山は、捨て鉢なそり投げを打つが、重みに耐えかねてつぶされ、そのまま寝技に持ち込まれての完敗だった」と辛口に報じている。

結局、杉山は3回戦で敗退。優勝したのは、やはりコズマだった。彼は4年後のメキシコ大会でも優勝し、二連覇を遂げる。

さて、オリンピックの翌年、杉山は日本プロレスに入団し、プロレスラーとなった。「空手チョップ」で一世を風靡《ふうび》した

市口を肩車する杉山（右下）（「日本経済新聞」1964年10月20日）

力道山が死んだのが、東京大会前年の暮れ。以後、プロレス界はジャイアント馬場、豊登《とよのぼり》、アントニオ猪木らの時代になっていた。

杉山は得意技「雷電《らいでん》ドロップ」で人気を博す。豪放磊落《ごうほうらいらく》なイメージがあったが、アマチュアレスリングで練習を積んだ経験から、基礎はしっかりしていたのだろう、1970（昭和45）年5月、「人間風車」の大技で日本の少年たちを魅了したビル・ロビンソンを、日本人として初めて破り、IWA世界ヘビー級王座を奪取した。

2002年11月22日、心不全で死去。62歳だった。なお、東京大会のフリースタイルのヘビー級に出場した斉藤昌典《まさのり》（明治大学）も3回戦で敗退し、杉山同様、翌年プロレスラーに転向している。リングネームは「マサ斉藤」。1987（昭和62）年、アントニオ猪木と時間無制限・ノーレフェリー・ノールール・無観客で行った試合は、「巌流島決闘」と称され伝説化している。斉藤は2018（平成30）年7月14日、75歳で病没した。

## 77 八田一朗～「八田イズム」で恐れられたカリスマ指導者～

オリンピックでの日本のレスリング初参加は意外に早く、1924年アムステルダム大会である。内藤克俊《かつとし》がフリースタイルのフェザー級に出場し、いきなり銅メダルを獲得した。内藤は、前回のアントワープ大会でテニス競技において銀メダルを取った熊谷一弥《くまがいいちや》、柏尾誠一郎《かしおせいいちろう》に続き、日本人として3人目のメダリストとなった。

内藤は元は柔道家で、アメリカ留学中にレスリングに出会い、全米学生チャンピオンにまでなったが、当時まだ日本ではレスリングは行われていなかった。31（昭和6）年、早稲田大学出身で、嘉納治五郎の秘書をしていた八田一朗《はったいちろう》が、同志数名と同大学にレスリング部を創設したのが、日本のレスリングの始まりとなる。八田は早大の柔道部に所属していた頃、アメリカ遠征をしてレスリングに敗れ、そのことが部創設のきっかけになったとされる。

彼は、柔道に比べ軽視されがちだったレスリングの普及に努め、32年ロサンゼルス大会には6人の日本選手と共に自らも出場するが、日本チームは惨敗に終わった（八田はフリー・フェザー級で2回戦敗退）。大会後、八田はレスリング修行のため単身渡米、様々なことを学んで帰国する。しかし、戦争の勃発、応召で歳月は流れ、戦後の46（昭和21）年、八田は40歳にして第3代の日本レスリング協会会長に就任する。

以後、日本レスリングのレベルアップに尽力し、監督として日本チームを率いた52年ヘルシンキ大会では、フリースタイル・バンタム級の石井庄《しょう》

フリーで3人が金メダルを取り、胴上げされる八田監督（「毎日新聞」1964年10月15日）

八《はち》が戦後初の金メダルを獲得した。続くメルボルン大会でも、笹原正三（フリー・フェザー級）と池田三男《みつお》（フリー・ウエルター級）が金メダル、笠原茂（フリー・ライト級）が銀メダルに輝いた。

しかし、60年のローマ大会では、松原正之の銀メダル一つに終わり、八田をはじめレスリングチーム全員が丸坊主になって帰国し、世間の語り草となった。次回地元で開催される東京大会では、何としても名誉挽回しなければならない。八田が東京大会に向けて選手に与えたスパルタ指導は、「八田イズム」と呼ばれる独特のものだった。

ライオンとにらめっこさせたり、電車がガーガー走っている所で寝かせたり、真夜中にたたき起こしたり。一番有名なのが、だらしない戦いや明らかなミスをした者には、上はもとより「下の毛」も剃る厳罰に処したことであろう。

もっとも、一見奇抜で惨酷に見える八田イズムも、一定の合理性があったといわれ、「ハッタリの八田」と揶揄されながら、東京大会でのレスリングで日本は金メダル5個を獲得したのである。

勝因を聞かれて、八田は、

「皆が〈狂〉になったからだ。私も含め〈レスリング狂〉にね」と答えている（大会中、気の無い試合でフォール負けした川野俊一《かわのしゅんいち》選手を、八田は一時選手村から追放した）。

八田は83（昭和58）年4月15日、76歳で病没するが、死ぬまで日本レスリング協会の会長を務め、会長在任の37年間に、オリンピックのレスリングで、金20、銀14、銅10のメダルを日本にもたらした。

桜井のパンチにコーナーへ倒れかかる韓国の鄭（「毎日新聞」1964年10月24日）

78

# 桜井孝雄～日本初のボクシング金メダリスト～

ボクシング競技は、10月11日から22日まで、フライ級からヘビー級までの10階級に分かれ、後楽園アイスパレスで実施された。ボクシングは古代オリンピックでも、拳《こぶし》に皮ひもを巻いて行われていた。近代オリンピックでは、１９０４年のセントルイス大会で初めて実施種目となるが、しばらく中断し、20年のアントワープ大会で復活、以降は途切れなく行われている。

日本が初めてボクシングに参加したのは、28年アムステルダム大会で、臼田《うすだ》金太郎（ウエルター級）と岡本不二《ふじ》（バンタム級）の2名が出場し、臼田は準々決勝まで進出している。60年ローマ大会で、フライ級の田辺清が3位に入り、初めてボクシングで日本にメダルをもたらした。

東京でもメダルをという期待を担ったのが、バンタム級の桜《さくら》井《い》孝雄《たかお》だった。桜井は41（昭和16）年、千葉県佐原市の生まれ。高校時代にボクシングを始め、インターハイに優勝、中央大学に進んだ。同大の2年先輩にローマ大会の銅メダリスト、田辺清がいた。63（昭和38）年に全日本アマチュアボクシング選手権大会に優勝し、一躍東京オリンピックのホープと見なされるようになる。

桜井は1回戦、2回戦、準々決勝、準決勝と判定で勝ち進み、決勝は、62年のアジア競技大会フライ級の覇者、鄭申朝（韓国）との対戦となった。好調の桜井は最初から積極的に攻め、1回30秒、左ストレートを放つと鄭はたまらずダウン。桜井は立ち上がった鄭に連打を浴びせ、右フックで再びダウンを奪った。

2回に入って桜井はますます優勢、開始40秒、桜井の左ストレートで鄭は3回目のダウン。カウント8で立ち上がったが、30秒後に4度目のダウンを喫し、1分18秒、桜井はRSC（レフェリ・ストップ・コンテスト）で勝利した。ここに、アムステルダム大会のボクシング初出場以来、日本は36年目にして初めて、この競技で金メダルを獲得したのであった。

試合後のインタビューで桜井は、「ここまで来るとは思わなかった」と語ったが、実際、下馬評では「よくて銅メダル」と言われていたから、正直な感想だったのだろう。

東京大会の翌年、桜井はプロデビューする。当時、日本のプロボクシング界では、65年5月18日にファイティング原田が「黄金のバンタム」と呼ばれたエデル・ジョフレ（ブラジル）から王座を奪い、桜井と同じバンタム級で、日本人唯一人のチャンピオンになっていた。

桜井は、日本人ボクサーとの試合を重ねるが、なかなか世界タイトルマッチの機会に恵まれなかった。68年にようやく世界バンタム級チャンピオン、ライオネル・ローズ（オーストラリア）に挑戦するが、残念ながら判定負けした。

世界王座を奪取せぬまま、71（昭和46）年に引退。後年、ボクシングジムを開設し、後進の育成に努めたが、2012（平成24）年1月10日、70歳で病没した。その7カ月後、ロンドンオリンピックのボクシングミドル級で村田涼太が優勝し、桜井以来、実に48年ぶりにボクシングの金メダルが日本にもたらされた。

## 79 ジョー・フレージャー ～アリの好敵手となるボクシングヘビー級優勝者～

1970年代の前半が、プロボクシングヘビー級の黄金期であったと回想する向きは多いのではないか。私もその一人だが、モハメド・アリ、ジョー・フレージャー、ジョージ・フォアマンが三つ巴の戦いを繰り広げていて、試合の度に世界を騒がせたものだった。

ところでこの三人、いずれもアメリカの黒人選手としてオリンピックに出場し、金メダルを獲得している。アリ（当時の名はカシアス・クレイ）は60年ローマ大会・ライトヘビー級、フォアマンは68年メキシコ大会・ヘビー級、そして、フレージャーは東京大会・ヘビー級のチャンピオンだった。

フレージャー（180センチ、89キロ）は東京大会当時、フィラデルフィアの肉屋に勤める20歳の青年だった。負傷したバスター・マシスに代わってのオリンピック出場であったが、とんとん拍子に勝ち進み、決勝ではレスリングからボクシングに転向したドイツのハンス・フーバーと対戦した。

フレージャーは得意の左フックを連発して、「米国ジャガー」の異名どおり、フーバーを追い掛け回したが、ついに捕まえることができず、判定で優勝を決めた。

東京大会の翌年プロデビュー。6連勝のあと68年にニューヨーク州公認の世界ヘビー級王座決定戦に臨み、因縁のバスター・マシスを倒し、世界チャンピオンの座に就いた。

その後、WBA、WBCの王座も奪取して、統一世界王者となり、71年に前世界チャンピオンのアリと対戦、15回左フックでアリからダウンを奪い、判定で勝利した。しかし、73年1月、フォアマンの挑戦を受け、1ラウンドに3度、2ラウンドにも3度ダウンを奪われ、TKO負けで王座から陥落した（キングストンの惨劇）。

精悍な風貌のフレージャー
（「毎日グラフ臨時増刊・オリンピック」1964年）

74年10月、無敵のチャンピオンと思われたフォアマンにアリが挑戦、まさかの8回KO勝ちで、世界チャンピオンに返り咲いた（キンシャサの奇跡）。フレーザーは、74年1月と75年10月にアリと再戦するが、判定負けと14回TKO負けを喫した。結局フレージャーは、アリにもフォアマンにも負け越したまま、81年に競技生活を終えた。

アリは、78年2月、モントリオールオリンピックのライトヘビー級金メダリスト、レオン・スピンクスに敗れ、王座を失った（7カ月後奪還するが、その後王座を返上）。フォアマンはアリとは再戦しないまま引退し、伝道師となる。だが、94年に45歳でカムバックし、20年ぶりに世界ヘビー級王座を奪取する「奇跡」を演じた。

フレージャーは機関車のような突進力から「スモーキング・ジョー」のニックネームで親しまれ、映画『ロッキー』の主人公、ロッキー・バルボア（シルヴェスター・スタローン）が、フィラデルフィアの肉屋で働き、得意のパンチが左フックという設定なのは、フレージャーが意識されているからだ、ともいわれる。２０１１年11月7日、肝臓がんのため、67歳で死去。

ちなみに、伝説のボクシング漫画『あしたのジョー』（梶原一揆原作、ちばてつや画）の連載が少年マガジンで始まるのは、68（昭和43）年1月のことである。

## 80 大川平八郎～フルーレ団体4位入賞の立役者～

フェンシングというと、１９６５（昭和40）年に公開されたアメリカ映画『グレート・レース』のあるシーンをいつも思い出す。出演者は、主演のトニー・カーチスをはじめ、ジャック・レモン、ピーター・フォーク、ナタリー・ウッドという豪華版。

ストーリーは、ニューヨークからパリまでの自動車レースをおもしろ可笑しく描いた冒険コメディーだが、あるシーンとは、出場者の冒険家レスリー（トニー・カーチス）が、レース途中で悪者にさらわれた女性記者（ナタリー・ウッド）を助け出そうとして、悪者とフェンシングで戦う場面である。

素晴らしい剣捌《さば》きで悪者を翻弄し、構えを決めてにっと笑った口元の歯がきらりと光るのである。それがカッコよくて、何度か再放送を見るうち、頭にこびりついてしまったようだ。

さて、フェンシングの原形は、中世ヨーロッパ騎士の剣術とされ、17世紀の終わり頃から、フランスやイタリアで競技として行われるようになった。日本には、明治時代にフランス人のお雇い外国人によって、陸軍戸山学校に伝えられたのが最初とされるようだ。

フルーレ個人予選での大川（左）（「朝日新聞」1964年10月13日夕刊）

近代オリンピックでは、第1回アテネ大会から継続して実施されたが、日本が参加したのは52年ヘルシンキ大会からである。しかし、60年ローマ大会まで一度の入賞も果たせていなかった。

東京大会のフェンシングは、10月13日から23日まで早稲田大学記念会堂で実施された。フェンシングには、フルーレ、エペ、サーブルの3種目があり、男子ではそれぞれ個人と団体が、女子はフルーレのみで個人と団体が行われた。

日本は個人戦ではことごとく予選敗退となったが、男子フルーレ団体で、大川平三郎《へいさぶろう》を中心に田渕和彦、清水富士夫、真野一夫が健闘し、準々決勝で強敵ハンガリーを破る金星を上げた。しかし、準決勝でポーランドに敗れ、3位決定戦ではフランスに負けて、惜しくも4位となった。

大川は東京都出身の24歳。中央大学卒業後、黒田電気に所属していた。東京大会に向けてフランスで2年間修業し、前年の東京国際スポーツ大会（プレオリンピック）には一時帰国して参加、フルーレの世界チャンピオンであるフランスのマニアンを破って優勝した。

当然東京大会では期待を集め、フルーレ個人・団体、エペ個人・団体の4種目を掛け持ちした。フルーレ個人予選で、マニアンを再び破ったものの、決勝に進むことはできなかった。その悔しさがフルーレ団体の4位入賞に繋がったのかもしれない。

大川はオリンピック後、アメリカに渡り、全米フェンシング選手権で三連覇する偉業を達成した。また、米国フェンシング界で「タイガー・モリ」の異名を取った森寅雄《とらお》の娘と結婚し、彼の事業を引き継いでいる。森は、元は剣道家（八段）で、戦前に渡米してフェンシングに出会い、わずか1年後に全米フェンシング選手権で準優勝して、当地のフェンシング界を驚かせた伝説の人物である。

１９４０年に開催予定だった東京オリンピックでのメダルが期待されたが、戦争で返上となったため、それは果たせなかった。結局、日本が初めてフェンシング種目でメダルを取るのは、太田雄貴《ゆうき》が男子フルーレ個人で2位に入る、２００8年北京大会においてである。

ところで、フェンシングは女子種目も実施された。これは１９２４年パリ大会から始まったことで、格闘技の中では異例の早さであった。ちなみに、柔道の女子種目は92年バルセロナ大会から、レスリングは２００４年アテネ大会から、ボクシングは12年ロンドン大会からである。

練習前に笑顔を見せるウイラキ
（「朝日新聞」1964年9月30日）

女子種目のうち、フルーレ個人は大接戦となった。ハンガリーのウイラキとドイツのメッス、イタリアのラーニョが決勝リーグにおいて2勝1敗で並んだのだ。優勝決定リーグが行われ、ウイラキが2勝して優勝を決めた。

ウイラキは衣料関係の工場に勤める27歳。少女時代に交通事故に遭い、耳がほとんど聞こえず、喋ることも不自由だった。しかし、ハンデをものともしない猛練習によって、着実に力をつけ、63年の世界選手権で優勝、私生活では同じ工場に勤める同僚と結婚した。

東京大会では、自分の試合のない時は、いつも会場の隅でさみしそうに座っていたが、試合が始まると俄然、生き生きしたフェンサーに豹変した。彼女の試合ぶりを、ある新聞は、

「リズミカルなフォーム、完璧な動作は、チョウのように艶やかである。競技であることを忘れれば、

バレーを観ているような幻想に取りつかれてしまう」と評した。

表彰台で金メダルを胸に涙ぐむ彼女に、観客席から国籍を超えて惜しみない拍手が起こった。「優勝を誰に一番早く知らせたいか」の質問に、微笑みながらくちびるを動かした。それを見た彼女のコーチがすかさず、

「もちろん、夫に電報で第一に知らせます」と通訳。まだ、電報が威力を発揮した時代であった。

## 〈コラム⑦〉ウィルソン英新首相とビートルズ

ウィルソン（「読売新聞」1964年10月17日）

10月16日、イギリスで総選挙が行われ、労働党が保守党を破り、13年ぶりに政権に返り咲いた。しかし、労働党317議席に対して、保守党は304議席という僅差。首相となった労働党党首、ハロルド・ウィルソンは苦しい政権運営を余儀なくされる。

18歳以上の男女に選挙権を与える選挙法改正を行う一方、社会保障の充実のため、富裕層に95パーセントという高い税率を課した。ウィルソンの政策を皮肉った「タックスマン」という曲（ジョージ・ハリソン作）

をビートルズがリリースするのは、1966年である。

その年の6月29日、ビートルズが来日、日本中がビートルズ一色に染まった。ビートルズとは、もとより、ジョン・レノン、ポール・マッカートニー、ジョージ・ハリソン、リンゴ・スターの4名からなるイギリスのロックグループである。

公演は6月30日、7月1日・2日の3回行われ、会場はいずれも日本武道館、すなわち東京オリンピックの柔道が行われた施設であった。オリンピック当時、2年後に世界のスーパーロックグループがここで公演しようとは、誰も（へーシンクも神永も）予想し得なかったであろう。ちなみに、公演が決まった時、日本の格技関係者からは、「日本の武道文化を冒涜《ぼうとく》するもの」という批判の声が上がったそうだ。

もっとも、東京大会当時、欧米ではすでにビートルズ人気が大変なことになっていた。64年は年初から「抱きしめたい」がシングルチャート1位に。2月には初めてアメリカツアーを行い、ワシントン・コロシアム、カーネギー・ホールなどでの公演は、熱狂的な盛り上がりを見せた。また、ツアー中に彼らが出演した『エド・サリヴァン・ショー』は、アメリカのテレビ史上最高の視聴率を上げたといわれる。

さて、ウィルソンは70年の総選挙で敗北し一旦下野するが、74年の総選挙で再び首相に返り咲く。しかし、任期半ばの76年に突如辞任。まだ、60歳であったが、アルツハイマー病が原因であったとされる。「鉄の女」、マーガレット・サッチャーが英首相の座に就くのは、それから3年後のことだ。

# 球技・その他

## 81 デットマール・クラマー
## ～「日本サッカーの父」と呼ばれたドイツ人～

サッカーは10月11日から23日まで、大宮蹴球場、三ツ沢蹴球場、駒沢陸上競技場、秩父宮《ちちぶのみや》ラクビー場、国立競技場の５カ所を会場として行われた。予選リーグはＡ～Ｄの４グループに分かれ、日本はガーナ、アルゼンチンと同じＤグループとなった。

サッカーの起源は、石器時代にまで遡ると言われるが、競技として行われるようになるのは、19世紀に入ってからである。イギリスでまず始まり、短期間のうちにヨーロッパ、南米へと広がった。近代オリンピックでは、第1回アテネ大会から実施され、日本の初出場は１９３６年のベルリン大会であった。ちなみに、ＦＩＦＡワールドカップは30年に始まっている（第1回はウルグアイで開催）。

日本のサッカーは、明治時代の後期から師範学校を中心に広まり、大正時代には全日本選手権が行われるまでになった。ベルリン大会では、初出場ながら優勝候補の一つであったスウェーデンを破っている（ベルリンの奇跡）。しかし、その後は低迷が続き、60年のローマ大会ではアジア予選で敗退し、出場することさえかなわなかった。

東京大会は開催国ということで地域予選なしに出場できるが、このままでは、ふがいない成績に終わるのは目に見えていた。そこで、日本サッカー強化のため、西ドイツから招かれたのが、デットマール・クラマーだった。

日本とドイツサッカーとは過去に縁があった。第1次世界大戦で、中国青島（チンタオ）の領有をめぐりドイツと戦った日本は、敗戦国となったドイツの捕虜を国内に連れ帰った。ドイツ人捕虜は優遇され、広島の捕虜収容所ではサッカーを楽しみ、広島高等師範のサッカー部が、本場のサッカーの教えを請いにたびたび収容所を訪れたという。

アルゼンチンを破り選手と抱き合うクラマー（「毎日新聞」1964年10月15日）

クラマーは25年、西ドイツ・ドルトムントの生まれ。十代からサッカーで頭角を現すが、戦争によって中断させられ、戦後はその指導力が認められて、各種クラブでコーチを十年以上務めていた。そんな彼に、日本から依頼を受けた西ドイツサッカー協会が白羽の矢を立てたのだった。
クラマーは来日すると、宿舎や食事などをすべて日本選手と同じにしてくれるよう求めた。日本選手の気持ちを一日も早く理解するためだった。練習では、基本的な蹴り方を繰り返し行うことから始めた。ドイツ人としてはひと際小柄なクラマーだったが、サッカーにかける情熱は生半可ではなく、動きの悪い選手に対しては、遠慮会釈なく気合いを入れた。通訳は選手が委縮せぬよう意訳するのに苦労したという。

４年間クラマーに鍛えられた日本チームは、10月14日、駒沢競技場で緒戦のアルゼンチン戦に臨んだ。当時サッカーは、アマチュアは東欧、プロは南米といわれていた。しかし、アルゼンチンは、トップ選手はもちろんプロに行くが、オリンピックのメンバーも次の世代を担う有望な若手で構成されていた。

試合開始後、アルゼンチンがボールを支配し、前半24分、中央突破から先制点を決められる。その後もアルゼンチン優勢のまま前半終了。ハーフタイムでクラマーは、「我々に失うものは何もない。ヤマトダマシイでゆけ」と選手に檄を飛ばしたという。

それが利いたのか、後半に入って日本はチャンスをつかむ。９分、八重樫茂生《やえがししげお》からパスを受けた杉山隆一《りゅういち》が、相手ディフェンダーを振り切って同点ゴールを決めたのだ。アルゼンチンも負けてはいない。後半17分、日本のキーパーの弾いたボールを押し込んで勝ち越し。しかし、日本は後半36分、杉山からのパスを釜本邦成《かまもとくにしげ》が合わせて再び同点に。会場は興奮の坩堝《るつぼ》と化した。

決勝ゴールはその直後に訪れた。相手側キーパーの前にこぼれたボールを小城得達《おぎありたつ》がキック、ボールはキーパーの頭越しにゴールへ吸い込まれていった。３対２のまま試合終了。世紀の大番狂わせに日本中が沸いた。試合後クラマーは、「諸君のファイティング・スピリットに心から敬意を表したい」

と選手の労をねぎらった。

日本は、次のガーナ戦では惜しくも3対2で敗れたものの、二度リードするという見せ場も作った。進出した準々決勝では、最終的に銀メダルを取るチェコに4対0で敗れたが、ベスト8入りという結果を残したのだった。東京オリンピックをきっかけに、日本では小学生の間でもサッカーがブームとなり、2年後私が中学に入るころには、サッカー部は野球部と並ぶ人気運動部となっていた。

クラマーは東京大会後、任期を終え帰国する。彼が日本に残した数々の教えは、後年多くの実を結んだ。65（昭和40）年の日本サッカーリーグの発足、68年メキシコオリンピックでの銅メダル獲得などである。こうしたことから、クラマーは「日本サッカーの父」と呼ばれるようになった。2015年9月17日、90歳で死去。

## 82 松平康隆～「魔女」を乗り越えた男～

東京大会では、「東洋の魔女」の陰に隠れて、いささか印象の薄い日本の男子バレーボールだが、実は堂々銅メダルを獲得している。男子バレーは10カ国が参加し、総当たりで順位が決められた。ライバルは、ソ連をはじめルーマニア、チェコスロバキア、ブルガリア、ハンガリーの共産国だった。

日本は緒戦、韓国に3－0で圧勝したあと、第2戦はハンガリーと対戦し、0－3で惨敗。続くチェコ戦でも1－3で敗れ、俄然雲行きが怪しくなる。強敵との対戦を残す中、1勝2敗ではメダルはおぼつかない。ところが、ここから予期せぬ展開が始まった。

4戦目で迎えた強豪ブルガリアに完勝、5戦目のアメリカも下して3勝2敗とし、実力ナンバーワンのソ連戦に臨んだ。1セット目は14－14のあと相手に取られたが、2セット目からは、しぶといレシーブと変化サーブでソ連を翻弄し、15－5、15－8、15－10と3セットを連取して、まさかの大金星を上げた。

さらに日本の快進撃は続く。ブラジルをフルセットの末破り、続くメダル候補のルーマニアにストレート勝ち、最終戦のオランダも制して、何と1勝2敗のあとの6連勝で、銅メダルをものにしたのだった。優勝は、日本以外のすべてのチームに勝ったソ連、2位はチェコだった。

さて、東京大会で日本男子チームのコーチとして選手を指導したのは、当時34歳の松平《まつだいら》康隆《やすたか》だった。松平は1930（昭和5）年、東京都荏原《えばら》区（現・品川区）の生まれ。慶応大学と卒業後就職した日本鋼管（現・ＪＦＥエンジニアリング）で、9人制の選手として活躍した。バレーボールは19世紀の終わりにアメリカで誕生し、日本へ

強敵ソ連を下して喜ぶ日本男子チーム（「読売新聞」1964年10月20日）

は大正時代に紹介されている。当時はまだ明確なルールがなく、日本では独自の発展を遂げて9人制となっていたのだ。

しかし、国際的には6人制が主流であり、日本も国際舞台で活躍するためには、6人制に改める必要があった。9人制に慣れた日本選手の目には、6人制での外国選手のプレーはまるで曲芸のように見えたという。61（昭和36）年に現役を退いた松平は、6人制バレーを学ぶためにソ連へ留学、帰国後、全日本男子バレーチームのコーチに就いたのだった。

その年の欧州遠征では、22戦全勝の日本女子に対し、男子は2勝21敗という不成績。「女子のかばん持ち」と揶揄されたが、その後、強豪国に追いつけ追い越せと強化を重ねて力を付け、東京大会前年の東京国際スポーツ大会（プレオリンピック）では、ソ連を破って優勝するまでになった。だから、東京大会の銅メダルは決してフロックではなかったのだが、いかんせん「東洋の魔女」の優勝の前に、その成果はあまり取り上げられることはなかった。

映画『東京オリンピック』の撮影に、松平はコーチとして全面的に協力したが、完成したものに男子バレーは1コマも出てこなかった。また、関係団体から、「女子と一緒に祝勝会をやるから、今から来い」という電話を受けた時、彼は即座に断り電話を切ったという。男子チームへの事前の連絡を忘れていたことが、見え見えだったからだ。

そうした悔しさがバネにもなったのだろう、東京大会の翌年に全日本の監督に就任すると、松平は「世界制覇8年計画」を立て、数々の改革を実行していく。そして、日本の男子バレーを、68年メキシコ大会で銀メダル、72年ミュンヘン大会ではついに金メダルへと導いたのであった。東京大会に出場していた猫田勝敏《ねこだかつとし》、南将之《まさゆき》、中村裕造は、8年後やはり選手として松平と共に優勝の美酒に酔った。ミュンヘン大会開幕の直前まで、4カ月にわたって、『ミュンヘンへの道』という、アニメと実写を組み合わせたドキュメンタリードラマがテレビ放映された。テレビ局に企画を持ち込んだのは、全日本チームの「宣伝部長」を自任する松平自身であった。男子バレー人気を演出するための、一つの手段と考えたのだ。2011(平成23)年12月31日、肺気腫のため死去。81歳だった。

## 83 大松博文～「魔女」を率いた「日本の父」～

日本女子バレーボールを金メダルに導いた大松博文《だいまつひろぶみ》監督は、ある意味昭和30年代を象徴するような、というか昭和30年代にはまだ生きていた「日本の父」であった。「俺についてこい」「なせばなる」という、自著のタイトルにもなった彼の「名言」は、父権主義あるいは精神主義の典型として、今なら最も嫌がられるスローガンであろう。

東京オリンピックの年の3月まで、テレビ放映されていたアメリカのホームドラマ『パパは何でも知っている』のパパが、日本の婦女子に大いに受けたのは、自分たちの父や夫と比べて、余りにも対照的(もちろんいい意味で)であったからに違いない。

大松は1921（大正10）年、香川県宇多津《うたづ》町に生まれている。県立坂出《さかいで》高等学校時代からバレーボール部に所属し、進学した関西学院大学では大学選手権で優勝。卒業後に日紡に就職するが、陸軍の召集を受けて南方を転戦。最後は「白骨街道」と称された、過酷なインパール作戦にも加わったが、幸いにも数少ない生存者の一人として帰国した。

帰国後すぐに日紡に復帰し、53（昭和28）年、創設された女子バレーボール部のコーチとして貝塚工場（大阪府貝塚市）に配属になったのだった。大松は女子選手に対して、徹底したスパルタ式の指導を行った。体の大きな外国選手に対抗するため、様々な秘策が考案されたが、最も有名なのは「回転レシーブ」であろう。スパイクされたボールを回転しながら拾いあげ、すぐに次の態勢が取れる技だ。

他にも、相手の手元でストンと落ちる、「木の葉落とし」と呼ばれる変化サーブも編み出された。そして、これらをマスターさせるため、正に血のにじむような練習を選手たちに課したのである。

「鬼の大松」と称された大松だが、必ずしも厳しさ一辺倒でもなかったようだ。選手の体調に気を配り、月1回は休みを与え、自ら映画を見に連れて行って、あんみつなど甘いものを御

優勝が決まり、「魔女」たちに胴上げされる大松監督（「日本経済新聞」1964年10月24日）

馳走することもあったという。

金メダルが決まったあと、大松は駆け寄って来た女子選手たちに胴上げをされた。若い女性たちに胴上げされた日本の監督は彼が初めてであったかもしれない。1回2回と宙に舞っておろされた鬼の目には光るものがあった。

東京大会後に出した彼の著書『俺についてこい！』はベストセラーとなり、映画化もされた。翌年には周恩来の招きで訪中し、同国女子バレーボールチームのコーチを務めた。68（昭和43）年、佐藤栄作《えいさく》首相の要請で参議院選挙に出馬し当選する。同期には石原慎太郎、青島幸男、横山ノックなどがいて、彼らと共に「タレント議員」と呼ばれた。

しかし、2期目は落選。しばらくは逼塞《ひっそく》状態だったが、やがてママさんバレーの指導を行うようになる。78（昭和53）年11月23日、岡山県井原《いばら》市でのママさんバレー教室の講師を務めたあと、宿舎で倒れ、救急車で運ばれたが助からなかった。心筋梗塞。まだ57歳の若さだった。

## 84 河西昌枝～身だしなみに気を使った「魔女」のキャプテン～

「東洋の魔女」と呼ばれた日本チームは、全日本選抜ではなく日紡貝塚という企業チームであった。日紡とは大日本紡績の略称で、現在のユニチカの前身である。日紡は工場ごとに女子バレーボールチームを持っていたが、1954（昭和29）年に貝塚工場に統合された。当時日本は繊維産業の全盛期で、貝塚工場には3千人の女子工員が働いていたという。

河西昌枝《かさいまさえ》は33（昭和8）年、山梨県中巨摩郡《なかこま》（現・南アルプス市）で生まれた。地元の山梨県立巨摩高等学校を卒業後、日紡足利に入社、3年後、バレーボール部の統合に伴って貝塚工場へ異動する。

金メダルが決まり安堵した表情を見せる河西（「アサヒグラフ増刊・東京オリンピック」1964年）

足利工場時代の河西は、174センチという長身だけが取り柄で、何をやらせてもミスが多く、立っているだけの「案山子《かかし》」という不名誉なあだ名が付けられたという。しかし、貝塚に移ってからは、大松監督の元、猛練習によって見違えるように力を付けていった。

河西は庶務課の勤務を終えたあと、夜中まで練習に打ち込んだが、料理や編み物、刺繍《ししゅう》など女性らしい趣味を持ち続け、身だしなみも怠らなかった。意外にも、河西は爪を伸ばし、マニュキアを付けていた。もとより、バレーボール選手が爪を伸ばすことはタブーである。レシーブ・トス・パス・アタック、どれをとっても爪を折る危険があるからだ。

大松監督は「切ってしまえ」と命じたが、河西はこれだけには従わなかった。バレーを止めたらただの女。女らしさを忘れたくない、というのが理由だった。

人望も篤かった河西は、やがて主将に任命される。日紡貝塚チームは59（昭和34）年以降、国内では連勝街道を驀進《ばくしん》し、60年の第3回世界選手権に出場してソ連に次いで2位、そして62年の第4回世界選手権で、ついに11連勝中のソ連を破り、初の世界一となったのだった。

彼女たちに「東洋の魔女」のニックネームが付いたのは、この頃からだったようだ。余りの強さに、ソ連のマスコミが腹立ちまぎれに付けた「蔑称」だったともいわれる。

〈ちなみに、アメリカのコメディードラマ『奥様は魔女』と『可愛い魔女ジニー』が66（昭和41）年に日本で放映開始されるが、これらの魔女は、いずれもお茶目で愛すべきキャラだった〉

東京大会の女子バレーボールは、日本、韓国、ポーランド、ルーマニア、アメリカ、ソ連の6カ国によって、総当たりのリーグ戦が行われた。決勝戦は、無敗同士の日本とソ連の対戦となった。10月23日夜、駒沢バレーボール場で、その火ぶたは切って落とされた。

第1セットは初めソ連がリードするが、宮本恵美子のスパイクで7－7の同点に追いつき、最後はキャプテンの河西が決めて15－11でこのセットを取った。第2セット、日本は好調の波に乗り、河西が多彩にトスを上げて宮本、谷田絹子、半田百合子が次々とスパイクを相手コートに打ち込み、15－8でこのセットも日本が奪取する。

そして、第3セット。日本はトリックプレーであっという間に13－6とするが、ここからソ連のエース、イイナ・リスカルのスパイクなどで連続してポイントを取られ、14－13まで追い上げられた。

リスカルは日本にとっては正に悪役であったが、この時はまだ20歳の体育学院生だった。ソ連最大の油田地帯である、カスピ海沿岸のバクー市の出身で、すでに「世界一のストライカー」の名をほしいままにしていた。

ソ連の主砲リスカルのスパイク（「朝日新聞」1964年10月5日）

彼女のスパイクを受け止めようとして、体ごと吹っ飛ばされる選手もいたそうだが、174センチ、74キロの均整の取れた体は、スタンドから思わずため息がもれるほど美しかった。スパイクするたびに、上のユニフォームがめくれて、背中が露わになったのを覚えているが、小学生の私には、むしろ彼女の方が「魔女」に見えたものである。

リスカルは、東京大会後も長く活躍し、68年メキシコ大会、72年ミュンヘン大会で金メダル、76年モントリオール大会でも銀メダルを獲得することになる。

さて、第3セットの終盤は接戦となり、日本は5回目のマッチポイントで、宮本が渾身のサーブを放ち、返球したソ連にオーバーネットがあって、セットカウント3－0で日本は優勝を決めた。河西を中心に6人の選手は躍り上がって喜ぶ。瞬間、テレビの視聴率は、85・0パーセントに達し、この数字は2018年現在、スポーツ中継としては未だ破られていない。

（マッチポイントが5回も続いて、日本国民はやきもきさせられたが、バレーボールでは1999年に、サーブ権の有無に関わらず点数の入る「ラリーポイント」制に変更された。これにより、試合時間が短縮され、テレビの生中継がやりやすくなったとされる）

ところで、かつて適齢期の女性は、クリスマスケーキに例えられたことがある。なぜなら、24（女性は24歳、クリスマスケーキは12月24日）を過ぎたらたたき売りだから、というわけだ（今ならセクハラの典型例だが）。世界選手権で優勝した時、河西はすでに29歳、他の選手も結婚適齢期に差し掛かり、大松監督は世界制覇を機に選手ともども引退するつもりで、実際にその意志を表明していたという。

ところが、64年東京オリンピックで女子バレーボールが正式種目になることが決定し、彼女たちの競技続行を望む声がたちまち沸き起こった。大松とメンバーは予定を変更、さらなる猛練習に取り組み、見事期待に応えて、金メダルを日本にもたらしたのだった。

（その間、演歌歌手・畠山みどりは、自らのヒット曲『出世街道』の替え歌『優勝バレー街道』を吹き込み、彼女たちにエールを送っている）

東京大会の翌年、河西は日紡を退社し、その年の5月に自衛官と結婚した。新郎を紹介したのは、前年に首相となった佐藤栄作だったという。日紡貝塚チームのオリンピック優勝は、日本の社会にいくつかの影響を与えた。一つは、ママさんバレーの普及である。河西もバレー教室の講師を務めた。

もう一つは、『サインはV』や『アタックナンバーワン』など、バレーボールを題材にしたスポコンテレビドラマ・アニメの誕生である。『サインはV』は69（昭和44）年版と73（同48）年版の2作がつくられ、それぞれ主役の岡田可愛《かわい》と坂口良子が人気を博した。

## 85 ヤン・クルミン～身長218センチのバスケットボーラー～

バスケットボールは10月11日から23日まで、国立屋内総合競技場別館で実施された。AグループとBグループに分かれて予選リーグが行われ、日本は強豪ソ連と同じAグループに入った。

ソ連チームにはクルミンという、身長218センチの巨漢選手がいた。バスケットでは、190センチを超える外国選手など珍しくなかったが、2メートルを超えるとやはり目立つ。当時活躍していたプロレスラーのジャイアント馬場でも209センチ（この年デビューしたアンドレ・ザ・ジャイアントは223センチであったとされるが）だったから、クルミンの大きさは群を抜いていた。

クルミンはソ連邦ラトビア共和国出身の34歳。9年前、林業に従事していたところを、コーチのゴメルスキーに見つけ出された。自らの生業《なりわい》にふさわしく、大木のように大きく逞しい男だった。当時クルミンはすでに25歳だったが、彼はそこからスタートして、メルボルン、ローマの両大会に出場、東京大会は三度目のオリンピックだった。

本人は、体の大きいことに不満らしく、「食べるもの、着るもの、すべて2人前いるからいやになる。既製品は絶対に使えないし、バスケットボール以外で得をしたことはないね」と語った。

さて、日本は対ソ戦で始めこそ善戦するが、クルミンが登場し、ゴール下に控えてそこにボールが集中するようになると、なす術が無かった。日本の平均身長は184センチ。海保宣生《かいほのぶお》選手などは168センチでクルミンと並ぶと大人と子供のようであった。

ところで、バスケットボールは、アメリカで国際YMCAトレーニングスクールの体育教官をしていたカナダ人のジェームズ・ネイスミスが、1891年に考案したとされる。同年12月21日に同校の学生18人によって初めて試合が行われたが（9人制）、その中に留学中だった日本人の石川源三郎が含まれていたことは、あまり知られていない事実であろう。

その後バスケットボールはアメリカ国内で広まり、オリンピックでは1904年のセントルイス大会から公開競技として実施され、36年ベルリン大会からは正式種目となった。日本では08（明治41）年に、石川と同じトレーニングス

日ソ戦で、ひと際目立つクルミン
（「アサヒグラフ増刊・東京オリンピック」1964年）

クール出身の大森兵蔵《ひょうぞう》が、東京ＹＭＣＡで会員にバスケットを教えたのが始まりとされる。その後徐々に普及し、ベルリン大会に出場を果たすまでになる。なお、アメリカのプロリーグが始まるのは47年からだ。

私が中学生の頃、バスケットボールはクラブ員以外にはそれほどポピュラーなスポーツではなかったが、くるぶしまであるバッシュ（バスケットシューズ）が流行したことがある。クラブに関係なく、多くの生徒がそれを履いて通学した記憶がある。93（平成５）年、テレビアニメ『スラムダンク』の放映が始まると、子供たちの間にもバスケット人気の火が付いた。

さて、東京大会の決勝は予想通り、ソ連とアメリカの対戦となった。アメリカはまだプロ選手を出すことができなかったが、さすがバスケットの本場として本領を発揮し、華麗なドリブルとパス回しで前半からリードを奪う。

ソ連は挽回を図ろうとクルミンを登場させ、ゴール下の彼にボールを集めようとしたが、アメリカはその作戦を見越していて、堅い守りでそれを防ぎ、総合73－59でソ連を破ったのだった。ベルリン大会以来の６連勝であった。

東京大会から８年後のミュンヘン大会で、ソ連はアメリカの連覇にストップをかけた。決勝戦は大接戦の末、ソ連がアメリカを51－50で下した。「残り３秒の奇跡」と呼ばれたが、アメリカは、誤審であるとして今も銀メダルの授与を拒否している。

ソ連は88年のソウル大会でも金メダルを取ったものの、３年後ソ連は崩壊した。アメリカのプロ選手がオリンピックに登場するのは、「ドリームチーム」と呼ばれた92年バルセロナ大会からである。向かうところ敵なしと思いきや、2004年のアテネ大会ではアルゼンチンに敗れるという番狂わせがあった。

## 86 ラール・モヒンダル～因縁の対決に決着を付けたシューター～

ホッケーは、10月11日から23日まで、駒沢オリンピック公園の三つのホッケー場で行われた。15カ国がA、B2グループに分かれて予選リーグに臨み、日本は優勝候補のパキスタンと同じAグループに入った。緒戦いきなりパキスタンと当たり、敗れたものの0－1と善戦した。

しかし、予選リーグの結果は3勝3敗。5位6位決定トーナメントに回ったが、第1戦でドイツに敗れて入賞を逃した。決勝は、Aグループで6戦全勝のパキスタンと、Bグループで5勝2分けのインドとの、予想通りの戦いとなった。

ところで、ホッケーの歴史は、紀元前2500年の古代エジプトまで遡ると言われる。ナイル川流域の遺跡にホッケーらしき壁画が残されているのだそうだ。もっとも近代のホッケーは、19世紀半ば、イギリスでクリケットの選手が試合のできない冬季に始めたのがきっかけとされる。

オリンピックでは1908年のロンドン大会で初めて行われ、日本へはその頃イギリス人によって紹介されている。大正時代になると、大学を中心にホッケークラブがいくつも誕生し、23年には第1回日本選手権が開かれるまでになった。日本では、アイスホッケーに比べて馴染みの薄い陸上のホッケーだが、実は結構歴史は古いのだ。

32年のロサンゼルスオリンピックに日本のホッケーチームが初参加する。出場国はインド、アメリカ、日本の3カ国であったが、日本はアメリカに勝利し、インドに次いで2位となり、銀メダルを獲得した。インドはアムステルダム大会に続く二連覇であった。

この時、インドはまだイギリスの統治下にあった。マハトマ・ガンジーがイギリス植民地政府の塩専売に反対して、有名な「塩の行進」を行ったのは1930年のことである。36年のベルリン大会でもインドは優勝した。

インドがイギリスから独立するのは、第2次世界大戦後の47年8月であった。それは、ヒンドゥー教徒のインドとイスラム教徒のパキスタンの分離独立という形であった。その翌年に開催されたロンドン大会に、パキスタンとインドはそれぞれホッケーチームを送り込んだ。戦前に3連勝したホッケー王国が二つに分かれて登場したのである。

この時はインドが優勝、パキスタンは準決勝でイギリスに敗れて3位に終わり、両者の直接対決は

試合中興奮してもみ合いになるインド、パキスタン両国の選手たち
(「毎日新聞」1964年10月24日)

なかった。続く52年のヘルシンキ大会でもインドが優勝、パキスタンはまたしても準決勝で敗れて4位に終わった。56年のメルボルン大会で初めて両者は決勝でぶつかり、1－0の接戦を制してインドが勝った。

次の60年ローマ大会でも、両者は決勝で相まみえ、今度はパキスタンが1－0で雪辱を果たした。ところで、インド、パキスタン両国は、カシミール地方の帰属を巡って分離独立直後に武力衝突している。第1次印パ戦争だ。その後も緊張が続き、オリンピックの決勝ともなると、両国のナショナリズムはいやが上にも高まるのだった。

さて、東京大会は両国が決勝で雌雄を決する三度目のオリンピックとなった。インドは個人技を誇り、パキスタンは速攻を得意とした。試合は最初から熱を帯びた展開となった。激しい攻防は殺気さえ感じるほどで、前半15分にはインドのハルビナダール・シンが、スティックを振り上げてパキスタン選手に殴り掛かり、5分間の退場を命じられた。

前半31分、今度は、興奮したパキスタンのアジス・アマードとインドのプリティポール・シンが互いにスティックを振り上げ、両チームの乱闘に発展しそうな緊迫した場面もあったが、前半は0－0のまま終了した。

後半に入って、インドが俄然速攻を加え、それが相手の反則を誘って、インドはペナルティー・ストローク（1対1でゴールキーパーが守らなければならない最大の罰則）を得る。それをゴールネットへ突き刺すように決めたのが、RH（ライトハーフ）のラール・モヒンダルだった。ラールは、予選リーグのスペイン戦及び準決勝のオーストラリア戦でも得点した、インドの誇る名シューターであった。

失点したパキスタンは、何とか挽回しようと猛烈な反撃に出、ボールが弾丸のように飛んで、スリリングなプレーが展開されたが、インドは1点を死守して、8年ぶりに金メダルを奪取したのだった。

ちなみに東京大会の翌年、第2次印パ戦争が勃発している。71年には第3次印パ戦争が起こり、その直後に東パキスタンがバングラデシュとしてパキスタンから独立した。その後も両国の緊張関係は続き、インドが74年に核武装すると、パキスタンも98年に核保有国となった。

ことオリンピックのホッケーに関すると、68年のメキシコ大会と84年ロサンゼルス大会でパキスタンが、80年のモスクワ大会でインドが優勝しているが、88年ソウル大会以降、2016年のリオデジャネイロ大会まで、両国は優勝から遠ざかっている。

## 87 吉川貴久～フリーピストルで2大会連続雄の銅メダル～

小学校時代、歩いて30分ほどかかる神社の、月に一度ある縁日に友達とよく行ったものだが（当時は子ども同士でこういう所へ平気で行けたのだ）、露店の中に必ずあったのが射的である。棚に並ぶ景品に向けて、コルク栓の鉄砲を打ち、弾が当たって棚から落ちれば、その景品がもらえるので、お気に入りのプラモデルやアニメキャラの人形狙いの子供たちで、結構繁昌していたように思う。

さて、オリンピックでは、射撃が第1回アテネ大会から種目としてあり、東京大会でも実施された。弾を的に当てるという点では縁日の射的と変わらないように思えたが、もとよりその中身は、全くの別物と言ってよかった。東京大会では、クレー射撃が10月15日から3日間、所沢クレー射撃場で、ライフル射撃が同じく15日から5日間、朝霞《あさか》射撃場で行われた。

吉川の安定した射撃フォーム
（「アサヒグラフ増刊・東京オリンピック」1964年）

ライフル射撃には、フリーライフル、スモールボア・ライフル三姿勢、スモールボア・ライフル伏射、フリーピストル、ラビット・ファイア・ピストルの5種目があり、このうち、フリーピストルに日本期待の吉川貴久《よしひさ》が出場した。吉川は福岡県出身の警察官で28歳、4年前のローマ大会で銅メダルを獲得し、東京では金メダルも夢ではないと言われていた。

ところで、東京大会の年の1月に石原裕次郎主演の映画『赤いハンカチ』が公開されている。主題歌の「赤いハンカチ」は、実はその2年前に裕次郎が歌ってヒットしたもので、この歌を元に映画のほうが後でつくられたのである。

ストーリーは、裕次郎扮する三上刑事が、同僚の石塚刑事（二谷英明）と麻薬密売容疑の男を護送中、その男が石塚の拳銃を奪って逃走しようとしたため、咄嗟に自分の拳銃で男を射殺する。三上は、射殺された男の娘・玲子（浅丘ルリ子）から、絶対に許さないと責められ、警察を辞めてダム建造の肉体労働者となる。４年後三上は、なぜか石塚と結婚していた玲子と再会、射殺事件の隠された陰謀に気づき、真相を突き止めようと行動を開始する……という感じで進んでいくのだが、三上刑事はローマオリンピックのピストル競技の候補という設定になっていた。

もちろん、三上は事件によって候補から外されるのだが、ローマ大会でメダルを取った吉川の活躍が、主人公の経歴設定に影響を与えていたのではなかろうか。

さて、東京大会での吉川は、前半やや乱れが出たものの、後半は安定した射撃を見せ、ローマ大会を2点上回る554点で、再び銅メダルに輝いた。もっとも、試合後のインタビューで、彼は、「少なくとも2位にはなりたかった」と悔しがった。なお、射撃には日本から吉川を含め10名の選手が出場し、吉川以外ではスモールボア・ライフル伏射で林崎昭裕《りんざきあきひろ》が6位入賞を果たしている。

## 88 ハロルド皇太子〜ヨット種目に出場したノルウェーの王族〜

ヨットは、10月12日から21日まで江の島沖で行われた。オリンピックのヨット競技には、フィン級

（乗員1人）、フライング・ダッチマン（FD）級（乗員2人）、スター級（乗員2人）、ドラゴン級（乗員3人）、5・5メートル級（乗員3人）の5種目がある。それぞれ1日に1レースずつ7レース行われ、総合点によって争われた。

ヨットと言えば、1962（昭和37）年に23歳の無名の青年、堀江謙一《けんいち》が、小型ヨット「マーメイド号」で、単独太平洋横断航海（西宮～サンフランシスコ）に成功し、国民の大喝采を浴びた。当時はヨットによる出国が認められておらず、日本政府は「密出国」扱いしたが、サンフランシスコ市長が堀江を名誉市民にして歓迎したため、日本でも一躍、英雄視されるようになったのだ。

もっとも、一般庶民にはヨットなど、まだまだ遠い存在だった。55（昭和30）年に発表され、芥川賞を受賞した石原慎太郎の小説『太陽の季節』に、ヨットで江の島沖に遊びに出た若いカップルが、ヨット上や海に飛び込んで愛を交わすシーンがあっ

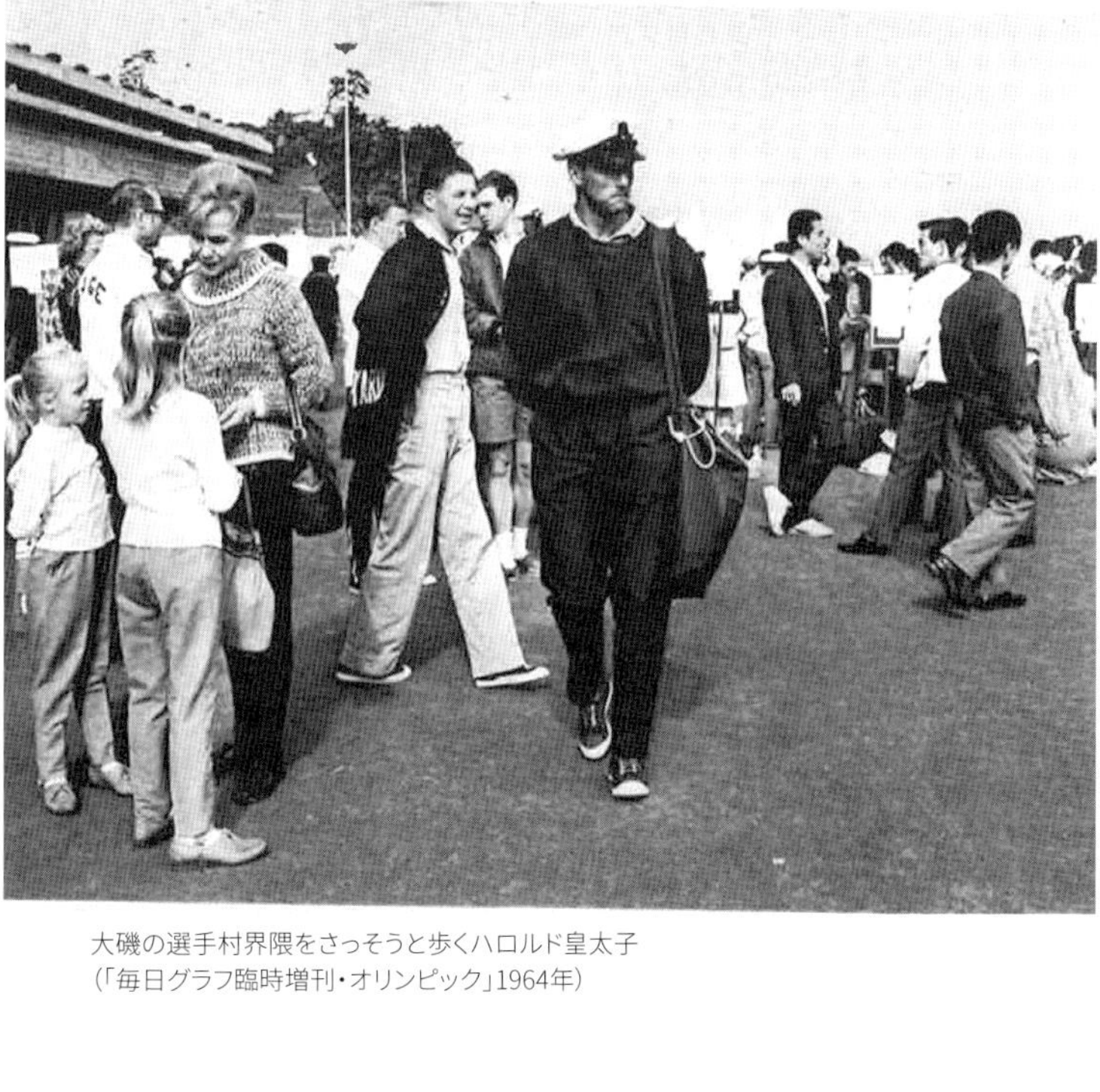

大磯の選手村界隈をさっそうと歩くハロルド皇太子
（「毎日グラフ臨時増刊・オリンピック」1964年）

た。

翌年、長門裕之と南田洋子の共演で映画化され、彼らの奔放な言動から「太陽族」という言葉も生まれ､話題を呼んだ。「太陽族」は当時の若者たちの憧れの的となったが､庶民には到底手の出ないヨットを操る富裕層（良家の不良青年）の世界が、刺激的で煌《きら》びやかに見えたのであろう。

実際、東京大会のヨット出場選手には「高貴な」身分の者が多かった。ノルウェーのハラルド皇太子、タイのビラ殿下、アメリカのルーズベルト元大統領の甥に当たる大富豪のJ・K・ルーズベルトなど、各国の王族や著名人が名を連ねていたのである。

中でもハラルド皇太子は、186センチという長身のうえ美男子で、父君のオラフ5世も28年アムステルダム大会のヨットのゴールドメダリストという、正にサラブレットであった。皇太子が羽田に到着した際、日本政府は白バイ付きの特別専用車で選手村まで護送したが、庶民的なハロルド皇太子は、自分だけが特別扱いされることに憮然《ぶぜん》としたという。

開会式でノルウェーの旗手を務めたこともあって、日本での人気が高まり、レース時に一般観客向けの観覧船が3コースに分かれて出航したが、ハロルド皇太子が出場するエリアのコースが最も乗船客が多かった。彼は、他の2人のクルーとフラム3世号に乗り込んで、5・5メートル級に出場し、8位に入った。

ところで、ヨット出場者は40カ国226人に及んだため、選手村の分村が大磯に設営された。江の島ヨット・ハーバーのクラブハウスが拠点となり、各級の選手全員が同じクラブハウスを共同利用することになったが、選手たちには好評だったという。さぞかし、ハイソな会話が飛び交ったのではないか。

ヨット出場者は、身分が高いだけでなく紳士でもあったようだ。14日、風雨の中で行われたFD級のレース中、東京オリンピックを飾る美談が生まれている。オーストラリアの艇が激しく風にあおられ、乗船していたウィンターとダウ両選手が海に投げ出された。

先行していた、スウェーデン艇のゲール兄弟が、それを見てレースを止め、大きく引き返して波にもまれるオーストラリアの2選手を助けたのである。この結果、FD級の総合成績はオーストラリアが14位、スウェーデンは18位となった。

ヨットはかつて海洋国家として栄えた国が強いといわれ、東京大会でもフィン級はドイツ、FD級はニュージーランド、スター級はバハマ、ドラゴン級はデンマーク、5・5メートル級はオーストラリアがそれぞれ優勝した。が、海洋国であるはずの日本は残念ながら、いずれも10位以内に入ることができなかった。

## 89 井上喜久子〜馬術に出場した日本の紅一点〜

馬術は、総合馬術、大賞典馬場馬術、大賞典障害飛越の3種目（個人・団体）が行われた。大賞典馬場馬術は、馬をいかに美しく正確に運動させるかを競うもので、大賞典障害飛越は障害のあるコースを乗馬して通過する技術を競うもの、そして総合馬術はこの2つにクロスカントリーを加えたものである。

馬術の起源は古代ギリシャの時代まで遡るといわれるが、近代オリンピックでは1900年の第2回パリ大会で初めて行われ、12年ストックホルム大会から上記3種目が実施されるようになった（20年アントワープ大会では、「軽乗」という種目もあった）。

東京大会では、総合馬術は10月16日から4日間軽井沢総合馬術競技場で、大賞典馬場馬術は22日から2日間馬事公苑で、大賞典障害飛越は24日に国立競技場で、それぞれ個人と団体が行われた。

ところで、オリンピックの馬術競技は、長く軍人しか参加することができなかった。それが、1952年ヘルシンキ大会から一挙に女性も参加することが認められる。しかも、女子種目としてで

「勝登」号に乗って健闘する井上（「毎日新聞」1964年10月22日夕刊）

はなく、男子に混じって勝負するのである。馬術は男女の選手を区別しない唯一のオリンピック競技なのだ。

東京大会では、日本から井上喜久子《きくこ》が女性として初めて馬術に出場した。女性も参加できるとなっても、誰もが親しめるスポーツではないから、選手層は限られていた。井上は東京都の出身。24（大正13）年、浅野財閥の家系に生まれ（旧姓馬杉）、幼少期から乗馬を始めた。7歳で早くも競技会に出場、11歳でジュニアの大会で優勝するまでになる。

その後、愛馬ユドラ号とのコンビで二十数年にわたって、国内の数々の賞を勝ち取った。60年のローマ大会では、国内の最終選考に残るが、ユドラ号の年齢の関係で出場できなかった。だから、東京大会は満を持しての出場だったに違いない。この時井上は、既に結婚もし、年齢は39歳、愛馬は勝登号に変わっていた。

種目は大賞典馬場馬術（個人）で、松平頼典《よりつね》、岡部長衡《ながひら》と共に出場した。シルクハットに乗馬服姿で、終始落ち着いて勝登号を操り、大したミスもなかったが、得点は648点で第1次失格となった。しかし、全体の16番目、日本人の中ではトップの点数だった。しかも、大賞典馬場馬術の団体では6位入賞という成績を残すことができたのだった。

ところで、馬術競技のうち大賞典障害飛越は、優勝者が真のオリンピックチャンピオンとされる名誉ある種目で、大会最終日にメインスタジアムで実施されるのが通例となっていた。

32年のロサンゼルス大会では、日本の西竹一《にしたけいち》・陸軍騎兵中尉が愛馬ウラヌスを駆って、この種目（個人）で優勝し、大観衆から「バロン・ニシ」という歓声と万雷の拍手を浴びた（ちなみに、井上が7歳でデビューした大会は、西の凱旋帰国を歓迎する大会だったそうだ）。西は金メダルから13年後の45（昭和20）年3月、硫黄島の戦いで戦死。この時、攻撃するアメリカ軍が「バロン・ニシ出てきなさい。君を失うのは誠に惜しい」と投降を呼び掛けた、という話が伝説化している。

東京大会で大賞典障害飛越（個人）を制し、その栄誉に浴したのは、フランスのピエール・ジョンケール・ドリオラであった。意外にも彼は、東京大会でフランス人として唯一の金メダリストだった。最後の最後になって、ようやくフランス国歌「ラ・マルセイエーズ」が流れたのであるが、私にはその記憶がない。フランス革命の革命歌であったこの曲を私が知ったのは、おそらくビートルズの「All You Need Is Love 愛こそすべて」（1967）によってであろう（冒頭のところでフランス国歌が使われているのだ）。

さて、ドリオラは、ぶどう農場を経営する44歳のベテランで、52年ヘルシンキ大会の優勝者であり、実に12年ぶりに再び金メダルを獲得するという快挙だった。技術と経験がものをいう馬術では、ベテランの活躍が目立つ。大賞典馬場馬術（個人）で優勝したスイスのアンリ・シャマルタンは46歳で、彼もヘルシンキ大会からオリンピック4回連続出場であった。

井上もまた、息の長さを示した。72年ミュンヘン大会（大賞典馬場馬術個人32位）、さらに88年ソウル大会（同46位）にも出場し、ソウル大会時は63歳9カ月であった。さらに上手がいる。東京大会の大賞典障害飛越（個人）日本代表の法華津寛《ほけつひろし》（当時23歳）は、2012年ロンドン大会の大賞典馬場馬術（個人）に71歳4カ月で出場した。

## 90 フィレンツェ・テレク〜近代五種個人で優勝の裁判所判事〜

近代五種は、日本人にとって最もなじみの薄いオリンピック種目の一つかもしれない。そもそも名称からして不可解である。実は古代オリンピックに五種競技というのがあって、短距離走、幅跳び、円盤投げ、レスリング、やり投げの5種目が行われていた。で、古代五種に対して「近代」五種なのであるが、ではなぜ、近代五種は射撃、フェンシング、水泳、馬術、クロスカントリーの5種目なのか。

ナポレオン時代、フランスの騎兵将校が、命令を伝えるために、馬で山野を走り、障害を越え、敵に会えばピストルで撃ち、弾丸が尽きれば剣で倒し、川に出れば泳ぎ、丘を走って任務を果たしたという故事にちなんで、クーベルタンが発案したといわれる。ともあれ、ジャンルを越えた総合的な運動能

贈られた千羽ヅルを手に喜ぶテレク
（「毎日グラフ臨時増刊・オリンピック」1964年）

力が求められる競技である。

オリンピックでは、1912年のストックホルム大会から実施されているが、日本が出場したのは60年のローマ大会が初めてである。近代五種は、その由来から軍人競技とも呼ばれ、実際、東京大会当時の選手の半分以上は軍人であった。

そうした中、個人で優勝したハンガリーのフィレンツェ・テレクは、法学博士でブタペスト中級裁判所の判事を務める変わり種であった。一緒に出場した弟、オットー・テレクも裁判所判事で、前年に亡くなった二人の父親は、近代五種競技の指導者として、ハンガリーの同競技を世界一流に押し上げた功労者だった。兄弟揃っての出場は、幼い頃からの父親による指導のたまものであったのだろう。

テレクは、1日目の馬術（朝霧根津パーク）は15位と出遅れたものの、2日目のフェンシング（早稲田大学記念会堂）ではハンガリー式の荒々しい剣法で総当たりに全勝し、トップに躍り出る。3日目のピストル（朝霞射撃場）、4日目の水泳（国立代々木競技場）でソ連のノビコフに迫られるが、最後のクロスカントリー（検見川《けみがわ》運動場）でノビコフを突き放し、総合5116点で金メダルを勝取った。団体総合ではソ連が優勝、ハンガリーは3位、日本は8位に終わった。

実は、個人戦の下馬評では弟のオットーのほうが金メダル候補だった。ところが、3日目の射撃で、彼は思わぬ失態を演じる。第2ラウンドの2発目、オットーは標的が隠れてから発射するミスを犯す。3発目に前の分を取り戻そうとしたのか、1発しか撃てないのに2発続けて撃ち、しかも、5発目を撃つ時に弾が無くなっていたので、慌てて1発詰め加えたのである。

弾痕検査で1発余計に撃ったことが分かり、また、詰め加えるところを見られていたため、反則が明らかになった。競技終了後、2時間にわたって上訴審判会議が開かれ、その結果、最高罰則の減点が課された。オットーは個人戦から脱落、団体戦でもハンガリーは、ソ連に大きく水を開けられてしまった。司法に携わる者として、全く不名誉な仕儀となったわけであるが、テレクは弟の不祥事をカバーするように、代わってハンガリーに金メダルをもたらしたのだった。

ところで、ハンガリーは、第2次世界大戦後ソ連の衛星国となるが、56年に大規模な反政府・反ソ連暴動が起こっている。「ハンガリー動乱」と呼ばれるものだが、ソ連軍が介入し、鎮圧された。しかし、その後も反体制的な動きは続いていたようで、東京大会開催中に、ハンガリーの選手2名と観客3名が西側諸国への亡命を申し出ている。ちなみに、ハンガリー動乱の直後に開催されたメルボリン大会では、選手、観客合わせて実に34名が亡命、60年のローマ大会でも、観客3名が亡命した。

90年代の冷戦終結までは、多くの国が徴兵制を維持していて（もちろん、ハンガリーも）、世界の若者（男子）の多くは、一度は軍隊生活を経験する状況にあった。徴兵制を無くしていた日本は例外的だったのであろうが、こうしたことも、軍人競技と呼ばれたこの競技が、日本に根付かなかった一因なのかもしれない。

ちなみに、ハンガリーは東京大会で10個の金メダルを獲得し、全体の6位だったが、人口当たりで計算すると断然世界1位だった。ハンガリーの人口は1千万人足らず。日本は、金メダル獲得数は16個で、アメリカ（36個）、ソ連（30個）に次ぐ3位だったが、人口当たりに換算すると、ハンガリーの百分の1程度にしかならず、大島鎌吉選手団長は、そのことに不満をもらした。

## 〈コラム❽〉「愛と死を見つめて」が大ヒット

10月19日毎日新聞の週刊ベストセラーズの欄（全国主要都市有名書店調べ）では、『愛と死をみつめて』が全国5都市のうち東京（3位）を除く、大阪、名古屋、福岡、札幌の4都市で売り上げナンバーワンとなっている。この本は、前年12月25日に発行され、結果的に160万部を売り上げて、1964（昭和39）年度の年間ベストセラーの1位を記録した。

女子高生のミコは、顔の軟骨肉腫に侵され入院するが、同じ病棟に入院中の男子高校生マコと知り合い、お互い気が合って退院後文通を始める。

ミコは同志社大学に、マコは中央大学に進学、その後も文通は続き、ミコが再入院すると、夏休みを使ってマコはミコを見舞いに訪れる。しかし、ミコの症状は改まらず、手術によって顔の半分が失われる。マコは手紙や電話で懸命にミコを励ますが、やがてミコの命の灯は消えてゆく、という実話（二人の文通）に基づく悲恋物語である。

この年の4月にはテレビドラマ化され、ミコを大空真由美が、マコを山本学が演じた。また、映画化もされ、オリンピック直前の9月19日に公開された。映画でのキャストは、ミコ役が吉永小百合、マコ役は浜田光夫だった。吉永は当時19歳だったが、高校在学中の62（昭和37）年にヒロインとして出演した『キューポラのある街』でブルーリボン賞主演女優賞を受賞、また、橋幸夫とのデュエット曲「いつでも夢を」で同年の日本レコード大賞を受賞し、すでに「サユリスト」と呼ばれる絶大なファンを持つ人気女優であった。

映画『愛と死を見つめて』のヒットは彼女の人気によるところ大であったろう。10月1日毎日新聞夕刊に、「映画界十年来の大ヒット、250万人の涙をさらって、堂々第三週へ突入」の映画広告が掲載されている。

なお、この悲恋を題材につくられた曲「愛と死をみつめて」（作詞・大矢弘子、作曲・土田啓四郎）を、当時18歳だった青山和子が歌ってこれも大ヒット、64年の日本レコード大賞に輝いた。

## 91 平沢和重～IOC委員を動かした名スピーチ～

２０１３年9月7日、ブエノスアイレスで開かれた、２０２０年のオリンピックの開催地を決めるＩＯＣ総会において、滝川クリステルの「オ・モ・テ・ナ・シ」スピーチが話題を呼んだことは記憶に新しい（それが東京決定にどの程度の効果を生んだかは不明であるが）。

１９６４年オリンピック開催地が東京に決定した時にも、名スピーチを行った日本人がいた。外交官出身でＮＨＫの解説委員を務めていた、当時50歳の平沢和重《ひらさわかずしげ》である。決戦の舞台は、59（昭和34）年5月25日にミュンヘンで始まった第55次ＩＯＣ総会であった。

立候補都市は東京のほかに、デトロイト（アメリカ）、ウィーン（オーストリア）、ブリュッセル（ベルギー）の3カ国。初日、平沢は東京側の代表として、流暢《りゅうちょう》な英語で立候補趣意を述べた。スピーチの中で平沢は、

「ヨーロッパ文化の華であったオリンピックを東洋でも咲かせるべきである。（小学校6年の教科読本を示し）日本の子供たちはオリンピックを自分の目で見ることを待ち望んでいる。飛行機時代になっ

て日本はもう「ファー」イーストではない。国際間の直接的な人のつながりが平和の礎《いしずえ》になる。今こそアジアでオリンピックを開催すべきである」と主張した。

スピーチの制限時間は45分であったが、彼のスピーチは15分ほどで終わった。ライバルのデトロイトが制限時間を10分以上超えたこともあり、内容に加えてその簡潔さが審査委員に好印象を与えたようだ。翌26日、投票の結果、東京は見事開催地に選ばれたのであった。

平沢は09（明治42）年、香川県丸亀市の生まれ。東京帝国大学卒業後、外務省に入り、駐米日本大使秘書官、ニューヨーク領事を歴任した。平沢には、過去に意外なオリンピックとの縁があった。東京オリンピックの開催が決まったのは、実は64年大会が初めてではない。40年の開催が36年7月のＩＯＣ総会で決定されていたのである。

ＩＯＣ総会でプレゼン中の平沢（「毎日新聞」1959年5月26日夕刊）

その時、東京誘致に活躍したのが、日本初のＩＯＣ委員で柔道家の嘉納治五郎だった。しかし嘉納は、38（昭和13）年5月4日、カイロで開催されたＩＯＣ総会に出席したあと、アメリカ経由で横浜へ向かう船中で、肺炎のため急死する。それを看取ったのが、嘉納と船内で偶然知り合った外交官時代の平沢だったのである。

カイロの総会では次回開催国、日本の中国侵攻が厳しく批判され、その時の心労が77歳だった嘉納の死因の一つだともいわれる。嘉納の死からふた月余りのちの38年7月15日、戦況の悪化により、日本は閣議においてオリンピックの開催返上を決めたのだった。

戦後、平沢はNHKの解説委員になるが、64年のオリンピック招致に関して、時期尚早との考えをもっていたらしい。ところが、当初IOC総会でスピーチを行う予定であった、平沢の大学時代からの友人である外交官の北原秀雄が、外務省の運動会でアキレス腱を痛めたため、急遽平沢にお鉢が回ってきて、仕方なく引き受けたという。

北原はフランス語が堪能《たんのう》であった。IOCの第一公用語はフランス語で、そういえば滝川クリステルのスピーチもフランス語であった。しぶしぶ、しかも英語で行った平沢のスピーチは、しかしそのハンデを乗り越えて栄冠を引き寄せたのである。そして、それは奇しくも、24年ぶりに嘉納の夢を果たすことにつながった。77（昭和52）年3月7日死去。67歳だった。

## 92 田畑政治〜オリンピックを東京に引き寄せたロビイスト〜

戦前から水泳指導者として名を馳せていた田畑政治《たばたまさじ》は、オリンピックの東京招致にも中心人物として辣腕《らつわん》をふるい、東京オリンピック組織委員会が発足すると、同委員会の事務総長として八面六臂《はちめんろっぴ》の活躍を見せた。女子バレーボールが正式種目に決定したのも、彼のロビー活動の功績だとされる。

田畑は1898（明治31）年、静岡県浜松市の生まれで、東京帝国大学卒業後、朝日新聞社に入社し、政治経済部長を経て1949（昭和24）年には常務に就任している。一方で彼は、水泳指導者というもう一つの顔を持っていた。子供の頃から水泳に親しみ、自らも水泳選手を目指したが、中学時代に体を壊して、その夢を断念。代わって水泳指導者の道を歩み始めたのだ。その方面での経歴も、また赫赫《かくかく》たるものがあった。32（昭和7）年のロサンゼルス大会では、34歳で日本代表の監督として、リレーを含めて5つの金メダルを獲得している。

48（昭和23）年には日本水泳連盟の会長に就任し、同年のロンドンオリンピックに日本は参加できなかったため、当時世界記録を連発していた古橋廣之進《ふるはしひろのしん》、橋爪四郎《はしづめしろう》の実力を世界に示そうと、日本選手権の日程を五輪に合わせる戦略までとっている（四百メートル自由形及び千五百メートル自由形で優勝した古橋のタイムは、ロンドン大会の優勝記録を四百で7秒6、千五百に至っては41秒5も上回るものであった）。

日本がオリンピックに復帰した52年ヘルシンキと56年メルボルンの両大会では、日本選手団の団長を務めており、東京オリンピック組織委員会の推進役としてはうってつけの人物であった。

ところが、本番の2年前になって思わぬ落とし穴が生じる。62（昭和37）年8月、インドネシアで第4回アジア競技大会が開催されたが、開催国のインドネシアがイスラエルと台湾の参加を拒否したことから、国際オリンピック委員会（ＩＯＣ）は、この大会を正規の競技会とは認めないという判断を示した。

しかし、日本は現地の治安状況などを踏まえ、重量挙げを除いて大会に参加、現地で判断を下した組織委員会の津島会長と田畑は、その責任を取る形で帰国後、辞職のやむなきに至ったのだ。今までオリンピックの成功に向け、身命を賭して打ち込んできた田畑にとっては、正に断腸の思いであったろう。田畑の後、外交官で与謝野鉄幹《よさのてっかん》と与謝野晶子《あきこ》の次男である与謝野秀《しげる》が事務総長を引き継いだ。

東京オリンピック本番での日本水泳陣の不振に対し、田畑は日本水連会長として、「30年前ロサンゼルスで日本がやったことを、いま逆にアメリカにやられている。しかも地元の東京でだ」と嘆いた。オリンピックとの縁はその後も切れず、73（昭和48）年から4年間、日本オリンピック委員会（ＪＯＣ）会長を務めた。84（昭和59）年8月25日死去。85年の生涯だった。

## 93 大島鎌吉～金メダル数を予言した日本選手団長～

東京オリンピックの開催が決定して7カ月後の1960（昭和35）年1月、東京オリンピック選手強化本部が発足する。その副本部長として、中心的な働きをしたのが大島鎌吉《けんきち》であった。大島は08（明治41）年、石川県金沢市の生まれで、32（昭和7）年のロサンゼルスオリンピックで三段跳びで銅メダル、4年後のベルリン大会でも同種目で6位に入賞した元アスリートであった。

関西大学卒業後は毎日新聞社に入社し、運動部記者として仕事をしつつ、40（昭和15）年開催予定の東京オリンピック（のちに開催を返上）に向け、後進の指導に当たった。戦時中は従軍記者として活躍し、戦後は海外のスポーツ事情について取材を重ねた。

59（昭和34）年、日本オリンピック委員会（JOC）の委員に選出されると、1カ月にわたってヨーロッパ各国を回り、東京オリンピックの招致活動に尽力した。そうしたキャリアから、大島は選手強化本部副部長に抜擢されたのだろう。就任後は「スポーツ科学研究委員会」を発足させ、「選手強化5カ年計画」を策定して、科学的トレーニングによる強化対策に取り組んだ。

61（昭和36）年、アベベが毎日マラソンに来日した時には、彼に計測器を付けてトレッドミル走をさせ、その強さの秘密を探ろうとした。また、海外からの一流コーチの招聘にも尽力し、西ドイツのサッカーコーチ、デッドマール・クラマーなどもその一人であった。

62年9月末、強化本部長の田畑政治が、アジア大会の参加問題で辞任すると、大島は田畑の後を継いで本部長に就任、選手強化対策の最高責任者となった。そして、それから1年余り。オリンピック開催の年を迎

日本選手団結団式での大島（前列左から2人目）（「毎日新聞」1964年10月2日）

えると、大島は、それまでの対策の成果を分析したうえで、「金メダル獲得目標最低15個」を宣言した。

これには、「あまりに大風呂敷《おおぶろしき》すぎる」という批判が相次いだ。専門家の間では、せいぜい10個が限度だろうという見方が大方だったのだ。オリンピックを3カ月後に控えた7月上旬、日本選手団の団長を決める段になって、候補者に名前の挙がったお歴々は、ことごとく団長受諾に二の足を踏んだという。

なぜなら、大島がぶち上げた「金メダル15個」が達成できなかった場合、選手団長は、その責任を取らなければならない。それを危惧《きぐ》したからだといわれる。結局、選手団長には大島が任命され、オリンピック本番に臨んだのだった（10月1日に行われた日本選手団の結団式において、大島は改めて「15個の金メダルを獲得して世界3位になることを目標とする」と宣言している）。結果は金メダル16個。大島の宣言は見事達成されたのだった。

5年間、選手強化対策本部の部長・副部長として選手強化に取り組み、大会期間中は選手団長を務めた大島は、「東京オリンピックをつくった男」と称賛された。ところが、その結果に彼は必ずしも満足していなかったらしい。金メダルを16個獲得して3位にはなったが、人口割でみると上位10カ国中、日本は最下位になるからだ。

そういう反省もあってか、大島は大会後、国民全体の健康増進、体力増強のため「みんなのスポーツ」の振興に取り組んだ。また、一人でも多くの子供たちにスポーツの喜びを味わってもらおうと、「日本スポーツ少年団」の発足にも尽力した。

さらには、「オリンピック精神」に基づく平和運動にも関わった。80年のモスクワ大会に日本を含む西側諸国がボイコットを表明した時、大島は、日本は参加すべきだと強く主張した。それから5年後の85（昭和60）年3月30日、76歳で病没。その年の1月までロサンゼルスへ旅するなど、生涯世界を駆け巡る人生だった。

## 94 亀倉雄策～シンボルマークとポスターの制作者～

２０２０年東京オリンピックのエンブラムデザインの盗作問題が話題になったのは、まだ記憶に新しい。１９６４年東京大会でも、シンボルマークと４種類の公式ポスターが作られたが、これらの制作を手掛けたのは、グラフィックデザイナーの亀倉雄策《かめくらゆうさく》である。

亀倉は15（大正４）年、新潟県西蒲原郡《にしかんばら》吉田町（現・燕市《つばめ》）の大地主の家に生まれる。中学時代にフランスのグラフィックデザイナー、カッサンドルのポスターを見て衝撃を受け、この職業を志すようになったという。23歳でプロとなり、戦後はニッポン放送やフジテレビのロゴマークを制作し、また、通商産業省（現・経済産業省）のグッドデザイン賞のロゴマークを手掛けるなど、グラフィックデザイナーとして早くから名を成していた。

東京でのオリンピック開催が決まった翌年の60（昭和35）年、シンボルマークの制作についての指名コンペが行われ、6名の中から亀倉の作品が選定される（提出期限を失念していて、締め切り当日に急いで応募したという逸話もある）。時に亀倉、45歳であった。

彼の手になる、白地に赤い太陽と金色の五輪を配置したシンボルマークは、「日出づる国の五輪」を象徴するとして好評を博し、それがそのまま1号ポスターのデザインとなった（1号ポスターは10万枚作成された）。62（昭和37）年5月に発表された2号ポスターは、短距離走のスタートダッシュの写真が使われた。

それまでのオリンピックのポスターで写真を使用したものはなく、亀倉の斬新で大胆なアイデアだった。本人は、「1回目（のポスター）がシンプルで、しかも強い効果を持っていただけに、それを凌駕《りょうが》するポスターを作る自信がなかった。それで、デザインだけで作るのをやめて、写真によるポスターにしようと考えた」と述べている。

撮影は、早崎治《はやさきおさむ》、村越襄《むらこしじょう》という若手写真家の協力を得て、国立競技場で行われ、モデルには6人の現役陸上選手が起用された。日本人が3名（リッカーの潮喬平《うしおきょうへい》、岡本政彰、東急の久保宣彦）と在日米軍立川基地のアメリカ人兵士が3名である。

6人のモデルは、五輪出場経験のあるスターター・田島政治の号砲でスタートを切った。早崎をメ

開会式でシンボルマークの標旗を運ぶ旗手の練習風景
（「朝日新聞」1964年10月9日夕刊）

インに4名のカメラマンがストロボを焚きながらシャッターを押す。しかし、なかなかうまく撮ることができず、スタートは繰り返され、その回数は30回、撮影時間は3時間に及んだという。

撮影終了後、60枚近いフィルムの中から亀倉が最適のものを選んだ。そのフィルムには、横からのアングルにも関わらず、6人全員の表情が隠れることなく映し出されていた。こうして制作された2号ポスターは、9万枚刷られて全国にばらまかれ、その躍動感あふれる構図からオリンピックの機運を大いに盛り上げる役割を果たした。

亀倉は、63（昭和38）年4月に水泳選手の写真を使った3号ポスターを、翌64年4月には、聖火ランナーの写真を使った4号ポスターを発表し、それぞれ7万枚と4万枚が作成された。ここに4種類のポスターが出そろったのである。

亀倉は老年に至るまで仕事を続け、91（平成3）年には文化功労者にも選ばれたが、97（平成9）年5月11日、心不全のため亡くなった。82歳だった。

## 95 丹下健三～世界を驚かせた奇抜な建築デザイン～

東京オリンピックのメイン会場である国立霞《かすみ》ケ《が》丘《おか》競技場（通称・国立競技場）は、（昭和18年に学徒出陣の行われた、あの）明治神宮外苑競技場を解体した跡地に整備され、開催6年前の1958

（昭和33）年に完成していた。その年に開催されるアジア競技大会に合わせたものであったが、もとより東京へのオリンピック招致の布石でもあった。翌年、東京での64年オリンピックの開催が決まると、4万8千人であったスタンドの収容力を7万2千人に拡大する改修工事が行われた。

一方、サブ会場となる国立屋内総合競技場（通称・代々木体育館）は一から建設することになった。同競技場及び選手村の敷地は、在日米軍に接収されていた「ワシントンハウス」の広大な土地が充てられた。ワシントンハウスは、米軍の兵舎・家族用居住宿舎から成り、日本はアメリカと交渉の末、移転経費を全額日本が持つという条件で、61（昭和36）年にようやくアメリカから用地返還の了承を得たのであった。

国立屋内総合競技場は、本館（水泳競技会場）と別館（バスケットボール会場）から成り、その設計を担ったのは、昭和を代表する建築家の一人、丹下《たんげ》健三《けんぞう》である。

国立屋内総合競技場（手前）と別館（奥）（「読売新聞」1964年10月11日夕刊）

丹下は13（大正2）年、銀行員の三男として大阪府堺市に生まれた。東京帝国大学建築学科を卒業し、民間の設計事務所を経て、戦後は文字通り日本の近代建築のパイオニアとして活躍。オリンピック施設の設計を出掛けた時は、丹下健三・都市・建築設計研究所を主宰しており、蝶ネクタイがよく似合う柔らかな印象の紳士だった。

丹下は、当時の先進技術を駆使し、内部に柱を設けない吊り構造のモダンデザインを作り上げる。その奇抜な形態から、本館は「代々木のカタツムリ」、別館は「代々木の恐竜」と称された。もっとも本人は、デザインするに当たって「第一に、選手にも観客にも圧迫感がなく、半ば外気の中にいるような気持ちになれること、第二に、多くの観客が入るにも出るにも、短時間で移動できる機能を持たせることを考えた」と、機能重視を強調している。

こうした屋内空間は、世界の競技関係者の注目を集め、アメリカ水泳選手団の団長が、「自分が死んだら飛び込み台の下に骨を埋めてくれ」と言ったという逸話もある。ブランデージＩＯＣ会長は、この施設を設計した丹下に、「スポーツと芸術の密接な関係を示した」として、「オリンピック・ディプロマ・オブ・メリット」という賞を贈った。

丹下はその後も世界の建築に係る賞を総なめにするほどの活躍をし、90年には77歳で東京都新庁舎の設計も手掛けた。また、建築だけにとどまらず、広く都市計画にも携わり、「都市は成長する生きもの。明日の都市を夢中で考えている」と常々語った。磯崎新《いそざきあらた》、黒川紀章《きしょう》、槇文彦《まきふみひこ》などの世界的な建築家を育て、２００５（平成17）年3月22日、91歳で死去した。

96

# 鈴木萬之助〜聖火台をつくった名鋳物師〜

オリンピック開催の期間中、あかあかと聖火を燃やし続けた国立競技場の聖火台。逆円錐形のシンプルな形状は、そのシンプルさゆえに今もなお日本人の記憶に残り続けているように思う。この聖火台は、国立競技場の建設と合わせて作られたもので、1958（昭和33）年3月、オリンピック開催の6年前に完成した。

製造を手掛けたのは、埼玉県川口市の川口内燃機鋳造所の鈴木萬之助《まんのすけ》であった。キューポラ（鋳物用の溶解炉）の街として有名な川口市は、採算を度外視して聖火台の製造を受注し、実際の作業を萬之助に依頼したのである。ちなみに、浦山桐郎《うらやまきりお》監督、吉永小百合・浜田光夫共演の映画『キューポラのある街』が公開されたのは、62（昭和37）年4月のことである。

鈴木萬之助は、震災記念堂（墨田区）の大花瓶や三峰《みつみね》神社（埼玉県秩父市）の天水桶の作者として有名な鋳物師であった。68歳の萬之助は、己の人生最後の仕事と覚悟を決めて聖火台の製作に臨んだ。だが、高さ・口径が2・1メートル、底の直径が80センチ、総重量2600キロという巨大な聖火台の製造は難航を極めた。

赤々と火を灯す夜の聖火台（「日本経済新聞」1964年10月11日）

着手から2か月後の2月14日、ようやく鋳型が完成する。ところが、溶けた鉄を流し込む「湯入れ」の作業中に鋳型が割れるという大事故が発生、気落ちした萬之助は病床に伏し、聖火台に思いを残したまま、2月23日に亡くなってしまう。

しかし、萬之助の遺志は、彼の3人の息子たちがしっかりと引き継いだ。鋳型を作り直して、3月5日には無事鋳造を完了させたのだ。完成品には、製作途中で亡くなった鈴木萬之助にちなみ、「鈴萬」の文字が刻まれた。

聖火台は、同年5月24日に国立競技場で行われた、第3回アジア競技大会の開会式において初めて使用された。この時は、南側のサイドスタンドの上に位置していたが、翌59（昭和34）年、東京オリンピックの開催決定に伴う国立競技場の改修工事により、バックスタンド中央の上部に移転、同時に、プロパンガスによって燃え上がる焔《ほのお》の高さを、1メートルから2メートルへと拡大する改造が加えられた。

## 97 渥美清～紅白歌合戦に登場した聖火ランナー～

1963（昭和38）年のNHK紅白歌合戦は、ちょっと変わった趣向で始まった。カメラはまず、東京有楽町の大通りを白いトレーニングウェアに白ハチマキの人物が、右手に聖火トーチ（火はついていない）を掲げ、白バイに先導されながら、飛び跳ねるようなフォームでゆっくり走る姿を映し出す。その人物はどうも聖火ランナーらしい。彼は、やがて紅白の会場である東京宝塚劇場に入り、出場歌手や観客の出迎えを受けながら、舞台壁面の模造聖火台にトーチをかざす。と、聖火台上部に据えられた五輪に電気の灯が灯り、会場は大きな拍手に包まれた。

オリンピックの東京開催が決まったのは59（昭和34）年5月。しかし、その後の国内の盛り上がりはいまひとつだった。オリンピックの年を迎えるに当たり、国民のオリンピックムードを一気に盛り上げようという狙いが、このオープニングの演出にはあったのだろう。

聖火ランナーの最終走者に扮したのは、当時35歳のコメディアン、渥美清《あつみきよし》だった。なぜ渥美に白羽の矢が立ったのか。渥美清は、28（昭和3）年に東京で、新聞記者の父と小学校教諭の母との間の次男として生まれた。戦後、中央大学商学部に入学（インテリなのだ）するも途中大学。旅回りの演劇一座に所属し、コメディアンの道を歩み始めた。

浅草のストリップ劇場の専属になったあと、テレビ放映の開始とともにテレビデビューし、61（昭和36）年に始まったNHKの番組『夢で逢いましょう』では、黒柳徹子らと共にレギュラー出演していた。だから、63年にはすでにお茶の間の人気者であり、紅白の「最終聖火ランナー」として適役と考えられたのだろう。

当時私は小学校3年生であったが、渥美の「雄姿」を鮮明に覚えている（渥美の身長は173センチ。意外と長身なのだ）。紅白のテレビ放映は午後9時5分からであったから、冒頭部はまだ起きて見ることが許されたのだろう。この年の紅白の司会は白組宮田輝、紅組は江利チエミであった。そして、審査員の一人に東京オリンピック女子選手村の責任者・貞閑晴《さだかはる》が選ばれている。

勝負は紅組の勝利に終わり、エンディングはいつもの「蛍の光」に代わって、「東京五輪音頭」が合唱された（指揮は藤山一郎が務めた）。最初と最後に五輪色を打ち出し、いよいよ東京オリンピックの年が到来することを、日本中が改めて印象付けられたのだった。

ちなみに、この年の紅白の視聴率は81・4パーセントを記録している（ビデオリサーチ）。なお、渥美清が、国民的喜劇俳優の地位を築くことになる映画『男はつらいよ』シリーズが始まるのは、これより6年後の69（昭和44）年のことである。

96（平成8）年8月4日、渥美は68歳で死去。没後、政府から国民栄誉賞が贈られた。

## 98 三波春夫～東京五輪音頭を大ヒットさせた歌手～

「東京五輪音頭」といえば、誰もが三波春夫《みなみはるお》の持ち歌と考えがちだが、実はいろんな歌手が同時期にレコーディングしている。三橋美智也《みはしみちや》、橋幸夫、坂本九、北島三郎・畠山みどりなどである。いずれも当時の代表的な流行歌手たちであった。

作曲者の古賀政男《こがまさお》は、三橋美智也が歌うことを想定して曲作りを行ったというが、一番売れたのは三波のレコードであった。三波は1923（大正12）年、関東大震災の年に新潟県長岡市で生まれた。家業は本屋・印刷業を営んでいたが、三波が13歳の時一家で上京し、その頃から三波は浪曲に親しむようになった。16歳で日本浪曲学校に入学、少年浪曲師として活躍するようになる。

戦争が始まると陸軍に入隊して満州国に渡るが、終戦後はソ連の捕虜となりハバロフスクで4年間の抑留生活を送った。満州の軍隊でも、また捕虜収容所でも彼は、戦友らに浪曲を披露したという。帰国した三波は、歌謡曲の流行を見て、特技を生かした浪曲調の歌謡曲に活路を見出そうとする。そして57（昭和32）年、「ちゃんちきおけさ」が大ヒット、一躍人気流行歌手となった。

前夜祭でグラウンドいっぱいに繰り広げられた東京五輪音頭（「毎日新聞」1964年10月10日）

その後、紅白歌合戦の出場を果たすなど、順調に地歩を固め、オリンピック前年の63（昭和38）年6月、8社競作で発売された「東京五輪音頭」では、ライバルたちを圧倒したのである。総売り上げは250万枚に達し、同年大晦日の紅白歌合戦のエンディングでは、三波を含めた出演者全員で東京五輪音頭が合唱された。

実はこの曲には振り付けがあって、日本中の盆踊り大会や運動会で踊られた。私も小学校の運動会で踊った記憶がある。出だしの歌詞「〽あの日ローマで」を長い間「〽あの広間で」と思い込んでいたが、音頭だから「広間で踊る」というイメージを抱いていたのかもしれない。ちなみに、歌詞を書いたのは宮田隆。島根県の県庁職員で、それまで作詞家としてほとんど無名だった。一方、作曲の古賀正男は、のちに国民栄誉賞を受賞する、昭和を代表する国民的作曲家であった。

開会式の前日、後楽園球場で前夜祭が催されたが、その中で東京母の会連合会1500人による「東京五輪音頭」と「この日のために」の集団舞踊が披露された。

さて、三波は、東京オリンピックから6年後の70（昭和45）年、再び大ヒット作品に巡り合う。大阪万国博覧会のテーマソング「世界の国からこんにちは」である。これも売り上げは130万枚を突破した。元号が改まった89（平成元）年、三波は3年ぶりに紅白歌合戦に出場し（30回目）、昭和を懐かしむ趣向により「東京五輪音頭」を歌った。2001（平成13）年4月14日、前立腺がんのため死去。77歳だった。

## 99 アレッカ・カッツェリ〜招待された聖火採火のギリシャ人巫女〜

古代オリンピックでは、ギリシャ神話にある、プロメテウスが天界の火を盗んで人類に与えたという伝承から、大会期間中オリンピアのヘラ神殿に火がともされていたといわれる。それにちなんで、近代オリンピックで聖火が点されるようになるのは、1928年のアムステルダム大会からだ。

36年のベルリン大会からは、聖火リレーも行われるようになった。古代オリンピック発祥の地であるギリシャのオリンピアで採火し、トーチリレーによって開催地まで運ぶ、この芝居がかった演出を考えたのは、ベルリン大会組織委員会事務総長のカール・ディームであった。彼は元オリンピック選手で、戦後ケルン体育大学の学長にまでなるのだが、皮肉にも聖火リレーは、若者をナチ党へ引き付けるのに効果的だと、ヒトラーにも好評だったようだ。ちなみに、ディーム未亡人は、オリンピック組織委員会の招待により9月18日に来日、東京大会を見学している。

東京オリンピックの聖火の採火式は、64年8月21日にオリンピアのヘラ神殿跡で行われた。採火を行ったのはカッツェリ夫人を主役とする、古代ギリシャの衣装を纏《まと》った11人の巫女《みこ》たちである（採火場は男子禁制であった）。

カッツェリ夫人ことアレッカ・カッツェリは、ギリシャ古典演劇のトップ俳優で、多くの映画にも出演し、ベルリン大会から、採火式の巫女を務めていた。ギリシャのサイトによると、17年10月19日

オリーブを手に羽田に降り立ったカッツェリ（「読売新聞」1964年10月3日）

生まれとあるから、東京大会開始時は46歳であった。このカッツェリ夫人を東京オリンピックに招待しようという人物が現れる。

富士写真フイルム（現・富士フイルムホールディングス）の小林節太郎社長であった。小林は、彼女のために旅費、宿泊費として1万ドル（360万円／当時は1ドル360円の固定相場制であった）を提供した。10月2日、カッツェリ夫人はエール・フランス機で来日。空色のシャツに赤白青のタータンチェックのスカート姿で、オリーブの束を手に持ち、羽田空港に降り立った（同機にはチェコの体操選手、チャスラフスカも同乗していた）。

日本で彼女はひっぱりだこだった（金髪美人の巫女というのは、いかにも日本人好みだったのだろう）。聖火の到着した都庁に招かれ、後楽園球場で行われた前夜祭でも出番が用意され、オリンピアの採火式の時と同じ、純白の衣装で登場した。

開会式で、オリンピアで自らが採火した聖火が、最終聖火ランナーによって聖火台に点されるのを初めて目にし、「この感激は生涯忘れないでしょう」と声を詰まらせた。

その後も、観能したり、テレビに出演したり。出演の謝礼をどうしたものか、と考えていたところ、パラリンピックが資金難に悩んでいることが彼女の耳に入る。

東京オリンピック閉幕後の11月8日から、東京で第2回パラリンピックが開催される予定になっていた。カッツェリ夫人は、あっさりとパラリンピックに寄付をし、10月27日、帰国の途についた。

94年9月11日、76歳で亡くなっている。

## 100 池田隼人〜オリンピックとともに去った首相〜

1964年東京オリンピック開催時の日本の首相は？　と聞かれてすぐに答えられる人は意外に少ないかもしれない。正解は池田勇人《はやと》である。第18回近代オリンピックの開催地が東京に決まったのは59（昭和34）年で、この時の首相は岸信介《のぶすけ》であった。

翌60年、安保闘争混乱の責任を取って岸は辞任、その跡を継いで同年7月19日、広島生まれ、京都帝国大学（現・京都大学）卒で元大蔵官僚の池田は、第58代内閣総理大臣に就任した。55（昭和30）年に保守党が合同し、自由民主党が発足して5年目のことであった。

第3次吉田内閣の蔵相時代、「貧乏人は麦を食え」といった失言で物議を醸した池田は、首相になるや、打って変わって「私はウソを申しません」という「名言」と共に「所得倍増計画」を提唱、高度経済成長の波に乗って、政権は4年を超える長きに及んだ。ちなみに、60（昭和35）年から63年までの4年間の日本の平均経済成長率は、10・4パーセントを記録している。

したがって、開催が決定以降のインフラの整備をはじめ、ほとんどのオリンピックの準備活動は、池田首相の下で行われた。オリンピックに関連した費用は、組織委員会と選手強化の直接費が125億円、新幹線、首都高速の建設などの間接費が1兆800億円に上った。これにより、様々な、今でいうオリンピックレガシーが蓄えられたのだ（オリンピック開催の2年前から、田中角栄が大蔵大臣を務めている）。

退陣を決めた池田首相
（「読売新聞」1964年10月25日夕刊）

ところが、オリンピック開幕のひと月前になって、池田は「慢性喉頭炎《こうとうえん》」のため、国立がんセンターに入院した。実際には喉頭がんであったが、本人には病名は告げられなかったという。まだ、そういう時代だったのだ。

一時退院して、開会式には出席し、ロイヤルボックス後ろの役員席にやっとという状態で座った。オリンピックコンパニオンを務める池田の次女が、国立競技場内で父を見守った。閉会式を池田は、病室のテレビで見た。電光掲示板に「ＳＡＹＯＮＡＲＡ」の文字が映し出されると、ぐっと身を乗り出し、「さようならとは、いい言葉だ」と感慨を込めてつぶやいたという。

閉会式翌日の10月25日、池田は首相辞任を表明する。いわゆる「前がん状態」のため、2、3カ月の加療が必要なうえ、当面声を出すことを止められたのが退陣の理由とされた。それからひと月後、議員総会において佐藤栄作の後継が決まる。

池田は、年末に一旦退院するものの容体は改まらず、翌65（昭和40）年8月13日死去した。65歳だった。

## 101 市川崑～「記録か、芸術か」で物議を醸した映画監督～

閉会式は、10月24日の午後5時から国立競技場で行われた。天皇陛下臨場のあと、音楽隊が君が代を演奏。続いて、国名プラカードを持つ防衛大学生に誘導されて、各国選手団の旗手の入場が始まった。開会式と違って、まずは旗手だけの入場である。

最後に入場した開催国日本の旗手・福井誠のあとに、各国選手団が整然と入場してくる予定であった。ところが、その予定は、最初からいい意味で覆された。4000人もの選手が、入り乱れてなだれ込み、思い思いに腕を組み、手を振り、トラック一杯に列を乱して行進し始めたのである。日本の福井旗手はあっという間に外国選手に肩車され、歓喜の中に選手たちと観衆の心は一つになっていった。正に「世界は一つ、東京オリンピック」の標語が現実のものとなったのだ。

入場行進の興奮が収まったあと、ブランデージIOC会長がオリンピック東京大会の閉会を宣言。「オリンピック東京大会賛歌」（作詞・西城八十《さいじょうやそ》、作曲・小倉朗《おぐらろう》）の合唱のうちに、聖火が静かに消えていった。オリンピック旗が下されたあと、松明《たいまつ》の焔が揺れる中、「蛍の光」の調べに乗って、選手たちが手を振りながら、ゆっくりと退場する。電光掲示板には「メキシコで会いましょう」の文字……。

私は、閉会式の様子をテレビで見ていて、人生で初めて、別れのつらさ、祭りのあとの寂しさを覚えたように思う。しばらくは、心の中にぽっかり穴が開いたようであったが、半年後、私は、というより日本人の多くは、再び東京オリンピックの感動を味わう機会を得る。

1965（昭和40）年3月、映画『東京オリンピック』が公開されたのだ。これは、毎回オリンピックを映画にして記録するという、IOCの取り決めに従って制作されたものである。監督を務めたのは、当時の人気映画監督の一人、市川崑《いちかわこん》であった。

市川は15（大正4）年、三重県宇治山田市（現・伊勢市）の生まれ。アニメーターから出発し、戦後映画監督に転身して、すでに『ビルマの竪琴』『野火』『おとうと』などの作品で、数々の国際的な映画賞を受けていた。もっとも、東京オリンピックの記録映画の監督には、早くから黒澤明《くろさわあきら》の名前が上がっていた。

黒澤は、50（昭和25）年、『羅城門』で日本人として初めてアカデミー賞（名誉賞）を受賞し、その後も『生きる』『七人の侍』などの名作を手

閉会式で日本の福井旗手を担ぎ上げる各国選手団（「朝日新聞」1964年10月25日）

掛けた映画界の大御所だった。組織委員会事務総長の田畑政治が黒澤を推したようだが、黒澤自身もやる気があってローマオリンピックの現地視察まで行っている。

だが、予算上の問題（黒澤は、制作経費として、ローマ大会の倍以上の５億５千万円の見積もりを提出したとされる）や、田畑が事務総長から外されたことなどから、結局黒澤はこの話を辞退することになったようだ（野地秩嘉著『ＴＯＫＹＯオリンピック物語』）。

国立競技場で望遠カメラを覗く市川（「毎日新聞」1964年9月29日夕刊）

それで、後釜として白羽の矢が立ったのが市川だった。市川は２６５人のスタッフ、83台のカメラ、32万２９３フィートのフィルムを駆使して、総天然色、ワイドスコープ、上映時間１７０分の堂々たる作品を作り上げた。スタッフの中には、詩人の谷川俊太郎（脚本）や、作曲家の黛《まゆずみ》敏郎《としろう》（音楽）、作家の安岡章太郎（監督部）などの名もあった。
ところが、この映画の、オリンピックを人間ドラマとして捉えた「芸術性」が物議を醸す。当時のスポーツ担当大臣であった河野《こうの》一郎《いちろう》が「記録性に欠ける」と批判したことから、「記録か、芸術か」の大論争が巻き起こったのだ。女優の高峰秀子が市川を擁護、河野を批判する意見を新聞に投稿し、それがきっかけで、河野と市川は面談し、両者は和解したとされる。

こうした騒動のせいもあってか、公開半年で観客動員数１９６０万人、興行収入は25億円に達した。学校行事としての動員も多かったから、当時小中学生だった世代の、鑑賞割合は相当高いはずである。私も小学校からほど近い、（もちろん今はない）小さな映画館へ学校から連れて行ってもらい、学友たちと一緒に見たことを、今でもはっきり覚えている。

ともあれ、オリンピックの記録映画としては、36年ベルリンオリンピックの記録映画『民族の祭典』『美の祭典』以来のヒットとなったのである。

68年のグルノーブル冬季オリンピックの記録映画『白い恋人たち』は、フランシス・レイの流麗なメインテーマ曲とともに日本でも人気だったが、監督のクロード・ルルーシュは市川崑の『東京オリンピック』の映像に影響を受けていたといわれる。

オリンピックの記録映画は、72年ミュンヘン大会の『時よ止まれ、君は美しい』を最後に、日本では公開されていないようだ（メディアの多様化等により、商業的に成り立たなくなったからだろう）。

チェーンスモーカーとしても有名だった市川だが、２００６（平成18）年には90歳で『犬神家の一族』のメガフォンをとるなど、晩年まで創作意欲は衰えなかった。08年2月13日死去。92年の長寿を全うした。

## 〈コラム❾〉テレビ人形劇「ひょっこりひょうたん島」が子供たちの人気に

小学4年生だった私は、当然のことながらテレビの子供番組に夢中であった。それまでの『チロリン村とくるみの木』に続いて、1964（昭和39）年4月6日に始まったNHKの人形劇『ひょっこりひょうたん島』もその一つだった。

遠足に来た先生と子供たちを乗せたまま、島が漂流するという奇想天外な冒険ドラマ。井上ひさしらの脚本が秀逸で、子供には結構難しい言い回しなどもあったが、ドン・ガバチョ（藤村有弘）、トラヒゲ（熊倉一雄）、サンデー先生（楠トシエ）、ダンディ（小林恭治）、博士（中山千夏）など登場人物のキャラクターの面白さも手伝って、すぐに人気番組となった。

放送は、平日の17時45分から18時までの15分間。東京オリンピック開催期間中はオリンピック番組のため中断されたが、その直前の放送で、博士か誰かが、東京オリンピック終了までしばらく休みます、と言うのを、残念な気持ちで聞いたことを今でもうっすら覚えている。

結局この番組は、69（昭和44）年4月まで約5年間続き、人形劇番組の一時代を画した。ほかに東京オリンピック当時に放映されていた子供番組には、次のようなものがあった。『鉄腕アトム』（63年1月〜66年12月）、『鉄人28号』（63年10月〜66年5月）、『エイトマン』（63年11月〜64年12月）、『狼少年ケン』（63年11月〜65年8月）。

10月20日の毎日新聞夕刊に、マーブルチョコレート（明治製菓）の広告が出ていて、その中に鉄腕アトムのマジックプリントの応募規定が、上原ゆかり（マーブルちゃん）の写真とともに示されている。鉄腕アトムに限らず、アニメ番組のスポンサーにはお菓子メーカーが多く、「おまけ」にアニメキャラクターのシールの付いた商品があって、子供たちはシールほしさに、お小遣いを握って近所の駄菓子屋に通ったものである（当時はまだ商店街が元気だった）。

また、昭和30年代の半ばから週刊少年少女漫画雑誌の創刊が始まる。「少年サンデー」と「少年マガジン」が59（昭和34）年、「少女フレンド」が62年、「マーガレット」が63年に創刊され、小学生の男子女子はこれらをむさぼり読むようになる。

そうした中、赤塚不二夫《あかつかふじお》が「少年サンデー」に連載した『おそ松くん』の登場人物、イヤミが放つギャグ「シェー」が全国を席捲した。泉麻人《いずみあさと》著『シェーの時代』によると、イヤミが誌上「初シェー」を披露したのは、64年春のことのようだ。

カメラを向けられた時、今なら条件反射的にピースをするが、当時の子供たちはみんなシェーをした。私のアルバムにもそんな写真がいくつかある。

# 番外・忘れられない「いだてん」たち

## 【番外❶】ピーター・スネル～中距離2種目を制したマッチョマン～

当時の小学生は、オリンピックでいろいろな競技用語を覚えた。「スパート」もその一つ。私は初め「スタート」と混同したが、やがて中長距離選手が、レース途中で戦略的にスピードを急激に上げることだと知った。そのスパートという言葉と一番結びついて記憶している選手が、ニュージーランドのピーター・スネルである。

彼は、東京大会で八百メートル、千五百メートルの中距離二冠に輝いた。しかも、八百メートルはローマ大会に続いて二連覇だった。八百メートル決勝では1週目後方に付き、2周目のバックストレートで先頭に躍り出る。その時、テレビのアナウンサーが「スネル、猛然とスパート！」と叫んだが、まさにその時のスネルの動きはそう表現されるにふさわしい鋭い走りだった。

2位を数メートル引き離してのゴールタイムは1分45秒1。堂々たるオリンピック新記録だった。続く千五百メートル決勝でも、スネルは「猛然とスパート」する。ただこの時は、少し早めにラスト300メートルでトップに出、ゴールした時には2位を10メートル近くも引き離す圧勝だった（記録は3分38秒1)。

スネルはオークランドのタバコ工場に勤務するサラリーマンであった。日本の記者に、優秀なアスリートになるための条件を聞かれて、皮肉にも彼は「タバコを吸わないこと」と答えている。ちなみに、日本の男性の喫煙率は、東京大会の2年後の1966(昭和41)年がピークで、実に83・7パーセントに達していた(2018年の調査では27・8パーセントまで低下している)。

800m決勝でテープを切るスネル(「毎日グラフ臨時増刊・オリンピック」1964年)

スネルは、色白の美男子のうえ、マッチョな肉体美の持ち主だったので、「中年女性の人気の的」と当時の週刊誌の記事に見える。父親はラグビー選手だったらしく、体格の良さは父親譲りだったのだろう。ニュージーランドのラグビーと言えば、オールブラックスがすぐ頭に浮かぶ。黒はニュージーランドのナショナルカラーで、スネルも上下黒のユニフォームでレースを走った。白い肌と黒いユニフォームのコントラストが美しく、それが中年女性の視線をさらに熱くしたかもしれない。

オールブラックスに付き物の「ウォークライ」が、スネルが優勝した直後に披露された。北側のダッグアウトからニュージーランドのコーチら13人が飛び出し、中腰になり膝を叩いて「ウォー」と揃って声を上げたのだ。このマオリ族の雄たけびに由来する儀式を見て、日本の観衆もマスコミもそれと分からず、呆気《あっけ》にとられたようだ。

スネルの才能を見出したのは、ニュージーランドの著名な中長距離走のコーチ、アーサー・リディアードだった。スネルをはじめ多くのオリンピック選手を育て、東京大会にも陸上コーチとして同国選手団に同行していた。千五百メートルでは、3位にも同国のデービスが入り、改めて野外走を中心とするリディアードの練習方法が注目を浴びたのであった。ちなみに、日本の君原や円谷も、東京大会前年のニュージーランド遠征で、リディアードの合宿に参加してその練習法を学んでいる。

さて、向かうところ敵なしのスネルだったが、東京大会の翌年、アメリカの新星、18歳のジム・ライアンに1マイル（1609メートル）レースで敗れ、一線を退いた（当時欧米では、ヤード単位のレースとともにマイル単位のレースも人気があった）。

ライアンは、その後千五百メートルで3分33秒1という、当時としては驚異的な世界記録を樹立する。だが、1968年のメキシコ大会では高地族（ケニアのケイノ）に敗れ、再起を期した72年ミュンヘン大会では準決勝で転倒して敗退、オリンピックで頂点に立つことはできなかった。

## 【番外❷】モハメド・ガムーディ
## ～3大会でメダルに輝いた「チュニジアの星」～

陸上の中長距離でラスト1周の通過時にカネを鳴らすということも、東京オリンピックで初めて知った。トラックを何周も回っているとあと何周か分からなくなるから、と説明されて納得したが（実際には残りの周回数がその都度表示される）、2周しか走らない八百メートルでも鳴らすのはどうしたことだろう、と疑問に思ったものだ。

実際にはカネは周回数を知らせる以上に、選手たちの気持ちを鼓舞する効果がある。さあ、ラストスパートに入るぞという、戦術切り替えのタイミングにもなるのだ。

東京大会の男子一万メートル決勝であと1周のカネが鳴った時、先頭グループは、クラーク（オーストラリア）、ミルズ（アメリカ）、モハメド・ガムーディ（チュニジア）の3人に絞られていた。と、今まで三番手に控えていたガムーディが、クラークとミルズの間に両手を差し込むようにして割り込み、先頭に躍り出た。

実況のアナウンサーが「あ、走路妨害があった」と叫ん

1万m決勝で先頭争いをするガムーディ（左端）（「毎日新聞」1964年10月24日夕刊）

だが、確かにルール違反的な面があったかもしれない。小学校でも追い抜く時は外側から、ほかの選手を引っ張ったり、小突いたりしたらダメと教わっていた。しかし、「トラックの格闘技」と呼ばれる中長距離走では、多少の小競り合いは醍醐味の一つである。このガムーディのスパートで、観衆もテレビ視聴者も一気に盛り上がった。

ガムーディはゴールに向かって逃げに逃げたが、ラスト50メートルでミルズに捕まり、銀メダルに終わった。しかし、彼のゴールタイム、28分24秒8は、世界歴代4位に相当する堂々たるものであった。本人自身、「予想もしなかった銀メダルが取れて、とてもうれしい」と語った。

彼は五千メートルにも出場し、予選C組を14分10秒2で1位通過するが、どうした訳か決勝は棄権した。ちなみに予選C組の2位は決勝で覇者となるシュール（アメリカ）、3位は銀メダルを取るノルポト（ドイツ）、4位はローマ大会同種目優勝のハルバーク（ニュージーランド）だった。もし、ガムーディが決勝を走っていたら、まずメダルは間違いなかったろう。

ところで、東京オリンピックの前年に行われた東京国際スポーツ大会（プレオリンピック）にもガムーディは参加している。ただ、それは日本側に前もって伝わっておらず、彼がコーチと2人で来日した時、宿舎の手配もできていなかった。同年10月10日の朝日新聞は「チュニジア選手飛び入り」の見出しで、ガムーディの不安そうな様子を写真入りで報じている。

ちなみに、チュニジアは古代、カルタゴ建国の地として繁栄するが、近代に入ってからは長くフランスの統治下にあり、1956年にようやく独立し、オリンピックには60年ローマ大会で初参加を果たしたばかりであった。

結局、参加することが叶《かな》い、彼は五千メートルで4位（14分8秒2）、一万メートルでは3位（29分45秒6）になっている。しかし、東京大会以降、彼がオリンピック史に残る華々しい活躍を見せるとは、誰も予想しなかっただろう。

68年のメキシコ大会。ガムーディは、一万メートルでは高地族のケニア、エチオピア選手に敗れて、3位に甘んじたが、五千メートルで意地を見せる。先頭でホームストレートに入ったものの、直ぐにケニアのケイノに並ばれた。ケイノは千五百メートルで強敵、ジム・ライアン（アメリカ）を自己新記録で破り、絶好調であった。テレビで中継を見ていた私は、これはガムーディの負けパターンだと思った。こうした場合、追いついたほうに分があるからだ。

ところが、ガムーデディはケイノを前へ出させなかった。4年前のミルズとの争いが頭に浮かんでいたのかもしれない。やがて、ケイノは根負けして後ろにさがり、ガムーディは両手を上げてテープを切ったのだった。最後の1周は54秒8というスピードだった。

さらに4年後、ガムーディはミュンヘン大会にも出場し、一万メートルでは予選をトップ通過するが、決勝では途中転倒して棄権。しかし、五千メートルでは2位に入り、オリンピック3大会を通じて金1個、銀2個、銅1個という金字塔を打ち立てたのだった。

ガムーディの凄いところは、東京からミュンヘンまで世界の長距離界のレベルが上がるにつれて、自らも記録向上を果たしていることだ。34歳で迎えた72年ミュンヘン大会の一万メートル予選で出した記録は27分54秒8、五千メートル決勝の記録は13分27秒4で、東京大会の優勝記録を前者で30秒、後者で20秒上回っていた。

## 【番外③】ロン・クラーク～ラストに弱かった世界記録保持者～

オーストラリアのロン・クラークは、高校時代から中長距離の才能を発揮し、1956年のメルボルンオリンピックでは19歳で最終聖火ランナーを務めた。東京大会には一万メートルに28分15秒6の世界記録を引っ提げて出場、同種目の優勝候補の筆頭だった。

そのレース展開が、また常に先頭に立って集団を引っ張るという、けれんみの無いもので外国ではファンが多かった。しかし、これはラストのスピードの無さからくる、やむを得ない戦略でもあったのだ。実際、東京大会での1万メートルでは、最後の直線でミルズとガムーディの後塵《こうじん》を拝し、3位に甘んじた。五千メートル決勝ではさらにスプリントの無さを露呈している。

雨の中のレース。クラークを先頭に9人の集団でラスト1周の鐘を聞く。そこからは物凄いスパート合戦が始まった。まず、ジャージー（フランス）が飛び出し、それをノルポト（ドイツ）、デリンジャー、シュールのアメリカ勢が追う。結局最後の直線でジャージーを捉えたシュールが優勝、アメリカは一万メートルに続き、長距離2種目を制した。クラークは彼らのスパートに全く付いていけず、

9位に沈んだのだった。

　マラソンにも出場し、最初の5キロを15分6秒でぶっ飛ばしたが、すぐにアベベに追いつかれ、最後はやはり9着に終わった。3種目に出場した彼は、ひょっとしたら、ヘルシンキ大会で同じ3種目に優勝したザトペックを意識していたかもしれない。第2のザトペックになるべく……。しかし、それは、皮算用に過ぎなかった。

　東京大会を振り返って、クラークは「一万も五千も（マラソンも）、天気が悪かった。秋晴れの下で走りたかったなぁ……」と悔しがっている。

　しかし、ただでは起きないのがクラークであった。東京大会での鬱憤を晴らすように、翌年一万メートルでは、人類で初めて28分を切る27分39秒4、五千メートルでも13分25秒8の世界記録をマークする。この年の10月に行われた朝日国際マラソンでは、35キロで棄権しているが、翌66年に

1万m決勝で先頭を走るクラーク（ゼッケン12）（「アサヒグラフ増刊・東京オリンピック」1964年）

は五千メートルで13分16秒6の驚異的な世界新記録を樹立。黄金時代を築いたのだ。

残念ながら、高地で開催された68年のメキシコ大会では、高地族の前に敗退し、結局オリンピックでは一つのメダルも取ることができなかった。彼もまた、「オリンピックで勝つことは、世界記録を作るよりむずかしい」という格言の好例であった。

身長183センチと長距離選手としては大柄で、顔も二枚目だった。私は当時放映中だったアメリカのテレビドラマ『バークにまかせろ』のバーク（ジーン・バリー）に似ていると感じたものである。

2015年6月17日死去。78歳だった。メキシコ大会以降、心臓病を患っていたとされる。

## 【番外④】マモ・ウォルディ～アベベの影に隠れた実力者～

一万メートルレースを盛り上げた選手にエチオピアのマモ・ウォルデがいる。ラスト2周まで先頭グループにいて、最後は4位ではあったが、28分31秒8という素晴らしい記録を打ち立てた。

実はレース中、ロン・クラークのスパイクが左ひざに刺さったというアクシデントがあったらしい。マモは先頭グループにいる間、何度も先頭に躍り出て、ひどく前傾した独特のフォームでレースを引っ張った。今でいう「ゆさぶり」であるが、そうした激しい戦術が事故を招いた一因だったに違いない。

マラソンにも出場したが、左ひざの怪我をかばってアキレス腱を痛め、16キロ付近で棄権した。マモは実はアベベと同い年で、16歳の時に皇帝の親衛隊に入った。それから陸上を始め、最初は中距離を専門とした。１９５６年のメルボルンオリンピックでは何と、八百メートル、千五百メートル、千六百メートルリレーの3種目に出場している。続くローマ大会では選にもれているから、日本では東京大会でその名を知った人がほとんどであろう。

マモの陸上人生が花開くのは、メキシコ大会においてである。まずは一万メートルで銀メダル、マラソンでは見事金メダルを獲得したのである。アジスアベバと同じ高地でのレースだったから、と辛口の批評もあったが、続くミュンヘン大会でもマラソンで3位に入り実力を証明した。生年が正しければ、この時すでに40歳になっていた。

マモは東京大会を含めて都合三度、日本のマラソンに出場しているが、1回は46位、あとの2回は途中危険であった。マラソンに関しては、日本との相性はよくなかったようである。現役引退後、軍の陸上トレーニングコーチを務めたが、92年、あろうことか殺人の疑いで逮捕拘束された。

かつてのライバルでケニヤオリンピック委員会の会長を務めていたキプチョゲ・ケイノが、彼の釈放運動のため現地を訪れた時、別人のようにやせ衰えたマモを見て（もともと細身ではあったが）、

アベベと共に来日したマモ（前から3人目）（「朝日新聞」1964年9月29日夕刊）

思わず涙したという。２００２年１月釈放されたものの、その４カ月後の５月26日に死去した。享年70。彼の晩年の不遇は、かつてのファンとして何ともやり切れない。

## 【番外⑤】アブドン・パミッチ〜雨の中、テープを引きちぎってゴール〜

50キロ競歩は10月18日、マラソンと同じ甲州街道を使った往復コースで行われた。マラソンは調布市飛《とび》田《た》給《きゅう》の折り返しであったが、50キロ競歩は距離が長い分、京王線府中駅の少し手前での折り返しとなった。

テープを引きちぎってゴールするパミッチ
（「アサヒグラフ増刊・東京オリンピック」1964年）

レース当日は、終始雨模様。選手たちには誠に気の毒なコンディションであったが、驚いたことに優勝したアブドン・パミッチ（イタリア）と2位のヒル（イギリス）は世界新記録、3位のペテルソン（スウェーデン）もオリンピック新記録を打ち立てた。

ところで、一般人は（昔も今も）競歩のスピードを侮《あなど》っているきらいがある。パミッチの記録、４

時間11分12秒4はマラソンに換算すると、3時間32分となる。ちなみに、2017年時点の世界記録で換算すると2時間59分台となり、サブスリーランナーと同等の速さなのだ。

パミッチは、ジェノバの自動車修理工で、ローマ大会では50キロ競歩で3位、東京国際スポーツ大会(プレオリンピック)では20キロ競歩に出て優勝している。

ところで、ゴールする時、パミッチは、無表情のままテープを両手でつかむと、エイッとばかりにそれを引きちぎった。4時間余りも雨の中を延々と歩き、やっとたどり着いたという気持ちの表れだったのだろうか。ところで、昔は陸上競技のゴールにテープは付き物だった。優勝することを、マスコミは「テープを切る」と表現したものである。

しかし、電動計時が行われるようになって、トラック競技ではテープが使われなくなった。オリンピックでは1968年のメキシコ大会までは使用されていたが、72年のミュンヘン大会の写真を見ると、ゴールからテープが消えている。

運動会でテープを切った経験のある人は、その快感を生涯忘れないはずである。オリンピックアスリートであっても変わりなかったのではないか。テープを切る感触を味わいたいがために、苦しい練習に耐え忍んだ選手は少なくなかったに違いない。

観戦する側にとっても、優勝者がどんなテープの切り方をするかは、見どころの一つであった。両手を上げたり、片手を上げ人差し指で天を指さしたり、胸を突き出したり。オリンピックでそれが見られなくなったのは少々寂しい気がする。

## 【番外⑥】イレナ・キルシェンシュタイン
## ～アメリカを撃破したポーランドのリレーメンバー～

女子四百メートルリレーで、アメリカは百メートル優勝のタイアス、二百メートル優勝のマガイアーに百メートルで4位に入ったホワイトを加え、万全の態勢で臨んだ。ところが、アメリカはよもやの敗北を喫する。

アメリカを下したのは、白人選手でオーダーを揃えたポーランドであった。43秒6の世界新記録。2位のアメリカ（43秒9）、3位のイギリス（44秒0）までが世界新記録だった。ポーランドのメンバーを見てみると、やはりなかなかの実力者揃いである。百メートル3位のクロボコフスカ、二百メートルと走り幅跳びで2位のキルシェンシュタイン、八十メートル障害2位のチェプラ、百メートル7位のゴレッカが名を連ねていた。

このうち、2走を務めた18歳のイレナ・キルシェンシュタインは、その後結婚してシェビンスカに姓が変わる。こちらのほうの名をご記憶の人は多いと思う。彼女は4年後のメキシコ大会において、百メートルで銅メダルを、二百メートルでは22秒58（当初の発表は22秒5）の世界新記録で金メダルを獲得した。続くミュンヘン大会では、百メートルはメダルを逃したが、二百メートルでは22秒74（当初の発表は22秒7）で3位に入った。

これで終わりかと思っていたら、30歳で迎えた1976年のモントリオール大会にも、四百メートルに種目を変えて出場し、なんと49秒29の世界新記録で優勝してしまったのである。身長176センチ、長い脚から繰り出されるストライド走法が武器だった。

ここでオリンピックの電動計時について改めて整理すると、公式記録として電動計時が用いられたのは、64年の東京大会からで、68年のメキシコ大会までは0秒05の補正が行われており、手動計時との整合性を図るため、10分の1秒単位で発表されている。72年ミュンヘン大会では、0秒05の補正は（70年に）廃止されていたが、他の大会ではまだ手動計時の公認も行われていたため、発表はやはり10分の1秒単位となっていた。

76年に電動計時のみを公認することが決まり、その年行われたモントリオール大会から100分の1秒単位で発表されるようになった。メキシコ大会、ミュンヘン大会における100分の1秒単位の電動計時の記録は、76年時点で遡って公認されたものである。そのあたりの経過は、4大会に連続出場

女子400ｍメートルリレーの表彰式。中央の一番背が高いのがキルシェンシュタイン（「朝日新聞」1964年10月22日）

し、いずれもメダルを取ったキルシェンシュタインの記録から、辿ることができるのである。

東京大会の女子四百メートルリレーで、ポーランドチームのアンカーとしてテープを切ったクロボコフスカは、キルシェンシュタインと対照的に不運に見舞われる。東京大会の翌年に11秒1の世界記録を出し、翌々年のヨーロッパ選手権に優勝するなど活躍していたが、ドーピング違反の疑いをもたれ、また、セックスチェックに引っ掛かるなどして、競技を続けることができなくなった。東欧の民主化がなった後の90年に疑いは晴れたが、もちろん彼女の選手適期は、とっくに過ぎてしまっていた。

ところで、第2次世界大戦は、ナチスドイツのポーランド侵攻から始まっている。ユダヤ人の殺害が行われたアウシュビッツ強制収容所はポーランド国内にあった。近代に入って、何度も他国に国土を蹂躙されたポーランドであったが、戦後、東欧諸国の一つとしてスポーツ界に見事復帰し、東京大会では金7、銀6、銅10のメダルを獲得した。

（シェビンスカは1998年、IOCの委員に就任し、2020年東京大会の準備状況を調査する調査委員会の委員を務めていたが、その途上、18年6月29日に亡くなった。72歳だった）

## 【番外❼】イリナ・プレス〜姉譲りのパワーで五種競技に優勝〜

タマラ・プレスの妹、イリナ・プレスは、八十メートル障害で依田郁子の好敵手だった。ローマ大会でのこの種目の金メダリストである。東京大会では、10秒6の記録で4位に終わったが、この大会から新設された女子五種競技で金メダルをさらった。世界新記録というおまけも付き、ソ連の陸上チームとしては、東京大会初の金メダルでもあったので、同チームは大いに盛り上がった。

168センチ、74キロで姉タマラより二回りほど小柄だが、その分トラック種目や跳躍種目もこなすことができた。風貌的にも、金髪のタマラに対して、イリナは黒っぽい縮れ毛で、言われなければ姉妹とは分からないぐらいであった。もっとも、ここぞという時に大きく口を開けるところなどは共通していたが。

五種競技における、彼女の種目ごとの記録は、八十メートル障害10秒7、砲丸投げ17・16メートル、走り高跳び1・63メートル、走り幅跳び6・24メートル、二百メートル24秒7だった。これを2位になったイギリスのマリー・ランドと比べてみると、五種目中イリナが上回ったのは八十メートル障害と砲丸投げだけ。だが、砲丸投げで11・06メートルだったランドを大きく引き離したことが勝利につながった。さすがタマラの妹である（実は、彼女はタマラが優勝した女子砲丸投げにも出場して、6位に入賞しているのだ）。

女子五種競技の初代優勝者となったイリナ・プレス
（「毎日グラフ臨時増刊・オリンピック」1964年）

ちなみに、1984年のロスアンゼルス大会からは、五種競技に代わって七種競技が行われている。八十メートル障害は百メートル障害となり、やり投げと八百メートルが加えられた。

姉のタマラが妹思いだったように、妹のイリナは姉を敬い、「尊敬する選手は？」の質問には、迷わず「姉です」と答えた。モスクワ鉄道大学の学生で、建築技師のタマラとは2つ違いの25歳だった。姉妹揃って、今でいう「リケ女」である。

気性は姉よりも激しかったといわれるが、ジャズを好み、ツィストの名手だった。選手村の交流施設、インターナショナル・クラブでは、外国の男女選手と踊りに興じていたという。「ソ連では強い女性がモテるのよ」とうそぶき、自分も姉も婚約者がいると明かした。

プレス姉妹は、ローマ、東京の2大会で、ともに金メダルを得たので、「金メダル姉妹」と呼ばれた。口さがない向きは、「プレス兄弟」と揶揄したとか。2004年2月21日死去。64歳だった。

## 〈コラム⑩〉グアム島へ旧日本兵の捜索隊派遣

オリンピック開幕前月の9月18日から閉会式の行われた10月24日まで、グアム島において旧日本兵の捜索活動が行われた。

1941（昭和16）年12月、真珠湾攻撃の直後に日本は、アメリカの統治下だったグアム島を占拠する。しかし、翌年6月のミッドウェー海戦以降、戦局は日本に不利となり、44（昭和19）年7月21日、米軍はグアム島の奪還作戦を開始、5万5千の米兵を上陸させた。迎え撃つ日本軍は陸海軍合わせて2万2千。この年の3月から、日本はグアム島を最終防衛線として兵力を増強していたものの、事前のB29の空爆により、戦闘機はほぼ壊滅状態であった。米軍の総攻撃に日本軍の抵抗も空しく、わずか3週間でグアム島は米軍によって完全に制圧された。日本軍の戦死者は2万1千人に及んだとされる。ただ、密林に潜んで生き永らえた日本兵が少なからずおり、ポツダム宣言の受諾も知らずにゲリラ戦を続ける者もあった。

戦後、そうした残存兵の捜索が何度か行われたが、64年の厚生省（現・厚生労働省）派遣調査団は、かなり本格的なものだった。8月末に同島で、やせ衰え、ボロボロになった「越中ふんどし」を身に付けただけの、銃を持つ2人の旧日本兵らしき男が目撃されていた。

調査団には、60（昭和35）年に同島で発見され帰国した、元陸軍軍曹の皆川文蔵も加わった。ジャングルを移動しながらの捜索のほか、海からの呼びかけや、夜には日本の童謡、

船上からジャングルに向かって呼びかける捜索隊（「朝日新聞」1964年9月29日夕刊）

民謡、昭和初期の流行歌など70曲ほどを流し、また、氏名・本籍などを書き込む連絡用紙を撒くなどしたが、多くの目撃情報は得られたものの、結局元日本兵を発見することはできず、捜索は打ち切られた。

それから7年余りたった72（昭和47）年1月24日、1人の元日本兵がエビやウナギを捕る罠を仕掛けようとしているところを地元住民に発見され保護された。元日本兵は横井庄一《しょういち》（軍曹）と名乗った。横井は、愛知県海部郡佐織村（現・愛西市《あいさいし》）出身の56歳。彼と面識のあった皆川は、すぐにグアムへ飛んで横井と面会した。これまでの日本の捜索活動について聞かれると、横井は、「昼間は穴倉の中にいたので、気が付かなかった」と答えた。

帰国後の彼の第一声、「恥ずかしながら帰ってまいりました」はその年の流行語となった。ちなみに我が家では、今でも「よっこいしょ」という掛け声の代わりに「よっこいしょういち」を使うのが「慣習」となっている。

さて、28年ぶりに帰国した横井は、結婚して家庭を持ち、講演活動などを行い、74（昭和49）年には、落選したものの参院選に立候補もした（この年、小野田寛郎《おのだひろお》元陸軍少尉がフィリピン・ルバング島で発見され、29年ぶりに帰国している）。しかし、64年の捜索時に見つけ出されていれば、横井はまだ49歳。その後の人生はさらに充実したものになっていたかもしれない。

サヨナラ、サヨナラ（「日本経済新聞」1964年10月25日）

## 「1964東京オリンピックを盛り上げた101人」関連年表

| | |
|---|---|
| 1896（明治29）年 | 第1回アテネオリンピック開催 |
| 1912（明治45）年 | ストックホルムオリンピック開催。日本初参加。三島弥彦（陸上短距離）と金栗四三（マラソン）の2名が出場 |
| 1928（昭和3）年 | アムステルダムオリンピックで織田幹雄が三段跳びで日本初の金メダル |
| 1936（昭和11）年 | 1940年東京オリンピック開催が決定 |
| 1938（昭和13）年 | 日本、1940年東京オリンピック開催を返上 |
| 1952（昭和27）年 | ヘルシンキオリンピック開催。日本、戦後初参加 |
| 1958（昭和33）年 | 国立競技場完成。同競技場において第3回アジア競技大会開催 |
| 1959（昭和34）年 | 1964年東京オリンピックの開催決定（5月26日） |
| 1963（昭和38）年 | 東京国際スポーツ大会（プレオリンピック）開催（10月11日～16日） |
| 1964（昭和39）年 | 東京オリンピック開会式（10月10日）<br>三宅義信、重量挙げフェザー級で金メダル（10月12日）<br>吉田義勝、レスリングのフリー・フライ級で金メダル（10月14日）<br>上武洋次郎、レスリングのフリー・バンタム級で金メダル（10月14日）<br>渡辺長武、レスリングのフリー・フェザー級で金メダル（10月14日）<br>花原勉、レスリングのグレコローマン・バンタム級で金メダル（10月19日） |

| | |
|---|---|
| | 市口政光、レスリングのグレコローマン・フライ級で金メダル（10月19日）<br>日本、体操男子団体総合で金メダル（10月20日）<br>遠藤幸雄、体操男子個人総合で金メダル（10月20日）<br>中谷雄英、柔道軽量級で金メダル（10月20日）<br>岡野功、柔道中量級で金メダル（10月21日）<br>猪熊功、柔道重量級で優勝（10月22日）<br>早田卓次、体操男子種目別つり輪で金メダル（10月22日）<br>山下治広、体操男子種目別跳馬で金メダル（10月23日）<br>遠藤幸雄、体操男子種目別平行棒で金メダル（10月23日）<br>桜井孝雄、ボクシング・バンタム級で金メダル（10月23日）<br>日本、女子バレーボールで金メダル（10月23日）<br>東京オリンピック閉会式（10月24日） |
| 1965(昭和40)年 | 映画「東京オリンピック」公開 |
| 1972(昭和47)年 | 札幌冬季オリンピック開催（2月3日〜13日） |
| 1998(平成10)年 | 長野冬季オリンピック開催（2月7日〜22日） |
| 2013(平成25)年 | 2020年東京オリンピック開催決定 |
| 2020年 | 2度目の東京オリンピック開催（7月24日〜8月9日） |

# 主な参考文献


『第18回オリンピック競技大会東京都報告書』　東京都　1965年
『オリンピック東京大会資料集　第1～10巻』　オリンピック東京大会組織委員会　1965年
『東京オリンピック　第1～18号』　オリンピック東京大会組織委員会　1960～63年
『アサヒグラフ増刊　東京オリンピック』　朝日新聞社　1964年
『’64　東京オリンピック』　朝日新聞社　1964年
『毎日グラフ臨時増刊　オリンピック』　毎日新聞社　1964年
武田薫『オリンピック全大会　人と時代と夢の物語』　朝日新聞社　2008年
後藤健生『国立競技場の100年』　ミネルヴァ書房　2013年
石坂友司『現代オリンピックの発展と危機』　人文書院　2018年
ジュールズ・ボイコフ（中島由華訳）『オリンピック秘史　120年の覇権と利権』　早川書房　2018年
結城和香子『オリンピックの光と影　東京招致の勝利とスポーツの力』　中央公論新社　2014年
間野義之『オリンピックレガシー　2020年東京をこう変える』　ポプラ社　2013年
ティム・ジューダ（秋山勝訳）『アベベ・ビギラ』　草思社　2011年
長岡民男『マスカルの花道』　講談社　1974年
青山一郎『孤高のランナー　円谷幸吉物語』　ベースボールマガジン社　2008年

主な参考文献


君原健二『**マラソンの青春**』　筑摩書房　1978年
幸田真音『**この日のために　池田勇人・東京五輪への軌跡　上下**』　KADOKAWA　2016年
小川勝『**10秒の壁　「人類最速」をめぐる百年の物語**』　集英社　2008年
池井優『**近代オリンピックのヒーローとヒロイン**』　慶應義塾大学出版会　2016年
野地秩嘉『**TOKYOオリンピック物語**』　小学館　2011年
佐藤次郎『**東京五輪1964**』　文藝春秋　2013年
伊藤公『**オリンピック裏話～あなたもこれで五輪雑学博士**』　ぎょうせい　2013年
松平康隆『**負けてたまるか！**』　柴田書店　1972年
『**ブルーインパルス　パーフェクトガイド**』　イカロス出版　2010年
岡邦行『**大島鎌吉の東京オリンピック**』　東海教育研究所　2013年
ブルーガイド編集部編『**地図と写真で見る東京オリンピック1964**』　実業之日本社　2015年
読売新聞昭和時代プロジェクト『**昭和時代　三十年代**』　中央公論新社　2012年
関川夏生『**昭和三十年代演習**』　岩波書店　2013年
武田知弘『**昭和30年代の「意外」な真実**』　大和書房　2013年
泉麻人『**シェーの時代　「おそ松くん」と昭和こども社会**』　文藝春秋　2008年
昭和こども新聞編纂委員会『**ぼくらの昭和30年代新聞**』　日本文芸社　2008年
新聞各紙：毎日新聞、朝日新聞、読売新聞、日本経済新聞、京都新聞等

## あとがきに代えて

この本で取り上げた人物のうち、選手を含めてすでに半分以上の人が鬼籍に入っており、今更ながらに月日の流れを感じざるを得ない。アベベやヘイズのように40代、50代で早々と世を去った人もいれば、坂井義則、山中毅などのように、2020年の東京オリンピック開催が決定したあと、二度目のオリンピックを楽しみにしながら、それを待たずに亡くなった人もいる。中には、オリンピックでメダルを取ったがために、死期を早めたように思える人もいるが、そうした生きざまも含めて、彼らは同じ時代を生きた者たちに、何かしら影響を与え続けて来たのである。

間もなく、東京に再びやって来るオリンピック。待ち受ける子供たちの心に、それはどのような形で刻印されるのだろうか。私にはもはや想像するのも難しいが、前回の私がそうであったように、彼らが大人になった時、自らの人生とともに、懐かしく噛みしめることのできるようなものであってほしい。

本書執筆に当たり、大学陸上部の同輩であった三好稔彦氏には、当時の多くのマニアックな競技情報を提供いただいた。また、在仏経験のある従兄の小野修一氏には、フランス語の資料の翻訳でお世話になった。お二人には、紙面を借りて厚く御礼申し上げる。

平成30年師走　京都の自宅にて　鳥越一朗

奥付

著者プロフィール

**鳥越一朗**（とりごえ・いちろう）

作家。京都府京都市生まれ。

京都府立嵯峨野高等学校を経て京都大学農学部卒業。

主に京都や歴史を題材にした小説、エッセイ、紀行などを手掛ける。

「おもしろ文明開化百一話～教科書に載っていない明治風俗逸話集～」、「天下取りに絡んだ戦国の女～政略結婚クロニクル～」、「恋する幸村～真田信繁（幸村）と彼をめぐる女たち～」、「杉家の女たち～吉田松陰の母と３人の妹～」、「ハンサムウーマン新島八重と明治の京都」、「電車告知人～明治の京都を駆け抜けた少年たち～」、「京都大正ロマン館」、「麗しの愛宕山鉄道鋼索線」、「平安京のメリークリスマス」など著書多数。

# 1964東京オリンピックを盛り上げた101人
## ～今蘇る、夢にあふれた世紀の祭典とあの時代～


| | |
|---|---|
| 定　価 | カバーに表示してあります |
| 発行日 | 2019年1月1日 |
| 著　者 | 鳥越一朗 |
| デザイン | 岩崎宏 |
| 編集・制作補助 | ユニプラン編集部<br>鈴木正貴　橋本豪 |
| 発行人 | 橋本良郎 |
| 発行所 | 株式会社ユニプラン<br>〒601-8213<br>京都府京都市南区久世中久世町1丁目76<br>TEL075-934-0003<br>FAX075-934-9990 |
| 振替口座 | 01030-3-23387 |
| 印刷所 | 株式会社谷印刷所 |

ISBN978-4-89704-472-9　C0021

# 鳥越一朗の本

## おもしろ文明開化百一話 教科書に載っていない明治風俗逸話集

2017年刊

定価 本体1500円＋税　A5判　280ページ

異例の短期間で近代化を達成した明治の日本。

しかし、新政府の急激な欧化政策に、庶民たちは
ドタバタの連続だった……。

洋装、断髪、肉食、廃刀、改暦、苗字許可、学制、鉄道敷設、混浴禁止などなど……

当時の新聞・雑誌から拾った、文明開化にまつわる101のとっておきエピソードを収録。

## 天下取りに絡んだ 戦国の女 政略結婚クロニクル

2016年刊

定価 本体1500円＋税　A5判　280ページ

武田、北条、今川、上杉、織田、徳川、豊臣…
有力戦国大名七氏の女56人を一挙紹介。
2017年の大河ドラマ「おんな城主直虎」で
話題沸騰の井伊直虎も歴史物語として収録。

## 恋する幸村 真田信繁（幸村）と彼をめぐる女たち

2016年刊

定価 本体1300円＋税　四六判　256ページ

「日本一の兵」と今に伝わる真田幸村は、臆病で引っ込み思案だった!? 激動の時代の流れの中で、多くの女性との出会いと別れを繰り返しながら、戦国武将として成長していく物語。

史実を踏まえつつ、想像力を駆使した展開によって、稀代の名将の人間的な実像が浮かび上がる。

## 杉家の女たち 〜吉田松陰の母と3人の妹〜

2014年刊

定価 本体1300円＋税　四六判　224ページ

2015年大河ドラマ「花燃ゆ」のヒロイン・文をはじめ、吉田松陰の親族として幕末・明治の動乱期を生き抜いた4人の女たちの物語。吉田松陰の母・瀧、妹の千代・寿・文が、逆風に晒されながらも、明るくしたたかに生きていく様を、ゆかりの地の写真を交え、ユーモラスな文体で生き生きと描写しています。

## 絶対絶対めげない男 黒田官兵衛の行動原理 〔2013年刊〕

定価 本体700円＋税　A6判　128ページ

戦国の世、信長、秀吉、家康を向こうに回し、軍師としてしたたかに生き抜いた武将・黒田官兵衛の足跡を辿りながら、彼の行動原理をあぶり出します。世知辛い現代を打たれ強く生きるための極意が、そこに潜んでいることを期待しつつ……。

## ハンサム・ウーマン 新島八重と明治の京都 〔2012年刊〕

定価 本体600円＋税　A6判　128ページ

京都に残る明治、大正のレトロな建物などを豊富な写真で紹介しながら、2013年大河ドラマの主人公でハンサム・ウーマンと呼ばれ、数奇な運命を歩んだ八重の足取りを、豊富なエピソードとともに、軽妙な文章で辿ります。また併せて、京都をはじめとした福島・東京・神奈川にある、八重ゆかりの建物・史跡を紹介しております。

## 平清盛を巡る一大叙事詩 「平家物語」の名場面をゆく 〔2011年刊〕

定価 本体700円＋税　A6判　144ページ

ようこそ無常の世界へ…清盛とその子、孫、姫たち、平家一門の人間ドラマを描く。

## 茶々、初、江 戦国美人三姉妹の足跡を追う 〔2015年刊〕

定価 本体571円＋税　A6判　128ページ

戦国の世に生まれ、時代の荒波に翻弄されながら、美しくも健気に生きた浅井三姉妹。そのゆかりの地を、豊富な写真とエピソード満載の文章で辿ります。

## 京都一千年の恋めぐり 〔2005年刊〕

定価 本体1143円＋税　20・8×13・6㎝　176ページ

「一千年の恋人たち」の著者が贈る京都歴史ロマン第2弾！歴史ファンの方はもとより、中高大生の方の日本史、古典の参考図書、京都検定受検を目指しておられる方にはきっと役立ちます。

京都のテーマ探しや、より深く知っていただく上での、旅手帳としても最適です。

## 京都大正ロマン館　〔2006年刊〕

定価 本体1286円＋税　136×210mm　160ページ

京都再発見の名手が贈る、少し昔の京都の光景。明治・大正・昭和という何故かロマンを駆り立てられる時代を、現在に残る81件の建築物と共に紹介。

軽妙なエッセイと叙情をかきたてる写真たちが、当時の風情を思わせます。

## 電車告知人
## 明治の京都を駆け抜けた少年たち　〔2007年刊〕

定価 本体1238円＋税　118×182mm　256ページ

イラスト 中川 学
「危のおまっせー、電車が来まっせー」と叫びながら、チンチン電車を先導した告知人（先走り少年）たちの愛と友情の物語。

## 麗しの愛宕山鉄道鋼索線　〔2002年刊〕

定価 本体1543円＋税　18・4×13・2cm　280ページ

昭和のはじめ、京都の名峰・愛宕山にケーブルカーが走っていたのを御存知ですか？

ケーブル跡の廃墟から70年前にタイムスリップしてしまった少年の、愛と冒険の物語。

## 平安京のメリークリスマス　〔2001年刊〕

定価 本体1238円＋税　17×11・4cm　264ページ

現代の高校生が謎解きに挑戦する、京都歴史ミステリー小説。

ザビエル来日より七百年もの昔、平安京の片隅で、秘めやかに祝われたクリスマスの一夜があった？

千年を超える歴史をもつ京都。その時空の威力か、著者の大胆な想像力が躍動する、ロマン溢れる物語。

## 一千年の恋人たち　〔1997年刊〕

定価 本体952円＋税　18・6×13cm　288ページ

愛の軌跡を辿って見えてくる都の風景。どのように男と女は愛を生きてきたか。都大路に散りばめられた愛（恋）の軌跡。果たせぬ恋、偏った愛、響き合う愛…。愛（恋）の歴史を歩きたくなる都の道先案内。

平安時代から幕末までの、誰もが耳にした恋人たちの物語を親しみやすい文章で紹介しております。